公私合作下公用事业收费权的配置研究

虞青松　著

东南大学出版社
·南京·

图书在版编目(CIP)数据

公私合作下公用事业收费权的配置研究 / 虞青松著 .
— 南京：东南大学出版社，2022.3

ISBN 978-7-5766-0047-6

Ⅰ . ①公… Ⅱ ①虞… Ⅲ . ① 公用事业 – 收费 – 研究
– 中国 – Ⅳ . ① F299.24

中国版本图书馆 CIP 数据核字（2022）第 033779 号

公私合作下公用事业收费权的配置研究

Gongsi Hezuo Xia Gongyong Shiye Shoufeiquan De Peizhi Yanjiu

著　　者 : 虞青松
出版发行 : 东南大学出版社
地　　址 : 南京市四牌楼 2 号　邮编 : 210096
网　　址 : http : //www.seupress.com
经　　销 : 全国各地新华书店
印　　刷 : 南京工大印务有限公司
开　　本 : 700 mm×1000 mm　1/16
印　　张 : 17.5
字　　数 : 334 千字
版　　次 : 2022 年 3 月第 1 版
印　　次 : 2022 年 3 月第 1 次印刷
书　　号 : ISBN　978-7-5766-0047-6
定　　价 : 75.00 元（精装）

本社图书若有印装质量问题，请直接与营销部联系。电话 : 025-83791830
责任编辑 : 刘庆楚　责任印制 : 周荣虎　封面设计 : 毕真

目　录

第一章

绪　论

第一节　研究背景与动机

一、研究范围：公用事业与公用事业公有制

公用事业是一个不确定的概念。在我国台湾地区，公用事业是指给付行政中为满足人民基本生活需要的行政任务[1]。大陆地区对公用事业并无明确定义，它一般泛指城市基础设施和市政服务事业。本书将公用事业分为两类：一为提供消耗物的公用事业，该类公用事业需要人与物的结合才能供特定对象使用，法律一般不限制其设施所有权的转移，如供水、供气、供电、公交等，本书以下简称"公用服务"。该类服务受领者为"消费者"。二为非消耗物的公用事业，该类公用事业在建成后依物的自身属性即可供一般公众使用，且法律规定其所有权属于国家，不能转移给其他组织，如公路、城市广场等，本书以下简称"公共用物"[2]。该类公用设施的受领者为"使用者"。本书把公用事业的消费者和使用者统称为"利用人"。

公用事业具有自然垄断的经济属性，自然垄断性意味着公用事业属于高

---

〔1〕 陈敏：《行政法总论》，台湾新学林出版股份有限公司，2011年，第674页。

〔2〕 陈敏：《行政法总论》，台湾新学林出版股份有限公司，2011年，第1029页。

度专用性资产，又有很高的使用频率。这意味着公用事业具有两个基本特征：规模经济效益非常显著和需要大量启动资本。前者表明独家垄断下效益最高，后者表明沉淀成本使行业外厂商不愿介入〔1〕。为提高效率，企业对该类交易垄断为法律所容忍〔2〕。“这类交易具有一方独占的特征，一般是由一个卖者向许多买者提供产品，对每个买家而言，该产品都具有高度专用性，寻找替代交易伙伴或者不可能，或者要求承担过高的成本，在这种情况下，这类卖方企业由政府直接经营或由政府给予控制就是合理的。”〔3〕这一特性决定，国有化才是保障公用事业公益性的较优选择〔4〕。

20世纪30年代到70年代，各国基本形成了国有化下的公用事业提供机制。公用事业成为政府责任，并形成政府垄断，排除私人参与。国有化在经济制度层面上为“公有制”，在法律层面上为国家（政府）控制所有权。“公有制”在我国有特定的含义，是指我国宪法层面上的根本经济制度。为表述的简化，后文把这一意义上的公有制称为“国家公有制”。本书中的“公有制”并非在“国家公有制”层面使用。安东尼·奥格斯追溯了公有制的源起，并认为“公有制是政府对自然垄断行业的一种管制形式”〔5〕。公用事业一般都为自然垄断行业。本书将“公有制”理解为政府在公用事业领域的管制手段，系狭义的公有制，并用“公用事业公有制”表述。

二、研究对象：行政任务民营化下社会资本的权能配置

提供公用事业已经成为政府的行政任务之一。从20世纪20年代开始，政府垄断公用事业的提供，一般将该类行政任务交由专门设立的公营组织来完成。“公营组织”是由政府投资设立，依靠政府财政资金运作，接受政府管控的非市场化组织，包括我国的事业单位、计划经济时代的国营工厂。传统行政法学以行政机关或公营组织的权能配置为研究对象。

---

〔1〕 黄剑文，胡志伟，涂颖清等：《自然垄断行业的政府管制创新思考》，《商业时代》2005年第15期，第55-56页。

〔2〕［美］奥利弗·E.威廉姆森：《资本主义经济制度：论企业签约与市场签约》，商务印书馆，2002年，第120页。

〔3〕 刘世锦：《经济体制组织选择与国有企业制度改革》，《经济研究》1992年第4期，第10-17页。

〔4〕 华民：《国有化与去工业化不利于未来中国经济增长》，《东方早报·上海经济评论》2012年10月23日。

〔5〕［英］安东尼·奥格斯：《规制：法律形式与经济学理论》，骆梅英译，中国人民大学出版社，2008年，第269-270页。

70年代以后，为实现公用事业的市场化运作，各国政府把公用事业交由私部门（private sector）提供，这在国外一般被称为“民营化（privatization）”，而在我国一般被称为“市场化”或“社会化”[1]，在我国台湾地区，将当局做出并实施民营化决策的过程称为“行政任务民营化”[2]。依照美国学者萨瓦斯的观点，“民营化”包括“私有化”与“公私合作”（Public-Private Partnerships，缩写为“PPP”，有学者译为“公私伙伴关系”“公私协作”，本书以“公私合作”表示同一内涵）[3]。PPP中的“public”并非“公营组织”，而是指中央或地方行政机关、行政机关委托的代理机构（为表述简便，本书以“政府”概括）。“社会资本”即PPP中的“private”（国外是指“私部门”），由于受公有制的意识形态限制，“民营化”在我国一般被称为“社会化”，“社会化”的承担主体与政府设立的非市场主体“公营组织”相对应，为此本书称之为“社会资本”（后文的“私营组织”“私营部门”等说法，与“社会资本”同义）。在我国政企分开的背景下，国有企业，因其对所属国有资产拥有产权，因此属于“社会资本”的范畴。从公用事业资产的所有权角度看，“私有化”下政府把公用事业资产所有权永久移转给私人或社会资本；“公私合作”下公用事业资产所有权不转移或可以阶段性转移，但最终所有权仍然归属于国家。行政任务民营化使社会资本也成为公共行政的主体，此时该如何配置社会资本的权能成为行政法的新问题，本书以此为研究对象。

我国对于“民营化”的理解是将之置于公有制与市场化相交错背景之下，一般以“社会化”替代，与萨瓦斯定义概念的外延有一定的区别。我国公用事业的所有权归属于国家，由政府投资形成的资产，公用事业所有权在一般情况下被禁止转让给私人，其市场化采用两种路径：一是把原承担公用事业的事业单位或国营工厂（公营组织）改制为国有公司化企业（社会资本），并把相关资产转移到该企业名下。在美国，有学者将该种方式称为“民营化（privatization）”，但萨瓦斯称之为“商业化（commercialization）”[4]。在德国，这属于行政任务民营化的方式。二是政府把公用事业交由社会资本（一般为国

〔1〕 周义程：《市场化、民营化、私有化的概念辨析》，《天府新论》2008年第3期，第92-96页。

〔2〕 陈敏：《行政法总论》，台湾新学林出版股份有限公司，2011年，第672页。

〔3〕［美］E. S.萨瓦斯：《民营化与公私部门的伙伴关系》，周志忍等译，中国人民大学出版社，2002年，第249页。

〔4〕 E. S. Savas. Privatization in the City：Successes，Failures，Lessons. Washington，DC：CQ Press，2005，p.23.

有企业）承担，但政府不转移公用事业的所有权或社会资本取得阶段性所有权，此时属于萨瓦斯定义的“公私合作”领域。当社会资本（即民间资本、外资等）进入公用事业领域时，我国才称之为“民营化”。这一类可以直接引用萨瓦斯对于“民营化”的定义，社会资本取得公用事业永久所有权的情形，属于“私有化”；社会资本不能取得公用事业所有权的情形，属于“公私合作”。

受公有制经济制度的限制，我国公用事业民营化很难接受私有化形式。政府通常采用社会资本与国有企业共同设立国有股占多数的社会资本，再由该社会资本承担行政任务的方式。因此，我国的“行政任务民营化”，一般情况下为“公私合作”。2014年财政部制定的《政府和社会资本合作模式操作指南（试行）》初步建立PPP制度。2015年国家发改委制定的《基础设施和公用事业特许经营管理办法》做出进一步规范。现在，我国PPP已经走向全面发展，财政部建构的全国PPP综合信息平台实现线上运行[1]。根据我国相关实践，本书将“公私合作”定义为政府以导入竞争机制为目的，允许社会资本介入公用事业，并在保障公用事业公有制的前提下，实现公用事业建设、管理的市场化运作，为社会公众提供服务的契约制度安排。

公用事业公有制是政府对公用事业自然垄断的一种管制措施，排除社会资本的介入，其根本目的在于保障公用事业的公益性。政府通过设定公用事业的利用方式来保障其公益性，而利用方式取决于是否收费利用。免费的公用事业被认定为具有公益性，其建设资金源自政府的财政税收，政府不存在资金回收的问题。当政府通过贷款建设公用事业或引入社会资本时，政府和社会资本均需要回收资金偿还建设成本和服务成本，此时产生公用事业的收费及其公益性该如何保障的问题。

三、问题意识：公用事业收费权能的配置

公用事业收费问题纷繁复杂，涉及多元主体、多重法律关系。

（一）公营组织收费权能法律属性的定位

在政府垄断下，公用事业收费主体为政府专门设立的公营组织。那么公营组织收费权能的法律属性怎么判定？已有的研究表明，公营组织收费权能的法律属性取决于政府对行政任务完成方式的选择：当政府选择公法利用方式时，公营组织的收费权能为行政权能，属于规费，形成行政法律关系；当政

---

〔1〕 财政部政府和社会资本合作中心，http://www.cpppc.org，最后访问时间：2020年4月28日。

府选择私法利用方式时，公营组织的收费权能为民事权能，属于价金，形成民事法律关系[1]。

政府为保障公用事业的公益性，采用政府定价、排除社会资本的市场准入、限制公营组织退出等手段进行管理，同时规定公营组织收费均不以营利为目的，应当遵循“成本填补原则”。

从公用事业利用人角度看，公用事业为其生活必需品，除特定的公共用物外，利用人必须付费使用。公用事业的提供者为政府设立的公营组织，利用人没有选择的余地。公用事业的服务价格也由政府确定，利用人不能单方面拒绝。无论公营组织获取何种权能，公营组织向利用人收费并非平等协商下的服务对价，公营组织的收费行为均构成权力的行使。因此，本书将公营组织取得的行政权能和民事权能分别称为“公权力”和“私权力”。

霍布斯、边沁认为，国家是公权力和私权力的创造者，公权力源自法律的授权，私权力源自法律的预设[2]。这里的“公权力”是政治交换优势者的权力，由胜出者控制下的国家机关行使。行政机关的行政权力系政治交换优胜者控制经济交换时形成的权力，即属于公权力。“私权力”是经济交换优势者的权力，由胜出者控制下的经济组织行使。经济组织的垄断经营权系经济交换优胜者控制经济交换时形成的权力，即属私权力。在国家垄断公用事业的情形下，承担公用事业的公营组织被国家赋予公权力或私权力。

（二）社会资本收费权能法律属性的存疑

在市场化下，公私合作则构成公用事业公有制下政府的一种解除管制措施。即政府允许社会资本介入，公私合作使社会资本取得公用事业的收费权能，公用事业仍由政府定价。那么，在公私合作下，社会资本取得的收费权能是否与公营组织权能保持一致，单为公权力或私权力还是两者并存？其收费权源自何处？同时社会资本介入公用事业以营利为目的，与公营组织承担公用事业的目的完全相反，此时公用事业的公益性该如何保障？上述问题在法律层面需要回答的是：在公用事业市场化下，公私合作应当建构什么样的法律制度？其公益性保障遵循什么样的法律规则？

下文讨论社会资本权能配置时，也采用公权力与私权力两个概念。这里

〔1〕 陈敏：《行政法总论》，台湾新学林出版股份有限公司，2011年，第655页。

〔2〕［新西兰］迈克尔·塔格特：《行政法的范围》，金自宁译，中国人民大学出版社，2006年，第191-195页。

先把“私权力”“私权利”“公权利”概念做一概括性说明。在市场体系中，私人、私经济组织可以自由地追求各自的经济目标，此为私法主体的“私权利”。“由公法授予个人，使其为本身之利益，而向国家请求做成特定行为之法律力量，即人民之‘公权利’。”[1]本书采用的“私权力”并非“私权利”或“公权利”。在给付行政领域，“私权力”表现为国家或私人基于经济上的优势地位对他人的命令-控制。此时，社会资本经行政特许取得独家供应权或经营权，该项垄断供应的权力即为给付行政领域社会资本的“私权力”。因此，给付行政领域的“私权力”是指政府赋予社会资本垄断性、排他性的企业经营权，而非该组织自有的权利。社会资本获取该项“私权力”后，可以直接向利用人收费，事先无须征得利用人同意，产生类似于公权力的“强制力”。

（三）研究问题的提出

为研究行政任务民营化下社会资本的权能，本书选取公用事业中社会资本收费权能中存在的问题为切入点。

长期以来，我国公用事业市场化一直奉行“所有权与经营权相分离”原则。依照该理论，在公用事业市场化下，所有的公用事业都被不加区分地用于经营，并通过特许经营制度实现，社会资本承担公用事业成为纯粹的私法活动。

在2004年国务院正式确立公用事业特许经营制度前，该制度已被使用在各类可以收费的公用事业领域[2]。在公共基础设施项目建设中，地方政府的相关规定都将收费公路、城市道路等纳入特许经营的范围[3]。特许经营制度的核心，在于为社会资本设定特许经营权，对于公用事业利用人而言，特许经营权使社会资本取得垄断性的独家收费权，特许经营权的法律属性决定了社会资本收费权的法律属性。我国众多的地方性法规、规章和规范性文件中，均规定

---

〔1〕 陈敏：《行政法总论》，台湾新学林出版股份有限公司，2011年，第249页。

〔2〕《国务院关于投资体制改革的决定》，2004年7月16日发布，国发〔2004〕20号。

〔3〕 如《上海市奉浦大桥经营管理办法》（1995年10月17日发布），《内蒙古自治区收费公路管理暂行规定》（2000年4月30日发布），《河南省高速公路条例》（2004年11月26日发布），《北京市城市基础设施特许经营条例》（2005年12月1日发布），《湖北省高速公路管理条例》（2009年3月26日发布），《天津市城市基础设施投资建设开发企业发展和风险防控规定》（2009年9月16日发布），以及《成都市人民政府特许经营权管理办法》（2009年11月3日发布）。

社会资本的特许经营权源自政府“授权”[1]。

“授权”从法律文义角度理解，有两种含义：其一为“民事授权”，在民事代理法律关系中，被代理人授权代理人以被代理人名义从事民事法律活动，系平等主体间的民事行为；其二为行政授权，是指法律或政府授权特定组织行使公权力，系不平等主体之间的行政行为。上述涉及特许经营的相关文件所用的“授权”，显然不是在平等主体之间的民事授权层面上使用，而系政府的行政活动。那么，依据政府的“授权”，社会资本参与公用事业属于公法活动还是私法活动？特许经营权源自政府的行政授权吗？

政府赋予社会资本特许经营权的目的是实现公用事业市场化。目前我国公用事业存在高收费的情形，造成民众不满。比如，公路经营公司通过特许经营获取公路收费权，被指获取“暴利”[2]。那么可以进一步追问的是，特许经营制度是否为公用事业市场化唯一可选的法律制度？特许经营制度能保障收费公路、城市道路等公共用物的公益性吗？这些问题需要归结到公私合作下社会资本收费权能的配置上来回答。

社会资本的权能配置不明造成政府与社会资本签订的公私合作契约法律属性争议，有人认为是民事合同，有人认为是行政合同，最终导致当事人救济途径选择困难，民事诉讼和行政诉讼均将其拒之门外。

上述问题均源自以国家公有制下“所有权与经营权相分离”为理论基础的经济制度。本书意图从行政法学角度对该理论在公用事业领域的适用性进

〔1〕 如《上海市奉浦大桥经营管理办法》（1995年10月17日发布）第三条（特许授权）规定：“市人民政府授予上海奉浦大桥建设有限公司（以下简称大桥公司）在一定期限内对大桥的特许经营权。”《深圳市公用事业特许经营办法》（2003年3月21日发布）第七条规定：“公用事业特许经营权的授权主体是市政府或其授权的监管部门。”《济南市市政公用行业特许经营试行办法》（2004年1月6日发布）第二条规定：“本办法所称市政公用行业特许经营是指市政府授权符合条件的企业或其他组织经营市政公用产品或服务的行为。”《贵州省市政公用事业特许经营管理条例》（2007年11月23日发布）第八条规定：“特许经营权的授权主体是有市政公用事业权的县级以上人民政府或者其授权的市政公用事业主管部门。跨行政区域的市政公用事业特许经营，应当本着有关各方平等协商的原则，共同加强监管。其共同的上级人民政府或者上级人民政府所属的市政公用事业主管部门应当加强指导监督。”《上海市管道燃气特许经营授权和监督管理程序》（2005年6月1日发布）第二条（定义）规定：“本程序所称的管道燃气企业是指管道燃气（包括天然气、人工煤气、管道液化气及其他管道燃气）输气企业、管道燃气销售企业（以下统称管道燃气企业）。本程序所称的特许经营，是指市政府授权符合条件的企业法人在一定期限和区域内从事管道燃气投资、建设并进行燃气输气、销售的经营活动。”《合肥市市政公用事业特许经营实施条例》（2006年4月29日发布）第十条规定：“特许经营协议应当包括以下内容：（一）授权主体、特许经营者；（二）特许经营内容、区域、范围及有效期限；……”

〔2〕 吴海飞：《路桥收费业暴利超房地产，八成公司毛利超50%》，《羊城晚报》2011年05月09日。

行反思。在公有制下,公用事业资产所有权能否转移决定了社会资本收费权能的法律属性。为此,本书研究的核心问题可以归纳为:在公私合作中,为保障公用事业的公益性,政府对社会资本的收费权能该如何配置。对该问题的回答,意在解决社会资本参与公用事业究竟是公法活动还是私法活动,抑或兼而有之,并讨论该如何界分。

由于公用事业公有制本身构成对社会资本的管制,而政府垄断又排斥社会资本进入公用事业领域,公用事业市场化就是把政府垄断的公用事业交由社会资本经营的过程。因此,本书以与公用事业公有制相关的政府管制作为研究的起点,同时以公私合作下社会资本的收费权能为基点展开研究,并以保障公用事业的公益性为最终目的。

第二节　研究现状与研究意义

一、研究现状

本书在解构公私合作本质的基础上,以收费权作为分析对象,来建构公用事业收费的法律制度框架,并从保障公用事业公益性角度出发,对社会资本的收费权能进行定位。收费权的属性并不取决于收费活动本身,而是取决于社会资本权能的定位,社会资本权能的定位又取决于民营化下公私合作的制度建构。解析公私合作必须从管制经济学入手,这样才能真正了解民营化、私有化、公私合作等概念的内涵。因此,本书把公用事业的收费法律制度置于公私合作的制度框架下,展开文献梳理。

(一)国外研究现状

公用事业收费行为的法律属性与公用事业的权属直接相关,公用事业公有制衔接了各国民营化的法律制度。英国和大部分大陆法系国家曾以公营组织排斥社会资本介入公用事业,民营化使社会资本重新回归公用事业领域。但美国的公用事业在多数领域均由社会资本提供,其管制经济学为保障公用事业的公益性提供了一套完整的分析框架。因此,本书以管制经济学的研究结论中与行政法学相关的观点作为研究的起点。

1. 美国管制理论的重大影响

在公用事业领域,对于社会资本权能的配置问题,美国是从政府对公用事业管制层面来解析,并把政府与公用事业的关系作为经济学领域的一个独立分支，专门展开研究的，从而形成了管制经济学。美国的管制经济学引领全球的公用事业管理模式，因此多数国家对于公用事业管制研究的主要文献源自美国。法律领域关于公私合作的管制研究，时间跨度从1990年到2020年5月1日止，在WOS上共有4 870篇。这一研究在2007年开始热度逐渐上升，自从中国在2014年导入PPP制度后，2015年达到新高潮，并在2019年达到新高点。亦即从文献发表数量上看（如图1-1所示），目前关于公用事业管制领域的相关研究正处于高潮阶段。

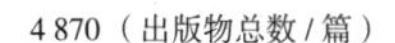

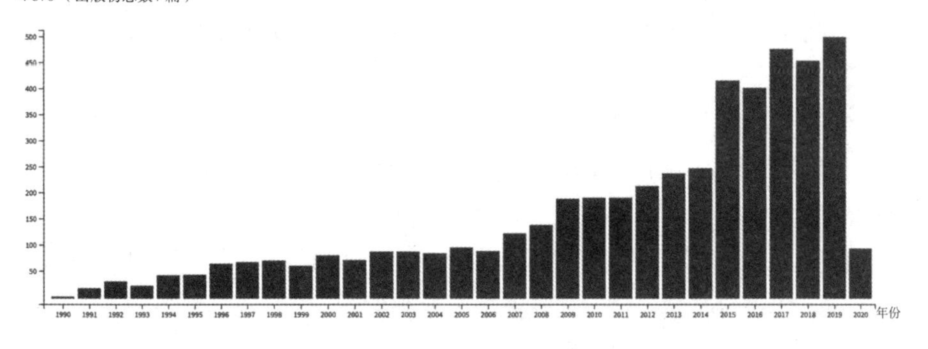

图1-1 国外公私合作下管制经济学的研究趋势图

马克思关于经济基础决定上层建筑的理论，也适用于解释公用事业领域的经济理论与法律理论之间的关系。通过对国内已经翻译的史蒂芬·布雷耶、丹尼尔·F.史普博、波斯纳等学者的著作进行研读可以发现，管制经济学直接从政府管制的行政程序切入，以政府与公用事业之间的关系及其对政府管理公用事业的权能配置为研究对象，利用经济学理论展开分析。行政程序、政府职能等问题都是行政法问题。因此，管制经济学与行政法学息息相关。

美国公用事业领域的制度建构，是以管制经济学的相关理论为基础的。管制经济学关于政府及非公营组织在公用事业管理领域中的权能理论，对世界各国公用事业的制度建构产生了深远影响。首先，管制经济学的"新制度经济学"理论直接影响到世界各国的行政管理体制，如OECD（经济合作与发展组织，简称"经合组织"）对政府职能的改造。其次，美国对民营化的研究也产生了世界性影响，如被誉为民营化大师的E.S.萨瓦斯的理论在我国广为流传。它也将行政法学的研究视角从政府行为转向非公营组织的行为，拓展行政法学的研究领域。

英国安东尼·奥格斯所著的《规制：法律形式与经济学理论》阐明公用事业公有制是对自然垄断行业的管制手段。本书以管制经济学中涉及公用事业公有制的理论作为研究的基础视角，意图提取管制经济学中与行政法学相交叉的结论。对于管制经济学相关文献的梳理，本书忽略管制经济学的分析工具，只注重与行政法相关的研究结论。通过这样的梳理，可以发现公用事业相关的行政法理论与管制经济学理论的发展直接相关。在公用事业领域，管制经济学理论主导着与经济相关的行政法理论的发展。国内目前尚无从公用事业公有制角度研究民营化的文献[1]。但是公用事业民营化是以公用事业公有制为基础的，因此本书意图以管制经济学作为导入公用事业公有制的理论基础，以管制经济学理论的变迁来阐述公用事业公有制对行政法律制度的影响。

2. 公私合作（PPP）

对于公私合作的理解，应当将其置于世界经济发展的历史轨迹之中，才能把握其发展脉络。杨卫东指出，20世纪以来世界各国都曾交替出现过几轮国有化浪潮和私有化浪潮。具有世界性的浪潮至少有三次：第一次是大萧条及二战后的国有化浪潮，这个浪潮从1929年延续到20世纪80年代，其间虽然也有私有化，但国有化是主导，在欧亚地区尤其如此；第二次是以“撒切尔革命”为起点的私有化浪潮，这个浪潮从1979年延续到2008年；第三次是2008年的世界金融危机又给各国的国有化带来一个小阳春。此外，他还认为西方国家企业国有化和私有化的数次交替与变更都有其内在的必然性。国有化浪潮往往起于大萧条、大危机、世界大战等；私有化浪潮则产生于危机之后、战争之后、新技术革命之中、经济“滞胀”之中[2]。

在20世纪80年代，政府为吸引社会资本参与公用事业提供两种可供选择的机制：公共设施的完全私有化和PPP[3]。前者把公共设施所有权移交给社会资本，使政府能够把管理和服务转移给社会资本，并由社会资本对开发完全负责。后者使政府能在对公共服务的监管不失去控制的情况下（所提供的服务包括定价权），由私营部门开发基础设施建设项目。

---

〔1〕 截至2012年9月22日，在中国知网中以“民营化”“公有制”“公用事业”为主题词搜索，可以得到4篇文献。但这些文献中“公有制”仅为引用语，而非论证对象。

〔2〕 杨卫东：《国有化与私有化研究——西方国企进退的历史轨迹》，《武汉大学学报（哲学社会科学版）》2012年第1期，第100-105页。

〔3〕 Robin Ford, David Zussman. Alternative service delivery: Sharing governance in Canada. Institute of Public Administration of Canada, 1997. http://www.ipac.ca/documents/WBI-AlternativeServiceDelivery1.pdf，最后浏览时间：2012年9月1日。

20世纪90年代以来，PPP逐渐成为政府对公用事业治理领域的时髦概念，但在相关文献中，其含义非常宽泛，尚未形成固定的、公认的内涵。世界银行在1992年的一份报告中认为，政府允许社会资本参与到公共部门的基础设施项目融资中才导致PPP的出现[1]。因此，PPP是政府在进行公共基础设施建设时，向私人融资的一种手段，但政府仍然对公共基础设施的提供承担责任。由于公用事业涉及普通公众，以"民营化"或"私有化""外包"等词来表述政府把公用事业交由私人承担相当敏感，因此，一些国家的政府尽力避免使用"私有化"或"外包"等概念，而赞成用"伙伴关系"的称谓。

从PPP内涵上看，世界银行在2012年的报告中，比较了加拿大、英国、新加坡和印度四国对于PPP的定义：加拿大定义强调的是公共和私人团体的合作经营以及资源和风险的合理分配，公私合作被看作有平等谈判权的各方之间进行的"合作"安排。同样，英国定义侧重于合作各方之间的兼容性以及责任、风险、资源和利润的共享。新加坡定义侧重于把公私伙伴关系作为一个长期的合作关系，使私营部门能参与到原本由公共部门为公众提供的服务当中来。印度定义侧重于一个事实，即政府赋予私营部门特许权，由私营部门提供开发项目和提供服务所需的资金以换取收费权[2]。此外，美国交通部将PPP定义为"公私合作是一个在公、私部门合作者之间的契约式合意，允许社会资本比传统的方式有更多的参与。协议通常涉及政府机构与私人公司就重建、建设、营运、维修和管理设施或系统而缔约。通常公部门保持设施或系统的所有权，私方就项目或任务如何完成取得额外的决定权"[3]。该定义强调了PPP的契约属性和公共设施所有权归属于政府。因此，PPP并非"私有化"。

从PPP的外延上看，学者们一直致力于将民营化、私有化、PPP在概念上进行区分。西蒙等认为，私有化是指实物资产的所有权从公所有权转向私所有权[4]。萨瓦斯认为"民营化"是个动态的概念，其"含义是把政府扮演生产者

〔1〕 The World Bank and the International Finance Corporation (IFC). Investing in the Environment. Washington, DC: The World Bank Press, 1992, pp.12-18.

〔2〕 Graham M. Winch, Masamitsu Onishi, Sandra Schmidt. Taking Stock of PPP and PFI around the World. Washington, DC: The World Bank Press, 2012, p.15.

〔3〕 United States Department of Transportation. Report to Congress on Public-Private Partnerships, 2004. http://www.fhwa.dot.gov/reports/pppdec2004/pppdec2004.pdf，最后浏览时间：2012年9月1日。

〔4〕 Simon Domberger, Paul Jensen. Contracting out by the Public Sector: Theory, Evidence, Prospects. Oxford Review of Economic Policy, Vol.13, No.4 (1997), pp.67-78.

角色的安排转化为私人生产者唱主角的安排"[1]。他从广义角度把PPP界定为"公共和私营部门共同参与生产和提供物品和服务的任何安排"[2]。在这样的概念界定下,民营化与PPP是同位的概念,两者之间有交叉,比如合同承包、特许经营、补助等。但他又把PPP缩限到民营化后的公共基础设施领域,这时狭义的PPP被包含在民营化范围中,与"私有化"相并列。乔纳斯·普拉格将"民营化"定义为"任何旨在把政府全部或部分的职能和责任转到私人部门的过程",并列举了出售资产、特许经营、补贴、PPP等9种"民营化"形式[3]。可知,PPP为民营化形式之一。

从PPP适用范围上看,唐李雅宁等认为PPP主要存在于基础设施建设领域[4]。但霍奇等认为PPP广泛存在于五个领域:(1)机构合作,联合生产和风险分担(如荷兰港口管理局);(2)长期基础设施的合同,强调以长期法律合同严格规范生产(例如英国私人融资计划项目);(3)公共政策网络(强调在松散的利益关系人之间的关系);(4)民间社会和社区发展;(5)市区重建及市区经济发展(美国追求当地的经济发展和城市增长的措施组合)[5]。

从PPP的形式上看,维克拉姆等在2011年给世界银行的报告中认为,PPP是通过公共和私营部门合作提供服务或交付资产的采购过程,其形式包括特许经营,建设—经营—转让(BOT)及其变种和租赁[6]。世界银行在2012年的一份报告中从收费的角度将PPP划分为两种:使用者付费方式(user-pays type)和统一征费方式(unitary charge type)[7]。前者如基于特许经营或BOT而收费,后者如影子收费。本书结合所有权的归属,并从收费主体角度进一步细

---

〔1〕[美]E. S.萨瓦斯:《民营化与公私部门的伙伴关系》,周志忍等译,中国人民大学出版社,2002年,第103页。

〔2〕[美]E. S.萨瓦斯:《民营化与公私部门的伙伴关系》,周志忍等译,中国人民大学出版社,2002年,第105页。

〔3〕 Jonas Prager. Contracting out Government Services: Lessons from the Private Sector. Public Administration Review, Vol.54, No.2(1994), pp.176-184.

〔4〕 L. Tang, Q. Shen, E. W. Cheng. A review of studies on Public–Private Partnership projects in the construction industry. International Journal of Project Management, Vol.28, No.7(2010), pp.683-694.

〔5〕 G. A. Hodge, C. Greve. Public-Private Partnerships: An International Performance Review. Public Administration Review, Vol.67, No.3(2007), pp.545-558.

〔6〕 Vickram Cuttaree, Cledan Mandri-Perrott. Public-Private Partnership in Europe and Central Asia. Washington, DC: The World Bank Press, 2011, pp.23-26.

〔7〕 Graham M. Winch, Masamitsu Onishi, Sandra Schmidt. Taking Stock of PPP and PFI around the World. Washington, DC: The World Bank Press, 2012, p.12.

化了这两种形式，认为存在四种形态。

从对PPP研究议题上看，随着研究的深入，对PPP研究从融资扩大到了风险分配、责任承担领域。华纳等认为PPP是公共机构和社会资本之间拥有相互的义务和共同的问责制的一种自愿或合同关系，二者分担投资和信誉风险，为设计和执行承担连带责任[1]。唐李雅宁等从三个层面归纳了基础设施领域已有文献对PPP的研究议题：（1）在实证研究角度上，PPP的研究主要集中在风险、公共机构与社会资本的关系、融资；（2）非实证研究角度上，PPP的研究主要集中在融资、项目的成功因素、风险、特许经营的期间；（3）未来的研究将集中在风险、融资、合同协议、PPP模式的发展、恰当的PPP模式战略选择和特许经营期间[2]。

3. 关系性契约理论、不完全契约理论和权力关系理论

公私合作以契约关系为纽带，以赋予权力为目的，存在两种类型：内部效力契约和外部效力契约。传统的契约理论无法解析外部效力契约，本书的研究意图跳出“二元主体”下的行政契约框架，指出公私合作契约系权力的载体，不构成独立的行为。麦克尼尔在《新社会契约论》中提出全新的契约观——关系性契约，并把权力关系导入契约中。他的观点为本书解析公私合作契约提供了有力的分析工具。威廉姆森的《资本主义经济制度》结合麦克尼尔的关系性契约，从交易成本经济学角度，根据产品使用频率和资产专用性的程度，分析出高使用频率和高资产专用性的产品适合由纵向一体化组织（垄断组织）来提供。吉近（Johw Quiggin）也根据委托–代理理论得出相同的理论，对于特殊风险的防范，在具体的市场环境和管理技巧下，委托–代理理论支持私所有权，但严格管制或基于外部性形成垄断权力时，公有制是可取的[3]。这些观点可以解释政府垄断提供公用事业的成因，同时也为本书建构以公用事业资产所有权为基础的分析框架提供了理论依据。

哈特等提出了不完全契约理论，认为缔约双方不能完全预见契约履行期

---

〔1〕 M. Warner, D. Kahan, S. Lehel. Market-oriented Agricultural Infrastructure: Appraisal of Public-Private Partnerships. Rome: FAO Press, 2008, p.23.

〔2〕 L. Tang, Q. Shen, E. W. Cheng. A Review of Studies on Public-Private Partnership Projects in the Construction Pndustry. International Journal of Project Management, Vol. 28, No.7 (2010), pp.683-694.

〔3〕 John Quiggin. Competitive Tendering and Contracting in the Australian Public Sector. Australian Journal of Public Administration, Vol.55, No.3 (1996), pp.49-57.

内可能出现的各种情况，从而无法达成内容完备、设计周详的契约条款[1]。博内特等认为，基于契约的不完全性，设施的所有权人在合同期间对是否执行合同的变更拥有决定权，即所有权决定控制权[2]。这为本书提出的公用事业收费权法律属性取决于公用事业资产所有权观点提供了理论依据。

罗尔夫·施托贝尔认为，在公私合作中行政机关向私人授予经济行政的国家任务时，会出现混合行政法律关系，即"两级法律关系"，第一个阶段适用公法，第二阶段既可以适用公法，也可以适用私法[3]。当第一阶段为公法，第二阶段为私法时，被称为"二阶段论"[4]。但"二阶段论"仅仅是"两级法律关系"的一种情形。"二阶段论"忽略两个阶段均为公法的情形，同时有人认为该理论割裂统一的生活现象而质疑其存在价值。埃哈尔·费埃德伯格在《权力与规则——组织行动的动力》一书中，提出权力关系包括经济性交换或政治性交换，行动者在权力关系中有进攻性策略和防御性策略等。

本书意图将埃哈尔·费埃德伯格关于权力关系理论和不完全契约理论相结合，提出"动态行政法律关系"说，用以解析罗尔夫·施托贝尔指出的"两级法律关系"。

（二）国内研究现状

1. 公用事业民营化

在公私合作领域，社会资本承担了原本由公营组织承担的行政任务。行政任务民营化意味着公法体系原先建构的制度性疆域（institution dimension）已被打破，原本不能行使公权力的社会资本也进入公法层面的管理领域，并产生以下三个需要研究的问题：其一，社会资本是如何获取公权力并控制行为的？其二，这些公权力该如何受制约？其三，行政法不能局限于防止公权力的滥用，它同时也需要解决法律形式与公共选择的工具性目标如何最佳匹配的问题[5]。这就产生了对社会资本权力（利）配置应该选择公法还是私法的问题。对此，高秦伟认为对私人主体承担行政任务应当受到行政法上义务的制

〔1〕 Grossman, Sanford J, Oliver D. Hart. Implicit Contracts, Moral Hazard, and Unemployment. The American Economic Review, Vol.71, No.2 (1981), pp.301-307.

〔2〕 John Bennett, Iossa Elisabetta. Building and Managing Facilities for Public Services. Journal of Public Economics, Vol.90, No.10 (2006), pp.2143-2160.

〔3〕［德］罗尔夫·施托贝尔：《经济宪法与经济行政法》，谢立斌译，商务印书馆，2008年，第534页。

〔4〕 陈敏：《行政法总论》，台湾新学林出版股份有限公司，2011年，第665页。

〔5〕［英］安东尼·奥格斯：《规制：法律形式与经济学理论》，骆梅英译，中国人民大学出版社，2008年，英文版序。

约[1]。他的观点是支持民营化应当被置于公法领域来研究。私人主体的行政法上义务源自行政权力——公权力，意味着在公私合作领域，对私人主体的权能配置源自公法而非私法。

国内早期对于公用事业民营化已有的研究主要存在于经济领域，对于民营化领域法律问题的研究文献较少。在公用事业民营化的研究文献中，转引率居前的文献都以萨瓦斯的民营化理论为基础而展开[2]。法学类文献中，如史济春等着重介绍萨瓦斯对民营化的理论[3]。经济类文献中，如肖兴志等以萨瓦斯理论为基础探讨我国公用事业民营化的政策设计[4]。在这些公用事业研究领域，萨瓦斯的民营化理论居于核心的地位。从2014年财政部导入PPP制度后，我国涌现出大量的研究，进一步完善了我国PPP的制度建构和实务操作。

然而，在国内相关文献中，多数研究没有从已有的管制经济学理论出发，来解析公私合作产生的制度背景，往往把英美管制意义上的"民营化""私有化""公私合作"混同使用[5]。王守清将PPP称为"公私合伙"，并将其纳为私有化的形式之一[6]。因此，国内对于公用事业民营化的研究存在严重的误区。参照世界银行对民营化的理解及美国交通局对PPP的定义，本书把"民营化"界定为"私有化"与"公私合作"的组合。

香港效率促进组将PPP定义为"以提供公共服务或项目为目的，根据不同程度的参与和责任，使公共和私营部门在项目技能上能带来互补的安排"。这个概念强调组织形态上的合作，并分为五种形式，包括通过公共部门和私营部门共同的技术和融资运营资产来创造更广泛的市场、私人融资举措、合资企业、合伙投资和特许经营，并认为可以把BOT视为除上述五种PPP形式之外的一种。同时，香港把私营部门参与（private-sector involvement）划分外包

[1] 高秦伟：《私人主体的行政法义务？》，《中国法学》2011年第1期，第164-178页。

[2] 截至2012年9月22日，在中国知网中以"民营化"为主题词搜索，可以得到6833篇文献。这些文献主要集中于经济领域，法学类的文献仅占168篇。再以"民营化""公用事业"为主题词搜索，可以得到645篇，其中法学类73篇。

[3] 史济春，肖竹：《公用事业民营化及其相关法律问题研究》，《北京大学学报（哲学社会科学版）》2004年第4期，第79-86页。

[4] 肖兴志，陈艳丽：《公用事业民营化改革：理论基础与政策选择》，《经济社会体制比较》2004年第4期，第119-126页。

[5] 章志远：《行政法学视野中的民营化》，《江苏社会科学》2005年第4期，第147-154页。

[6] 王守清，柯永建：《特许经营项目融资（BOT、PFI、PPP）》，清华大学出版社，2008年，第17页。

(outsourcing)和PPP两种形式[1]。

此外,国内多数学者直接把给付行政中政府的管制职能,置于秩序行政下的公权力框架中来阐述,并得出社会资本行使公权力属于"政府权力和职能的收缩"[2]。但事实与此相反,政府通过向社会资本授权,控制公用事业的市场化进程。社会资本介入给付行政并行使公权力,是政府对公用事业市场管制权能的扩张而非收缩。本书认为,对于英美法下"管制"的理解,必须结合公用事业的所有权,包括国有化(即公用事业公有制)、私有化(即公用事业私有制)和公私合作三种形态,将其转化为给付行政领域的公营组织或社会资本的权能,才能融入大陆法系行政法的公权力框架。

邓敏贞归纳了国内公用事业公私合作的研究缺陷:第一,对公用事业公私合作的概念与内涵、合作模式,缺乏从法律角度的提炼与归纳。第二,对公用事业公私合作中的政府管制与责任、合作模式关注较多,对公用事业公私合作合同的性质及其法律规制缺乏深入探讨。她提出公用事业公私合作合同应接受公法与私法的双重规制,同时提出以私权力约束政府的公权力,意图把政府公权力"权利化",让政府为其违约行为承担民事责任[3]。该文的观点是建立在合同类型的比较基础上,意图把公权力私法化。目前,学界关于公私合作相关研究中,这样的观点具有代表性。但该观点忽视了公权力的本性,公权力只可能产生行政法律责任,实践中民事诉讼不可能解决公权力行使中产生的纠纷,大量案件因此被排除在民事诉讼之外[4]。该文也没有关注到公用事业中公权力产生与公用事业公有制直接相关,以及公用事业公有制下公权力与私权力并存的情形。

因此,本书的研究意图是从公用事业公有制角度,重新建构公私合作的概念及其制度的分析框架。

2. 公用事业收费

公用事业收费在国外被认为是一种管制行为。国内的多数学者引用日本规制经济学家植草益的观点,认为收费是指受政府管制的(公用事业)产业部

---

〔1〕 L. Tang, Q. Shen, E. W. Cheng. A Review of Studies on Public-Private Partnership Projects in the Construction Industry. International Journal of Project Management, Vol.28, No.7(2010), pp.683-694.

〔2〕 石佑启:《论公共行政变革与行政行为理论的完善》,《中国法学》2005年第2期,第53-59页。

〔3〕 邓敏贞:《公用事业公私合作合同的法律属性与规制路径——基于经济法视野的考察》,《现代法学》2012年第3期,第71-78页。

〔4〕 江西省高级人民法院(2003)赣民一终字第72号民事判决书,最高人民法院(2006)民一终字第47号民事裁定书以及最高人民法院(2009)民二终字第37号民事判决书等。

门的价格[1]。因此,公用事业收费是受国家或政府管制的,存在市场因素的产业或行业、公共部门(包括有关国有企事业单位)、民间团体和私人企业所提供的有偿服务的价格[2]。

在实践中,公用事业收费存在两种不同法律属性的活动,包括属于公权力的收费权能和属于私权力的收费权能。

(1)我国台湾地区对于公用事业收费的定位

我国台湾地区学者陈敏在《行政法总论》中将公用事业的收费分为两种:规费和价金[3]。规费为当局行政机关、公营组织或社会资本等以公法方式提供公共服务时收取,价金为公营组织或社会资本以私法方式提供公共服务时收取。规费的征收具有公权力属性,引发行政法律关系;而价金的收取具有私权力属性,形成民事法律关系。

陈敏把"规费"分为三种:行政规费、使用规费、特许规费。他认为行政规费是为个人之利益或依个人之请求而从事的一定行政行为的公法上对价;使用规费是在公法的使用关系内,对公共设施之利用,以公权力课征的对价;特许规费是授予特许权利或行使特许权利的对价[4]。台湾地区的"规费法"将规费分为行政规费和使用规费。其中第七条规定行政规费是各机关学校为特定对象的权益办理相关事项时征收,包括审查、检查、特许等;第八条规定使用规费是各机关学校交付特定对象或提供其使用相关项目时征收,包括公有道路、设施、设备、标志等。台湾地区的这种划分方法严格遵循德国体例。德国是把规费分为行政费和使用费[5]。

总之,台湾地区公用事业的两种收费有严格区分。规费被纳入法律调整范畴,行政机关可以通过行政行为或行政契约授予社会资本行使公权力[6]。价金被列为政府价格管制对象,社会资本经行政特许取得垄断性的独家经营权后,公用事业收费权成为社会资本制约利用人的私权力。因此,规费为公权力,价金为私权力。本书拟借助台湾地区的分析框架对我国大陆的公用事业收费展开研究。

---

〔1〕[日]植草益:《微观规制经济学》,朱绍文,胡欣欣等译,中国发展出版社,1992年,第65页。
〔2〕赵振东,张念瑜:《收费理论与收费管理》,中国物价出版社,1995年,第3页。
〔3〕陈敏:《行政法总论》,台湾新学林出版股份有限公司,2011年,第655页。
〔4〕陈敏:《行政法总论》,台湾新学林出版股份有限公司,2011年,第266至267页。
〔5〕史莉莉:《德国公共收费的概况、立法及启示》,《政治与法律》,2012年第8期,第128-135页。
〔6〕陈敏:《行政法总论》,台湾新学林出版股份有限公司,2011年,第991页。

（2）我国（中国大陆）对于公用事业收费的定位

我国大陆从公用事业收费角度进行专门研究的文献不多[1]。已有的相关文献主要涉及公用事业的收费标准、收费技术、收费经济等。其中茅于轼从经济学角度提出所有的公用事业都应当收费，免费会造成社会不公[2]。已有的相关文献中没有法学类文献，对公用事业收费权的法学研究在大陆严重缺乏。

大陆的公用事业以公有制为基础，公用事业一般由政府承担。因此，公用事业收费被认为是政府的行政活动。大陆曾从行政管理角度，把政府收费划分为三种：行政性收费、事业性收费、经营性收费[3]。行政性收费包括国家行政机关、司法机关和法律法规授权行使行政管理职能的其他机构依据国家法律、法规行使其管理职能，向公民、法人和其他组织收取的费用，主要有管理性收费、资源性收费和证照性收费；事业性收费包括国家机关、事业单位、社会团体、群众组织为社会提供特定服务，依照国家规定或者依照法定程序批准实施的收费，主要有专项事业性收费、生产经营服务性收费[4]。行政性收费为预算内资金，事业性收费为预算外资金。按此划分，不以营利为目的的公用事业收费被划入事业性收费序列，以营利为目的的公用事业收费被划入经营性收费序列。王成栋等对我国1980年到1999年20年间法律对行政收费设定进行了统计，总共有92项收费项目，该统计发现绝大部分法律没有对收费依据、收费资金管理与使用、收费责任做出规定[5]。

2004年后财政部把行政性收费和事业性收费统称为“行政事业性收费”，与“经营性收费”相对应。行政事业性收费（以下简称收费）是指国家机关、事业单位、代行政府职能的社会团体及其他组织根据法律、行政法规、地方性法规等有关规定，依照国务院规定程序批准，在向公民、法人提供特定服务的过

---

〔1〕 至2012年9月6日止，以“公用事业+收费”为关键词在中国知网搜索，有期刊文献34篇。这些文献多数为收费标准制定、经济、技术性文献。硕、博士论文26篇，除刘永波《城市公用事业收费模式研究》从技术角度探讨城市如何联合收费、为缴费人提供便利外，其他没有文献涉及公用事业收费问题。

〔2〕 茅于轼：《试论公用事业的收费标准和原则》，《长江建设》2003年第3期，第28-29页。

〔3〕《辽宁省收费罚款没收财物管理暂行条例》第四、五、六条，以及《内蒙古自治区收费管理暂行规定》第二条等相关规定。

〔4〕 广西壮族自治区人民政府办公厅《关于对行政事业性收费、罚没收入实行预算管理的规定》，1994年11月15日发布，桂政发〔1994〕159号。

〔5〕 王成栋，葛波蔚，满学惠：《行政收费的法治进路——对中国现行法律涉及收费规范的整理及分析》，《行政法学研究》2002年第3期，第34-43页。

程中，按照成本补偿和非营利原则向特定服务对象收取的费用[1]。因此，"行政事业性收费"概念系行政管理领域的概念，不以营利为目的的公用事业收费也被包含在"行政事业性收费"中。

在行政管理领域，政府对"行政事业性收费"和"经营性收费"已经有明确的界定。在学界，对于"经营性收费"的外延、内涵并无争议，但对于"行政事业性收费"的名称、范围、内涵、外延等界定并不一致[2]。学界一般把"行政事业性收费"称为"行政收费"。

从行政收费的内涵上看，有人把罚款、社会集资等统统纳入行政收费[3]。有人把行政收费等同于政府的非税收入[4]。江利红则将行政收费的范围界定为"成本性行政收费"和"效率性行政收费"[5]。但成本与效率本身是一个问题的两个方面，降低成本的目的就是提高效率，二者会相互交叉转化，因此从功能上看该种划分不具有科学性。

从行为属性上看，行政收费被界定为具体行政行为，带有强制性[6]。欧灵军则认为行政收费具有价格的属性，成本补偿是行政收费的目的，而传统行政法律关系的"权力行政"性质，并不能很好地反映出行政收费成本补偿的目的，得出行政收费管理具有"公法债权债务"的性质[7]。

甘一宏关注到行政收费主体呈现多元化趋势。"除行政机关、法律法规授权行政收费的公权力组织以外，还包括由行政权力严格限定制度和产品价格

---

〔1〕《财政部、国家发展改革委关于发布〈行政事业性收费项目审批管理暂行办法〉的通知》，2004年12月30日发布，财综〔2004〕100号。

〔2〕学术界对行政收费的界定基本是从行政管理角度出发，迎合政府部门规范性文件而做的界定。有的从受益角度做了界定，有的从支出的角度做了界定。但行政收费属于行政管理概念，与此对应的行政法学概念为"规费"，包括行政性收费和事业性收费。被杨解君教授排除的经营服务性收费、民事性收费对应的法律概念为"价金"。（姜明安：《行政法与行政诉讼法》，北京大学出版社，高等教育出版社，1999年，第322页；方世荣：《行政法与行政诉讼法学》，人民法院出版社，2003年，第212页；关保英：《行政法与行政诉讼法》，中国政法大学出版社，2004年，第127页；应松年：《行政法学新论》，中国方正出版社，1999年，第211页；杨解君：《行政法学》，中国方正出版社，2002年，第125页；肖明：《行政收费制度的法理研究》，《政府法制研究》2010年第12期。）

〔3〕畅斌，马文明等：《行政收费探源及其他》，《中国物价》1991年第6期，第41-44页。

〔4〕李铠铨，肖子策：《论费税关系及行政收费法治化》，《浙江社会科学》2002年第3期，第182-186页。

〔5〕江利红：《论行政收费范围的界定》，《法学》2012年第7期，第60-73页。

〔6〕张效琴：《完善行政收费活动的几点思考》，《新疆警官高等专科学校学报》2004年第2期，第32-34页。

〔7〕欧灵军：《行政收费管理若干法律问题研究》，2009年江西师范大学硕士学位论文。

的国家垄断性国有企事业单位或民办非法人组织、行政机关内设机构、派出机构,还有其他社会公权力组织。但由于我国行政诉讼的被告认定标准与行政主体理论是一一对应的,因此对于具有行政收费职能的社会公权力组织的收费行为,法院是没有司法审查权的,这也是我国行政主体理论的硬伤。将这类收费纠纷纳入民事诉讼受案范围,实际上是对公共行政关系的无奈之举。"〔1〕但该文对行政主体存在一定误解,且没有从公用事业的公私合作角度来探讨收费主体为何会多元化。事实上收费主体多元化的成因,或者说产生公用事业收费主体中公营组织与社会资本并存局面的原因,就是公用事业领域的行政任务民营化。

由于大陆在经济管理体制上实行"政企分开"等原因,"经营性收费"被排除在行政收费之外。行政法学界一般将"经营性收费"视为单纯的民事活动,并没有把两种性质的公用事业收费统一起来研究,忽视了公用事业中大量存在的"经营性收费"。"经营性收费"与政府对于行政任务民营化的方式选择直接相关。我国目前拟起草的行政收费法中,没有区分政府在公用事业和非公用事业领域的收费,导致行政收费的适用范围难以界定。因此,行政收费有必要从公用事业收费角度展开研究。

从上可知,公用事业收费与行政收费存在交叉。实务部门的"行政事业性收费"概念是从收费主体角度做的界定,而学界对于"行政收费"没有摆脱行政管理的痕迹。"行政事业性收费"由政府及其设立的公营组织收取,不以营利为目的,不需纳税,属于公权力,与台湾地区的"规费"相对应。"经营性收费"一般由社会资本收取,以营利为目的,需要纳税,属于私权力,与台湾地区的"价金"相对应。因此,大陆对于公用事业收费类似于台湾地区的两种:公权力收费权能和私权力收费权能。

"行政事业性收费"与"规费"两个概念想要界定的对象,均为公权力收费权能;"经营性收费"与"价金"两个概念想要界定的对象,均为私权力收费权能。史莉莉介绍了德国的公共收费,用"规费"界定政府的公权力收费活动,并区分为对职务行为的行政费和为使用公共设施而交付的使用费〔2〕。行政费是政府基于自身的权力活动而收取的费用,属于政府在非公用事业领域的收费活动。使用费是政府在公用事业领域的收费。这从功能上区分出政府收费

〔1〕 甘一宏:《行政收费法律规制研究》,2010年西南政法大学硕士学位论文。
〔2〕 史莉莉:《德国公共收费的概况、立法及启示》,《政治与法律》,2012年第8期,第128-135页。

活动的类型，也阐明政府收费活动的本质，具有科学性。如果导入“规费”的概念，从学术上就很容易区分出政府在公用事业收费领域的收费就是使用费，不同于行政费。我国交通部在1988年就开始使用“规费”作为制定规章的法律术语。

因此，本书对于公用事业领域收费的研究采用“规费”与“价金”作为术语，分别对应于政府规范性文件中的“行政事业性收费”和“经营性收费”。

二、研究意义

（一）理论意义

基于公用事业领域的公私合作，社会资本也参与公共行政。英美法系国家借助于管制经济学，将社会资本的权能展开点对点的研究。张其禄将管制经济学中与公共行政相关的内容称为“管制行政”[1]。大陆法系国家则将管制行政相关的内容置于经济行政领域，并展开行政法层面上的体系化研究。本书尝试以公用事业公有制为媒介，将管制行政的“点”与经济行政的“面”相结合，以此来建立以社会资本收费权能配置为核心的公私合作理论框架。本书对公私合作理论的研究，将丰富行政法学的内容，表现在以下几个方面。

1. 促进行政法学与经济学的交叉结合

本研究发现公用事业公有制是行政法学与经济学的连接媒介，行政法学中的“授权理论”“特许理论”等与经济学领域中政府对经济主体权能配置直接相关。我国的计划经济下国营工厂的法律地位，在行政法层面可以归入“行政私法”理论[2]。从行政法学角度看，市场经济本质上是摆脱“行政私法”理论的过程，即将“行政私法”下的公营组织改造为社会资本。目前，我国有事业单位改造为社会资本或将职能转给社会资本的例子。比如，管理政府还贷公路是公路管理机构的职责，但现在地方政府纷纷把政府还贷公路直接转由同级的交通控股集团掌控，或把政府还贷公路转为经营性公路，这使政府还贷公路进入经营领域，是否使政府还贷公路的公益性丧失，与公用事业公有制相冲突？

陈爱娥指出，目前导致各国行政法改革的主要原因，在于相关国家要求将

〔1〕张其禄：《管制行政：理论与经验分析》，台湾商鼎文化出版社，2006年，第1-2页。

〔2〕陈敏：《行政法总论》，台湾新学林出版股份有限公司，2011年，第654页。

'效率'纳入行政法体系内，行政法已成为强调实效性的调控之学。[1]效率本是经济学领域的重要概念，是公私合作制度生成的必要原因。对此需要行政法学结合经济学做交叉研究，才能在实务上正确对待。

同时，本研究从经济管理学中的物有所值（value of money）原则出发，为公用事业收费行为的合法性和正当性提供判断标准，从而为行政法学解析经济现象提供路径，拓展行政法理论研究的视野。

2. 明晰公私合作在行政法领域的地位

如何在法学理论体系中对公私合作进行定位，是进行公私合作研究的法理基础。本书将逐个解析与公私合作的相关理论问题，意图证明公私合作是公法领域问题而非私法领域问题。

在我国的法律文化语境下，经济法研究市场主体的行为，行政法研究政府行为。在公用事业领域，对于公私合作相关的法律问题，往往涉及政府自身的经济活动，跨经济法领域和行政法领域，经济法又被划入民商法领域，导致与公私合作相关的法律问题成为民商法（私法）与行政法（公法）交叉的法律问题。与民商法问题不同的是，公私合作以公用事业领域中政府权能的配置为主导。为此，本书建议可以学习德国经验，把公私合作归入行政法学中的经济行政法领域。

3. 推动行政组织法理论的改革

经济领域的政府职能处于不断的变动之中，政府完成经济行政任务的方式也在不断发生变化。公私合作使社会资本不但取得经济地位，更重要的是取得行政法上的法律地位。张桐锐教授更是提出一个新的行政法范畴——合作伙伴身份[2]。对此必须由行政法学在组织法层面上进行回应，才能对社会资本权能进行定位，从而明确政府职能的创新途径。因此，在行政法层面研究公私合作，有助于认识市场化下的政府职能，对我国的政府机构改革意义重大。

4. 推动司法救济理论的革新

传统行政法以法院为中心建构，能否成为行政诉讼的被告是行政法的核心问题之一。公私合作使社会资本取得行政权能，在特定的领域，社会资本经

---

〔1〕 陈爱娥:《行政行为形式——行政任务——行政调控——德国行政法总论改革的轨迹》,《月旦法学杂志》2005年第5期。

〔2〕 张桐锐:《行政法与合作国家》,《月旦法学杂志》2005年第6期。

授权已经成为“行政主体”。但此与传统行政法中行政授权理论完全冲突，传统行政法中的行政主体理论也不能容纳社会资本，社会资本行使行政权能不被行政法理论承认，进而导致社会资本的行政权能在行使过程中被政府剥夺后，无法通过行政诉讼取得救济。民事诉讼无法处理涉及行政权内容的事项，最终使社会资本丧失司法救济的机会。如大庆市振富房地产开发有限公司诉大庆市人民政府债务纠纷案，因大庆市振富房地产开发有限公司基于优惠政策而取得财政资金支配权，此系经政府授权而行使行政权能。在这项行政权能被政府剥夺后，该公司依合同纠纷提起民事诉讼被最高人民法院以案件涉及行政权为由驳回起诉[1]。对此类案件的解决需要行政授权理论和行政主体理论的创新，以此推动行政司法救济理论的革新。

（二）实践意义

对于公用事业的市场化，政府不选择私有化，而采用公私合作的目的是为了保障公用事业的公有制。政府舍弃公营组织承担公用事业的模式，通过公私合作改由社会资本承担。由于公营组织收费不以营利为目的，社会资本以营利为目的，为此政府做出上述选择时，必须以“物有所值”原则为价值衡量标准。因此，本书意图为公用事业收费的合法性及正当性判断提供衡量标准，并为保障公用事业公益性的制度建构提供选择路径。

1. 规范公用事业收费的混乱状态

我国学界对公用事业领域政府收费的研究，都以政府在行政管理中提出的“行政事业性收费”为研究对象，对其收费的范围一直没有准确的法理定位。从公用事业收费的成因及其转化，到收费行为的法律属性定位，再到对收费行为的控制，都缺乏系统的理论分析。这导致实践中政府收费管理的混乱，政府乱收费经常发生。我国目前没有区分政府在公用事业和非公用事业领域的收费，这导致行政收费的适用范围难以界定。因此，行政收费有必要从公用事业收费角度明确政府的收费范围及功能。

本书通过梳理公用事业收费的成因和机理，尝试从公用事业公有制角度解析公用事业领域的收费活动，直接解决公用事业收费与公用事业建设、营运的关系。本书尝试建立公用事业收费的法理基础，为我国政府收费的立法提供全新的视角。

〔1〕 最高人民法院（2006）民一终字第47号民事裁定书，《最高人民法院公报》2007年第4期。

2. 建立公用事业公益性的保障机制

在市场经济环境下，公用事业民营化，既是重大的理论问题，又是探索中的实践问题。在实践中，现在我国地方政府有一种趋势，纷纷以民营化管理为名，把政府投资的公用事业不加区分地转给或者引入社会资本，将公用事业交由社会资本以营利为目的进行经营。殊不知对于特定的公共设施而言，地方政府的上述行为或将侵害公共利益，可能导致公用事业公益性的丧失。在理论上，结合前文的文献梳理可知，由于我国对行政任务民营化理解不一致，以至于对公私合作下社会资本的权能定位和公用事业的公益性缺乏相应的分析框架。

本书意在对公私合作下的公用事业公益性保障理论系统有所突破，借助文献梳理得出的两大法系对于行政任务民营化的分析框架，来审视国内的民营化进程，并以公私合作的动态行政法律关系解构公用事业收费制度，促进通过对社会资本收费权能的配置来保障公用事业的公益性。

在政府垄断下，公用事业收费权属于政府职权的范畴。在公私合作下，政府成为收费权的授予者。收费权的法律属性取决于公用事业自身属性。对于公共用物，政府必须采用公法利用方式，通过行政授权行为授予社会资本收费权。此时收费权属于公权力，其收益额度应当采取固定收益，并应严格地控制。例如，在中国台湾地区，当私人投资收费公路时，其收益率为法定的8%。社会资本行使收费权必须接受公法原则（如行政公开原则、行政合法原则等）的约束。对于公用服务，政府可以采用私法利用方式，通过行政特许行为授予社会资本收费权，此时收费权属于私权力。社会资本经特许取得收费权，属于私权力，属于社会资本“私法自治”事项，其收益额度及经营行为不受公法规范的制约。

本书通过对公用事业的区别对待，探讨设立不同的机制，以达到保障公用事业公益性的目的。同时，本书引入“物有所值”原则作为社会资本收费是否具有公益性的衡量标准，从而间接解决公用事业公益性的保障路径问题。

3. 防止政府滥用特许经营权

本书意图从理论上区分政府特许经营的适用范围。公用事业收费从权力来源上看并不相同，有授权模式和特许模式两种。授权使收费主体取得公权力，特许使收费主体取得私权力。

在公私合作模式下，公共用物的收费权原本属于社会资本经行政授权取得的公权力，应当适用授权模式，而不能适用特许模式。但受行政处罚法和行政强制法等法律影响，大陆的行政授权理论禁止向社会资本授予公权力。于是学理上对公用事业收费权没有形成授权模式，没有区分出公权力和私权力。这导致实践中政府不加区分地使用特许经营，进而把公共用物的收费权从公权力转化为私权力，构成行政特许的滥用。因此，当政府把特许经营适用于公共用物时，这在本质上是把利用人的公法义务转化为私法义务，直接增加利用人的负担，侵害利用人的合法权益。因此，政府对于公用事业的利用方式应当区别对待。

在公共用物领域，政府不能将社会资本本应通过授权取得的公权力，转化为特许经营下的私权力。特许经营只适用于公用服务领域，不适用公共用物领域。这对于保障公用事业的公益性有很强的现实意义。比如，收费公路属于公共用物，不应当适用特许模式，而应当适用授权模式，社会资本的收费权为公权力，其收益应当受到固定收益率的限制。

第三节　分析框架、研究架构和创新尝试

一、分析框架

为阐明本书的论点，全文共分五章予以讨论。本书以公用事业收费为主线，以公私合作的制度建构为辅线，相互交叉进行解析。

第一章为绪论，确定要研究的问题及背景、研究现状及意义、研究框架及方法。

第二章从管制概念切入，讨论公用事业公有制对行政法律制度的影响，并梳理公用事业民营化的成因及制度，阐明公用事业收费的制度背景。本书将以管制经济学作为研究的起点，从历史的进程中探究公私合作的产生及其对行政法的影响。第一、二节以美国管制经济学的相关理论为视角，以公用事业公有制为基础，介绍公用事业的两个发展阶段及公益性的保障理论，同时比较两大法系对公用事业公有制建构的差异，阐明导入管制经济学的重要性，以此阐明公用事业市场化下公私合作的制度背景。第三节介绍我国公用事业的市场化路径选择和公用事业的两个发展阶段，阐明我国公私合作下公用事业收费制度的建构框架。

第三章导入数学领域的象限框架用以描述不同类型的动态行政法律关系，对给付行政下特定情境的行政活动展开分析，以此作为公用事业收费法律

关系的解析工具。本书以公私合作在公共行政中形成的特定情境下的行政活动为建构对象,分析政府、社会资本、行政任务相对人不同行为模式的选择与法律形式之间的互动。在公私合作中,形成四个特定情境下的行政活动,分别归入四个象限。本书意图证明,公私合作模式确定后,其法律形式是唯一的,具有不可选择性。第一节介绍了各国公私合作的制度化类型,同时导入象限分析框架,并以公用事业的资产所有权和政府的支付方式为两个维度,构建了法律层面公私合作的一般框架。第二节以公私合作的象限分析框架为解析对象,建构动态行政法律关系,以此解析公私合作各个象限中多元主体间的法律关系。第三节划分公私合作下的各个象限,及其法律关系的确定过程。第四节探讨公私合作下公权力属性的判断。

第四章探讨公私合作下社会资本的收费权的来源,对公用事业收费的类型及其转化和收费权的载体进行论证。第一节阐述规费的本质及其与相关概念的区别。本节讨论因税收形成的公共资金高成本导致政府的收费偏好,我国的公用事业建设形成以规费为重心的收费模式,并形成三种形态。同时总结出公用事业收费权呈现出两种法律属性——公权力和私权力。本节还对规费征收的合法性、正当性进行考量,并以实证进行解析,而公私合作建立在收费权移转基础之上。第二节阐明公私合作的建构基础,探讨公私合作的选择权、机制的生成及正当性判定,阐明公私合作的本质是利用人负担的转移,为研究社会资本收费权的来源奠定基础。第三节指出政府与社会资本是基于契约形成的法律关系,并对公私合作契约本质展开论证。首先从契约的概念入手,分析社会契约、关系性契约和公私合作契约;然后描述公私合作契约的形态,并认为公私合作契约中的外部效力契约系行政授权行为和行政特许行为的载体。

第五章从管制行政视角解析收费权的形态,对公用事业收费的契约管制功能进行剖析,并对“所有权与经营权相分离”理论的适用性进行分析,提出该理论不适用于公用事业,而应当适用于公私合作理论,最后从公私合作契约角度探讨公用事业收费相关问题的救济。第一节对管制行政进行概述,包括范围、管制职能及定位,并提出了我国公用事业市场化的理论基础及制度建构,同时以计重收费中的契约管制功能为例进行实证解析。第二节阐述政府对公私合作的选择形成“法外裁量”,公私合作契约有两种形态,包括内部效力契约和外部效力契约。其中内部效力契约为授权契约,外部效力契约又可以分为授权契约和特许契约,这两种契约在实践中受到行政诉讼与民事诉讼的双重排斥，对此本书从契约为行为载体的角度尝试探讨新的救济路径。第三节对授权契约的司法救济进行实证解析。第四节对特许契约的司法救济进行实证解析。

最后，将对本书研究加以概括和总结，得出结论。

二、研究方法

本书的总体思路为：以美国的管制经济学理论与大陆法系国家经济行政对政府职能的定位为研究框架，以公私合作形成不同类型的社会资本权能配置为研究对象，以收费权的法律属性定位为主线，对公用事业收费的法律制度建构展开应然的研究，并以此为框架对公路收费的实然性问题进行剖析。本书在研究中引入经济学、社会学等相关理论，采用学科交叉法展开论证。

本书的研究以美国的管制经济学为起点，并以公用事业公有制为落脚点，从历史的角度梳理从20世纪20年代到70年代以及从20世纪70年代至今，两大法系国家对公用事业公有制的制度建构的区别及变化，分析公用事业公有制对行政法的影响。

在此基础上，本书通过文献研读法，对比大陆法系与英美法系对公私合作的不同理解，以及各国在公用事业领域采用公私合作的成因，同时分析私有制下公私合作的内在矛盾，并在此基础上解析我国公用事业公有制下的公私合作。本书把大陆法系的经济行政和英美法系的管制行政相结合，对行政任务民营化的研究形成点面结合的新视野，并从管制行政角度对公私合作契约展开研究，以此来确定公私合作的司法救济路径。

为解析经济行政领域存在的两级法律关系，本书采用了象限框架分析法，把公用事业划分为六种不同情形。公用事业在公营组织提供下，存在行政公法和行政私法两种情形。在公私合作由社会资本提供下，依据公用事业的资产所有权归属的不同而形成的政府承担责任（风险负担）程度，划分出三种不同的形态——政府完全责任、共同责任和社会资本完全责任。共同责任存在两种形态，政府主责的共同责任和社会资本主责的共同责任。因此，在公私合作下存在政府完全责任、政府主责的共同责任、社会资本主责的共同责任和社会资本完全责任四种情形。在现阶段，上述六种情形同时存在。为描述六种情形的相关关系，本书引入数学中的象限框架，从主体角度，将上述六种情形分为公营组织（两种情形）和社会资本（四种情形）并归入两组象限框架。

同时，本书创制动态行政法律关系作为多元主体下权力关系的分析框架，并以此为解析工具，分别分析各象限的制度特征及其法律特性。

在公用事业领域，收费权是各方进行权力斗争的核心，是各方利益获取的核心要素。本书采用比较法，把各象限中收费权法律属性的对比定位作为研究重点，并将其置于给付行政领域，对比了秩序行政与给付行政的权力区别。在此基础上，本书追溯了社会资本收费权的来源——行政授权或行政特许，并以此为基础解析各象限的法律关系。

在公私合作的特定情境下的行政活动中，政府、社会资本、利用人三方形成复杂的两级法律关系。社会资本取代公营组织成为服务的提供者，政府与社会资本形成契约关系。本书以麦克尼尔的关系性契约为理论基础，解析公私合作契约的本质——行政授权或行政特许两种行为的载体，并以此为基础，尝试构建公私合作契约的司法救济体系，用以解决与公用事业收费相关的争议。

三、创新尝试

本书的研究架构意图解决公用事业收费权能配置中相关的理论问题，并从四个方面进行了理论创新尝试，构成本书的创新点。

（一）以我国公用事业公有制为背景构建公私合作理论

意识形态的“公有制”大家都非常熟悉，但是非意识形态下作为管制工具的“公有制”最早却诞生于公用事业领域。在给付行政领域，公用事业公有制下组织权能的变化可以分为两个阶段，包括政府垄断和民营化。

在政府垄断下，政府设立公营组织承担公用事业，并以组织公法化保障公用事业的公益性。德国行政法中“行政私法”就是公有制下的一种公用事业利用关系。法国的“公务理论”“服务行政”都是以公权力为核心的公有制理念为基础。英国在20世纪40年代到50年代普遍信任公用事业的公有制，进而建立公有制下的公营组织承担公用事业。唯独美国的公用事业国有化仍由社会资本承担，为保障社会资本承担公用事业的公益性，产生了管制经济学。

在民营化下，政府对于公用事业的管理是围绕着社会资本权能配置展开的。公用事业民营化包括私有化和公私合作。私有化表现为政府退出公用事业，公私合作则是公用事业公有制的延续。

社会主义公有制是我国的经济制度基础，公用事业的公私合作建立在公有制基础之上，相关的制度建构及遵循的原则均与公用事业公有制相关。公私合作通过两种路径实现：一是把原承担公用事业的公营组织改制为“公司化”国有社会资本，如将邮政局下属的事业单位改制为邮政公司；二是把公用事业在一定期限内交由社会资本建设、营运。根据公用事业类型的不同，采用的公私合作方式也不同。

对于公用服务，政府通过阶段性转移资产所有权授予社会资本特许经营权。亦即对于公用服务的市场化是通过特许经营实现的，如采用BOT模式。对于基础设施建设比较完善的公用事业领域，往往采用这种方式营运。

对于公共用物，由于资产所有权无法明晰，这决定公共用物只能实行公有制，其资产所有权不存在转移的问题。为保障其公益性，我国政府对以公法利用方式承担公共用物建设的公营组织——事业单位（如公路管理机构）基本被保留，但政府通过三种公私合作模式实现市场化。其一，政府先设立一个临时性的公营组织——建设指挥部负责建设，然后由社会资本承担资金提供或融资任务，由社会资本营运，此为OT模式。其二，由社会资本直接承担建设任务，建好后移交所有权，并由社会资本营运，此为BTO模式，如新建的经营性公路。其三，由社会资本租赁政府已经建成的公共用物营运，并交付租金，期满移交，此为ROT模式，如转让收费权的经营性公路。

社会资本经政府的行政授权最终取得规费征收权和财政资金支配权，亦即对于公共用物的公私合作应当通过行政授权实现。通过此种方式，维护公共用物建设领域的公有制，保障其公益性。但在我国由于行政法理论不承认社会资本可以被授权，因此该领域往往被解释为“特许”，这导致了法律关系上的混乱。

（二）用象限分析框架解析公用事业收费权配置中存在的动态行政法律关系

公私合作的制度类型纷繁复杂，怎么类型化？本书尝试导入象限分析框架，根据已经存在的制度化类型，把公私合作制度划分为四种，并创设动态行政法律关系解析这四种制度类型的特征及功能，为政府的决策提供分析工具。

在公私合作下，政府、社会资本、利用人形成多元主体间复杂的两级法律关系。传统法理学中的法律关系都为单一对应主体之间的权利义务关系，并将该概念移植入行政法律关系，得出行政法律关系也为单一对应主体之间行政法上的权利义务关系，进而“忽略”行政权力的存在。

本书认为权利的内核就是权力，权力关系为法律关系的基本要素。各主体的权力相互作用，根据各主体间权力或权利作用力强弱的不同，形成不同形态的法律关系。法理中的一般推定为：权力与权力的相互作用形成的仍为权力，权利与权利的相互作用形成的仍为权利。对于权力与权利相互作用却比较复杂。在秩序行政领域，行政权力与民事权利相互作用形成单一的行政法律关系。

但在公私合作下，基于公用事业的收费形成两级法律关系，第一级法律关系为行政机关的行政权力与社会资本的民事权利相互作用，社会资本取得的收费权能产生复合形态，生成复合权。社会资本依据复合权与利用人形成第二级法律关系。第二级法律关系包括政府完全责任、政府主责的共同责任、社会资本主责的共同责任和社会资本完全责任四种形态。将其纳入象限分析框架，分别对应四个象限。

本书之所以用政府完全责任、政府主责的共同责任、社会资本主责的共同责任和社会资本完全责任这四个术语，主要是想描述在公用事业领域政府承担的责任及风险依此减弱的过程，这在公法与私法交叉领域形成复杂形态。基于利用方式的不同，社会资本的收费权有公权力和私权力两种形态。公用事业在政府垄断下，政府与公营组织行使公权力与私权力都不以营利为目的，并以此保障公用事业的公益性。但在公私合作领域，社会资本参与公用事业就是以营利为目的，其行使公权力和私权力都以营利为目的。公用事业的经营本不应当以营利为目的经营，但社会资本的介入改变了公用事业的非营利属性。营利为私法要素，当附着于本不以营利为目的的公用事业收费权时，产生复合。同时，社会资本获取的权能，相对于政府而言属于“权利”范畴，但相对于利用人而言却属于“权力”范畴。本书所指的“复合权”，就是在这个层面上使用的。“复合权”有两种形态，包括公权力和私权力，这是本书从利用人角度对“复合权”所做的界分。

在政府完全责任象限中，政府把通过税收和规费征收形成的财政资金，交由社会资本使用，社会资本为行政助手，起辅助作用。政府承担全部风险。社会资本取得财政资金支配权，属于公权力，并据此收回投资并获益。社会资本不与利用人发生法律关系，政府直接向利用人征收费用。对利用人而言，表现为政府行政权力的直接作用，政府与利用人形成行政法律关系。

在政府主责的共同责任象限中，政府对公用事业提供承担主要责任，社会资本承担融资、建造等责任，相关风险主要由政府承担。此时，社会资本经政府授权取得规费征收权，属于公权力。但社会资本行使公权力以营利为目的，改变了公权力不以营利为目的的属性。此时的“公权力”不再是纯粹的公权力，带上了私法属性。社会资本与利用人最终形成行政法律关系。

在社会资本主责的共同责任象限中，政府对公用事业提供承担次要责任，社会资本承担公用事业提供的主要责任，相关风险主要由社会资本承担。此时，社会资本取得特许经营权，属于私权力。但此时社会资本的收费受行政权力的影响。一方面，公用事业收费由政府定价，受政府行政权力的管制，社会资本无定价权。另一方面，社会资本对利用人享有一定程度的强制权。比如，社会资本有权对拖欠水费、电费的利用人实施断水、断电，对迟延缴费的还可收取滞纳金。这两方面决定了社会资本行使特许经营权并非纯粹的私法活动，带有一定程度的公法属性。社会资本与利用人最终形成民事法律关系。

在社会资本完全责任象限中，政府退出公用事业，完全交由社会资本经营。社会资本承担完全责任和全部风险。此时，社会资本不受行政权力的干预，与普通的商业活动没有本质区别。社会资本与利用人形成民事法律关系。

公私合作下四个象限分别形成两种法律关系，包括行政法律关系和民事法律关系。公私合作以契约关系为基础，契约的不完全性，导致公私合作中政府的权力与社会资本的权利处于不断的变动之中，政府作为管理者，必须通过协商方式与社会资本达成“合意”。这份“合意”同时通过“两级法律关系”，传导给利用人，并对利用人的权利义务产生直接影响。本书意图以“动态行政法律关系”来描述三方主体的互动过程，这将构成本书对公用事业收费法律关系的分析框架。不同象限中的动态行政法律关系所形成的权力属性和产生的法律后果各不相同，本书根据社会资本权能的不同，分别以Ⅰ、Ⅱ、Ⅲ、Ⅳ象限来表示，置于象限图中，构成不同属性下动态行政法律关系全景图。

（三）提出规费的本质为公用事业的建设成本

规费是对特定公共设施建设成本的弥补，那么收取规费应当是民事权利。但是当建设成本收取主体为政府时，该项“权利”被“公法化”。当建设成本被“抽象化”后，规费便脱离建设成本，具有与税收同样的功能。

就具体的建设工程而言，如果投入完全依靠规费征收完成，那么缴纳规费的利用人为实际“投资人”，应当享有投资“权益”。但公共设施的所有权归属于国家，该项“权益”被政府征收。当规费征收遵循“成本填补原则”时，成本收回后免费向社会开放使用，此时政府行使征收权具有正当性。当规费征收脱离“成本填补原则”时，成本收回后仍向利用人收费，就产生额外的收益，政府或社会资本无权取得该项额外收益，而应将该项收益归属于“实际投资人”——利用人。如果政府违反上述原理征收或社会资本占有该项收益，则不具有正当性。为此，本书提出在我国管制行政的基本原则为“国有资产保值、增值原则”和“物有所值原则”。

将规费定性为建设成本可以把规费与价金区分出来，改变我国行政事业性收费内涵的混乱状态，并为公用事业公益性的保障提供判断标准。

（四）区分了公私合作契约法律属性类型及提出司法救济路径建议

一般认为，契约形成民事法律关系，契约不包含权力要素。麦克尼尔的关系性契约理论打破了对传统契约的认识。他认为权力为契约的重要构成要素，并把契约分为个别性契约（无权力作用）和关系性契约（受权力作用）。关系性契约为解构公私合作契约提供了分析工具。

契约是权力与权利相互作用的象限，是一种动态的社会关系。如把契约置于法律层面，个别性契约则形成静态的民事法律关系，而关系性契约则形成动态法律关系。当有公法主体介入的时候，这些法律关系不局限于权利作用下的民事法律关系，还包括权力作用下的行政法律关系。因此，对外表现为民事法律关系的象限，可能内含一个行政法律关系，形成复合形态的行政法律关系和复合形态的民事法律关系。

公私合作契约属于关系性契约，可以分为内部效力契约和外部效力契约。内部效力契约为授权契约，如由政府以税和规费支付的BT项目合作契约，政府拥有资产所有权，社会资本经授权取得财政资金支配权，双方形成授权契约关系。在该类公用事业建设中，社会资本与利用人不发生法律关系。外部效力契约包括授权契约和特许契约。对于公共用物，其资产所有权属于国家不能转移，社会资本经政府行政授权取得规费征收权，与利用人形成行政法律关系，因此该类外部效力契约为授权契约。对于公共服务，如果其资产所有权被阶段性转移，社会资本经政府行政特许取得价金收取权，与利用人形成民事法律关系，该类外部效力契约为特许契约。

揭开公私合作契约的“面纱”，其内含两种行政行为：行政授权行为或行政特许行为。根据两级法律关系阶段的不同，适用的司法救济程序也不相同。在两级法律关系的第一阶段，公私合作契约并非独立的行为，而是行政授权行为或行政特许行为的一部分。政府通过授权授予社会资本规费征收权和国库资金支配权，或者通过特许授予社会资本价金收取权，以上行为构成政府对社会资本的行政允诺。对它们的司法救济应当归入行政允诺纠纷。在两级法律关系的第二阶段，社会资本依契约内含的行政授权行为取得公权力，与利用人形成行政法律关系，适用于行政诉讼救济；社会资本依契约内含的行政特许行为取得私权力，与利用人形成民事法律关系，适用于民事诉讼救济。

第二章

公用事业收费的制度背景：公私合作的源起

第一节 国外公私合作的理论基础：管制、民营化与公用事业公有制

一、美国的管制与管制经济学

（一）管制的概念

"管制"（Regulation）的概念源自美国管制经济学。管制经济学的研究对象包括政府管制下的市场均衡，也包括行政之过程[1]。国内有学者译为"规制"，并认为"管制"的译法"容易使人联想到统制经济和命令经济形式"，而"规制"强调的是通过实施法律和规章制度来约束和规范市场主体及其行为，"管制"往往被用来描述计划经济体制，"规制"往往被用来描述市场经济体

〔1〕［美］丹尼尔·F.史普博：《管制与市场》，余晖，何帆，钱家骏等译，上海三联书店，上海人民出版社，1999年，第1页。

制，但本书认为应当译为“管制”[1]。

一般认为，管制就是国家和政府的强制权。维斯库斯（W. Kip Viscusi）等认为政府的主要作用是强制权，“管制”就是这一权力的体现，其目的在于限制经济行为人的决策。他们认为，该类决策就属于公共行政的范畴，“经济管制”主要是指政府对企业在价格、产量、进入和退出等方面的决策进行限制，管制手段包括控制价格、控制数量、控制进入和退出等[2]。George Stigler把“管制”界定为一种产业所需要并主要为其利益所设计和操作的规则，即“管制”是国家“强制权力”的运用[3]。Alan Stone认为“管制”是“政府通过法律的威慑来限制个体和组织的自由选择”[4]。

当然，管制不仅是政府的职能，还有经济组织的作用。安东尼·奥格斯指出“‘管制’基本上是一个政治经济学词汇，只有联系不同经济组织及维持这

〔1〕“Regulation”，一般翻译为“管理”。“Regulations”译为“法规、规定、规章”（[英]P. H. 科林：《英汉双解法律词典》（第2版），陈庆柏译，世界图书出版公司，1998年，第467页）。汉语中，规制的解释为“规则、制度”，管制的解释为“强制性的管理”（中国社会科学院语言研究所词典编辑室编：《现代汉语词典》，商务印书馆，2002年，第466、474页）。从“Regulation”原意上看，“管制”更接近其本义，而“规制”与“Regulations”的本义相接近。“Regulation”一词在相关法律文献的翻译上并不一致。我国大陆有学者译为“规制”，如骆梅英译安东尼·奥格斯所著的《规制：法律形式与经济学理论》；李洪雷等译，史蒂芬·布雷耶所著的《规制及其改革》。也有学者译为“管制”，如余晖等译丹尼尔·F. 史普博所著的《管制与市场》；陈甬军等译W. 基普·维斯库斯等所著的《反垄断与管制经济学》；毕洪海等译朱迪·弗里曼所著的《合作治理与新行政法》。陈敏教授将“规制”定义为“以设定法律效果为目的，具有法律拘束力之意思表示”，用于表达“行政处分”（大陆为“行政行为”）之本质，可以理解为“意思表示”（陈敏：《行政法总论》，台湾新学林出版股份有限公司，2011年，第303页）。可知，陈敏教授把“规制”作为解析行政处分的“意思表示”，而“Regulation”显然不具有这样的含义。虽然在大陆行政法学中，对“规制”没有严格的行政法学定义，但是在行政法学中用“管制”来翻译“Regulation”更恰当。在美国经济学语境下，“Regulation”是公用事业领域的一种制度性建构，“主要是指政府对企业在价格、产量、进入和退出等方面的决策进行限制”（[美]W. 基普·维斯库斯等：《反垄断与管制经济学》，陈甬军等译，中国人民大学出版社，2010年，第303页）。在该定义中“Regulation”就是“管理”，是为保障公用事业公有制而采取的制度性措施，内含“垄断”“专营”的意思。因此，本书认为应当将“Regulation”翻译为“管制”比较妥当。为此，本书在引用相关翻译文献时，为使在用语上一体化，凡在引文中涉及“规制”的，均用“管制”替代，在此向各位译者致歉！

〔2〕[美]W. 基普·维斯库斯，小约瑟夫·E. 哈林顿，约翰·M. 弗农：《反垄断与管制经济学》，陈甬军，覃福晓译，中国人民大学出版社，2010年，第303页。

〔3〕Stigler G. The Theory of Economic Regulation. The Bell Journal of Economics and Management Science, Vol.2（spring, 1971），pp.3-21.

〔4〕Alan Stone. Regulation and Its Alternatives. Washington, D. C.: Congressional Quarterly Press, 1982, p.10.

些经济组织的法律形式的分析，才是了解管制的最佳途径”[1]。这里的经济组织就是本书所指的社会资本。丹尼尔·F.史普博（Daniel F. Spulber）认为“经济管制应用于市场，并非对企业的控制，因此管制影响的是交易的特征和买卖双方契约关系的条件”[2]。这种影响是通过公私合作实现的。

张其禄综合上述观点，认为“政府管制”就是政府对民众经济或社会行为的一种干涉，是利用命令–控制或经济诱因等方式来促进及维系人民经济社会活动的效率及公平，其手段包括传统的“命令–控制”以及管制革新（regulatory reforms）理念下的合作治理和“经济工具”等[3]。可知，管制不仅仅局限于政府以强制权干预市场，还包括政府与社会资本的合作治理。合作治理的目的在于促进效率和公平，通过维护民众经济利益来保障公用事业的公益性。本书就是在后一层面上来使用“管制”概念的。

总之，管制涉及多元主体之间的利益竞逐关系，包括管制机构（政府）、消费者（本书所指的“利用人”）、企业（本书所指的“社会资本”）之间直接或间接的互动关系，这种互动关系是按照行政程序尤其是遵照行政程序法（APA）发生的[4]。由此确定公用事业的主体问题、公用事业相关法律问题就是围绕上述三方主体的权能配置而展开的。

（二）管制经济学对公用事业公益性的分析框架

1. 管制公益理论：政府垄断的正当性

20世纪20年代，因私人垄断形成“市场失灵”，导致经济危机，公用事业逐步从私人提供转向政府提供。政府提供公用事业被称为“公营”，公用事业同时被纳入政府向民众提供福利的范畴。庇古指出，“之所以要实行公营，是因为不实行公营，垄断性或者半垄断性契约便会损害公众利益，抬高价格”[5]。公营意味着政府的全面干预，政府要为公营产业创设专门的政府机构。例如我国计划经济时代的机械局、纺织局等。

美国严格地奉行私法自治，认为市场规律可以建立起无意识的、不受个人

---

〔1〕［英］安东尼·奥格斯：《规制：法律形式与经济学理论》，骆梅英译，中国人民大学出版社，2008年，第1页。

〔2〕［美］丹尼尔·F.史普博：《管制与市场》，余晖，何帆，钱家骏等译，上海三联书店，上海人民出版社，1999年，第1页。

〔3〕张其禄：《管制行政：理论与经验分析》，台湾商鼎文化出版社，2006年，第1-2页。

〔4〕丹尼尔·F.史普博：《管制与市场》，余晖，何帆，钱家骏等译，上海三联书店，上海人民出版社，1999年，第85页。

〔5〕［英］A.C.庇古：《福利经济学：上卷》，朱泱，张胜纪，吴良健译，商务印书馆，2006年，第423页。

情感影响的人类关系规则[1]。为此,奉行自由主义的美国联邦法院多次否定罗斯福新政中公权力介入市场的管制措施[2]。20世纪30年代,包括英国在内的世界各主要资本主义国家开始掀起国有化的浪潮,然而“作为一种管制的替代进路,国有化在美国不如世界其他地方受欢迎”[3]。但是政府干预经济改变了经济学的研究方向,凯恩斯主义主导下的“罗斯福新政”使“管制”成为经济学的新概念。美国政府通过对公用事业实施价格管制和控制市场准入,排除竞争者出现,以此保证公用事业的公益性。管制经济学中的“管制公益理论”为政府的上述活动提供正当性论证。

因公用事业市场存在外部性、公共物品(public goods,亦即本书指称的“公共用物”)、资讯失衡(information asymmetry)等问题,通过社会资本的市场化经营活动不能保证公用事业的公益性。这是市场失灵后政府干预经济的原因。张其禄归纳了当时美国政府干预经济的一般对策[4]。其中,为纠正公共用物搭便车问题(free-ride problem),政府主要以直接提供的方式来干预。政府将按照社会整体的需求量来提供公共用物,并以税收或规费分摊的方式向全民或使用者来募集公共用物的提供成本,其资产所有权不能转移,也不能实行私有化。如国防、公路、公园、灯塔等。同时为解决“共同资源”的消费拥挤问题(无法排他,但有消费上的敌对性,一人使用则导致他人减少使用机会),则需要政府以赋予财产权、维护(preservation)或配额管制(quota system)方式来进行干预,避免公地悲剧。

从上可知,管制公益理论确立了特定社会资本承担公用事业的垄断地位,排除其他竞争者介入。为保障公共用物的公益性,美国政府对于公共用物是以公法利用方式(采用税费补贴)提供,而不是私有化下的私法利用方式。此时,政府对有偿使用公共用物的收费权属于公权力,以此保障公益性。

---

〔1〕[法]埃哈尔·费埃德伯格:《权力与规则——组织行动的动力》,张月等译,格致出版社,上海人民出版社,2008年,第1页。

〔2〕 彭鑫:《谁拯救了美国——大萧条中的罗斯福》,中国华侨出版社,2009年,第136页。

〔3〕[美]史蒂芬·布雷耶:《规制及其改革》,李洪雷,宋华琳,苏苗罕等译,北京大学出版社,2008年,第266页。

〔4〕 张其禄:《管制行政:理论与经验分析》,台湾商鼎文化出版社,2006年,第27-48页。另外两项为:一是矫正外部性(externalities),政府使外部成本内部化,措施包括赋予财产权(property)、命令与控制(command-and-control)、经济诱因(economic incentives);二是避免信息失衡,政府可以直接提供信息(information provision)——行政指导、社会管制(social regulation)或保险救助(insurance and cushions)。

2. 管制私益理论:民营化的正当性

20世纪70年代到90年代,各国产生民营化浪潮。由于英、法、德等国建立公用事业公有制为核心的国有化,因此这些国家民营化以私有化为核心。与其他资本主义国家不同的是,美国掀起赋予企业定价权和以解除进入限制为核心的解除管制浪潮。管制经济学的"管制私益理论"为政府上述行为提供正当性理由[1]。

最初,美国政府对社会资本实施价格和市场准入和退出的经济管制,解决"市场失灵"问题。但政府管制下承担公用事业的社会资本显示出强大的力量,进而控制政府的管制措施,使政府的管制措施朝有利于社会资本的方向发展。政府的价格管制失去作用,政府管制是为产业牟利[2]。这时,政府管制的受益者往往不是一般的社会大众,反而是受管制措施限制与干涉的被管制者[3]。产业充分利用政府进出限制的保护伞,形成新的垄断地位,它们使潜在的竞争者的市场进入变得更加困难,竞争对手大量减少,导致该产品供给不足,价格蹿升。最后反而使被管制者获得超额的利润,甚至是暴利。输家则是因受公益性保护的消费者,其产品选择机会更少、支出成本更多[4]。但是消费者的维权成本非常高,往往超过其损失,这在管制经济学上被称为"边际无谓成本"。这时,政府其实已经沦为产业私益的保护者,而非公共利益的保护者,从而产生"管制俘虏",导致"管制失灵"。

"管制失灵"表现为,政府基于公益理由而采取的管制措施,并没有对民众产生正效益,政府管制反而增加其负担,导致其福利减损。因政府被社会资本"管制俘虏",导致政府管制丧失公益性。最终,解除管制成为美国解决政府管制失灵的主要手段。

管制私益理论否定政府垄断公用事业的正当性,否定管制公益理论。但解决管制失灵的任务仍需要政府承担,"边际无谓损失"的存在揭示民众维权成为不利益行为,只有政府才能承担起"再管制"的任务。相关法律制度的建构必须阻止产业利用"边际无谓损失"获取超额利润,改变这种状况的唯一路

〔1〕张其禄:《管制行政:理论与经验分析》,台湾商鼎文化出版社,2006年,第89页,注30。

〔2〕W. A. Jordan. Producer Protection, Prior Market Structure and the Effects of Government Regulation. The Journal of Law and Economics, Vol.15 (April), (1998), pp.151-176.

〔3〕J. S. George. The Theory of Economic Regulation. The Bell Journal of Economics and Management Science, Vol.2 (spring), (1971), pp.3-21.

〔4〕张其禄:《管制行政:理论与经验分析》,台湾商鼎文化出版社,2006年,第198页。

径是以民众参与为基础的"再管制"。因此,美国开始打破特定社会资本的垄断经营,允许其他私人或社会资本重新进入公用事业领域。

在管制私益理论影响下,民营化成为美国根治"管制失灵"的主要手段。政府把已经国有化的公用事业重新私有化。但在基础设施类的公共用物领域采取的是公私合作模式,公共用物被视为可收费物品,同样适用价格机制,改变了政府通过收取税费进行补贴的模式[1]。在公私合作模式下,管制私益理论认为采用"使用者付费"比税收补贴更公平,社会资本收费权的法律属性被模糊化,不再强调其公权力的属性。

3. 新制度经济学:以"物有所值"作为公益性的判断标准

"管制公益理论"认为社会资本竞争无助于公用事业具有公益性的保障,必须实行政府垄断保护。"管制私益理论"驳斥政府垄断具有公益性,认为私人竞争才能消除"管制俘虏",才能保障公用事业的公益性。因此,为解决"市场失灵"的"管制公益理论"和为解决"管制失灵"的"管制私益理论"观念几乎是完全相反。

"管制公益理论"和"管制私益理论"都是从传统行政以国家和社会的"二元论"为制度建构基础,忽视了多元主体间的交易成本。以罗纳德·哈里·科斯(Ronald H. Coase)为代表的"新制度经济学"(New Institutional Economics, NIE)揭示了政府管制失灵的成因[2]。前述两种理论因政府忽视多元主体间的"交易成本"(transaction costs),最终导致政府管制失灵。"交易成本"是指在交易过程中衍生出的成本。他们解析了不同的制度安排会导致不同的经济绩效(economic performance),可以作为判断制度良莠的规范性(Normativity)依据。从交易成本出发,无论"市场失灵"或"政府失灵"都是因为交易成本的增加。"新制度经济学"以"物有所值"衡量为核心,并将之导入公共行政的整个过程。受其影响,1994年克林顿、戈尔提出以企业精神(entrepreneurial spirit)再造联邦政府,进而正式产生"企业型政府"[3]。其核心理念为,在公共行政领域的改革应以企业精神和竞争作为核心价值,并将私部门的管理思维引进公共组织,强调政府与社会资本之间互动及合作的重要性。因此,政府的管制不

---

〔1〕[美]E. S.萨瓦斯:《民营化与公私部门的伙伴关系》,周志忍等译,中国人民大学出版社,2002年,第250页。

〔2〕 R. H. Coase. The Problem of Social Cost Revisited. The Journal of Law and Economics, Vol.15, No.2 1972), pp.427-437.

〔3〕 张成福:《当代西方政府再造的核心理念:企业型政府》,《中国改革》1998年第9期,第52-53页。

再是公用事业公益性的唯一保障，而"物有所值"成为确保公用事业公益性的衡量标准，公用事业的收费成为"物有所值"的核心要素。此时，收费权法律属性的界分已经不再重要，司法审查把视角放在以"物有所值"为标准的公益性判断上，以此审查政府决策的正当性，不再审查收费权设定本身是否合法，而是用于挑战特定规制性标准的合法性。

上述分析回答了公用事业在不同发展阶段公益性该如何保障的问题。美国公用事业一直由社会资本承担，其在各个发展阶段的管制经济学理论为公用事业公益性提供了分析框架。我国的市场化也使社会资本成为公用事业的承担者，"管制公益理论"为公司化国有企业的垄断提供理论基础，"管制私益理论"为打破国有企业垄断提供理论基础，而从保障利用人利益角度出发的"新制度经济学"为公用事业的制度建构提供全新的视角。

二、公用事业公有制

基于不完全契约理论，在公私合作下，掌握资产所有权的主体掌握控制权。从世界经济发展历程来看，各国经历了从国有化到私有化的转变，但各国公用事业仍然主要以国有化为主，很少有国家把公用事业完全私有化。因此，从制度建构上，公用事业公有制在各国占主导地位，由政府拥有所有权，以此来掌握对公用事业的控制权。但囿于意识形态的限制，资本主义国家一般以"政府所有"表述，而社会主义国家直接用"公有制"来表述。

（一）公用事业公有制产生的理论基础：国有化下的政府垄断

1. 英美法系

早期资本主义国家奉行经济自由，政府公权力被禁止进入经济竞争领域。公用事业由私人竞争提供，公用事业收费权属于社会资本的私权。但私人竞争提供公用事业导致设施重复建设、产能过剩，因而被认为是严重浪费。于是，在城市公用事业领域中，私人资产被国有化，开始出现公有制形式。

"政府管制企业定价和利润的最传统和最持久的论据，在于'自然垄断'的存在，可以利用国有化解决自然垄断的问题。"[1]为矫正公用事业自然独占形成的消极影响，政府把公用事业收归国有。公用事业国有化后，形成公有制。公有制是政府对自然垄断行业的一种管制形式，国有化源自社会主义者的信

〔1〕［美］史蒂芬·布雷耶：《规制及其改革》，李洪雷，宋华琳，苏苗罕等译，北京大学出版社，2008年，第266页。

念，国家的主要产业应该掌握在公众而非私人手中。但是事实上，公用事业的自身性质特点才是推动国有化的真正动因所在[1]。通过公有制实现国有化，是"管制"最完全、最彻底的形式。"国有化或政府直接参与企业管理，仍是经典管制的可能替代方案"[2]。因此，公有制是治理私人对自然垄断领域防治市场失灵的一种制度安排。

英国受"费边式社会主义"影响，在20世纪40年代对公有制的大讨论达到鼎盛。英国工党甚至把全民所有制写入《工党党章》第四条，"产业的全部成果……建立在生产、分配和交换的工具全民所有制基础上"，即实行全民所有制。在英国，国有公司及国有化企业被作为非部门性公共机关来对待，亦即属于公营组织[3]。这里的公营组织在英国称为"公法人（public corporations）"[4]。60年代大讨论退潮，70年代开始民营化。

美国的公用事业国有化理论基础为"管制公益理论"，认为政府垄断公用事业具有公益性。比如，美国通过联邦补贴，实现了洲际公路的完全国有化，并免费通行。这导致私营公路无利可图，因此在20世纪50年代后，社会资本经营高速公路基本消失，一直到80年代州政府出现财政困难，才重新允许社会资本参与公路经营，但所占比例非常微小[5]。"管制公益理论"解释了政府国有化管制政策的正当性。但受意识形态影响，美国并不认为这是公有制。

从上可知，在管制经济学中，公有制仅仅是公用事业领域的一种管制手段。市场失灵后，公有制是政府采取的一种制度性选择，其目的是限制私人经营者私权力的无限膨胀形成垄断并剥削消费者。"将生产和分配方式直接从私人手中剥离，直接消除以往的管制形式在迫使或更精确地说是试图迫使私人利益服务于公共目标时的内在矛盾。"[6]在当时，公用事业的公有制被认为是治理市场失灵的最好手段，是政府为保障公用事业公益性的制度性选择。

---

〔1〕［英］安东尼·奥格斯：《规制：法律形式与经济学理论》，骆梅英译，中国人民大学出版社，2008年，第269-270页。

〔2〕［美］史蒂芬·布雷耶：《规制及其改革》，李洪雷，宋华琳，苏苗罕等译，北京大学出版社，2008年，第269页。

〔3〕［英］彼得·莱兰，戈登·安东尼：《英国行政法教科书》，第五版，杨伟东译，北京大学出版社，2007年，第50-51页。

〔4〕杨寅：《公私法的汇合与行政法演进》，《中国法学》2004年第2期，第37-45页。

〔5〕Eduardo Engel. Ronald Fischer, Alexander Galetovic. Privatizing Roads: A New Method for Auctioning Highways. Washington, DC: The World Bank Press, 1997, p.5.

〔6〕［英］安东尼·奥格斯：《规制：法律形式与经济学理论》，骆梅英译，中国人民大学出版社，2008年，第269页。

2. 大陆法系

德、法等国家奉行国家主权理论和个人权利本位，严格遵循公法私法“两分法”。行政法强调国家公权与私权的分离，国家权力必须由法定的国家组织内的公务员代表国家行使，其他个人不能行使公权力。这一观念扩展到私人组织，形成“高权行政”观念。

为解决市场失灵，德、法等国对公用事业的国有化采用公法化改造，公用事业领域的私权力也被公法化（我国计划经济就是私权力公法化的极端例子）。社会资本被禁止进入公用事业领域，完全由政府垄断。公营组织被认为能纠正私人组织的贪婪和垄断，实现公用事业的公益性。如法国狄骥提出的“公共服务理论”[1]，德国厄斯特·福斯多夫基于国家“生存照顾”的理念，提出“给付行政”的理论[2]。这些理论的核心在于用公营组织限制私人介入公用事业，目的在于解释国家承担公用事业任务的必要性和正当性，其最终结论为公用事业必须实行公有制。由此，公用事业成为政府的行政任务。

基于上述理论，为保障公用事业的公益性，政府通过设立公营组织承担公用事业来实现公有制。德、法两国都设立公营组织来承担公用事业任务：法国为“公务法人”，德国为“公法设施”。这些组织被公法化，既有行政机关的监管职能，又有私法主体的服务功能。

德、法等国奉行公权力至上，公用事业由国家设立的公营组织提供，以此方式改造最初的私有公用事业组织，将其实现“国有化”。在国家主权理论下，两国均采用服务和监管“一体化”模式。其一，把承担行政任务的公营组织纳入国家科层体系序列。其二，作为公用事业的提供者，法律赋予公营组织行政管理权，在提供服务的同时，对行政任务相对人实施监管。其三，把服务性的行政任务纳入国家责任的范畴，并建立在公权力基础之上，通过授权理论实现公权力的转移。其四，政府对公营组织通过公法形式进行监督，行政上把公营组织纳入国家层级机构序列监管，司法上把公营组织行使公权力相关的活动纳入行政诉讼范畴。

总之，德、法等国的给付行政是以公权力为内核来构建公用事业国有化。在公有制下，政府成立科层体系内的公营组织来承担公用事业任务，以公营组

---

〔1〕［法］莱昂·狄骥：《公法的变迁·法律与国家》，郑戈，冷静译，辽海出版社，春风文艺出版社，1999年，第53页。

〔2〕 陈新民：《中国行政法学原理》，中国政法大学出版社，2002年，第52页。

织替代社会资本。政府把公营组织纳入科层体系内的公权力内部监管体制，通过组织改造保障公益性。公用事业组织成为国家体系内的组织和国家公权力的组成部分，所以德、法等国没有强调“管制”作为政府的一项特别权力，这明显区别于美国把公用事业组织作为私法主体来对待的管制体制[1]。

上述分析回答了公用事业公有制的成因及各国在组织形态上的差异。我国公用事业与大陆法系国家一致，都是通过组织公法化实现公用事业公有制，公用事业在我国也是政府的行政任务。

（二）民营化下的公用事业公有制

1. 政府垄断公用事业的缺陷

在美国，政府通过控制市场准入限制公用事业的竞争，造成特定社会资本取得垄断地位。政府的进入管制使社会资本获取额外收益，导致“管制俘虏”，使公用事业丧失公益性。

在德、法等国，公营组织的低效率及产业利益的形成、政府与公营组织之间的利益被一体化（类似于我国的政企不分），产生了与“管制俘虏”同样的后果。此外，公营组织隶属于政府，公营组织的任何活动都需要政府介入。公权力主导下的公用事业公有制要求政府主动干预经济，政府垄断排除市场竞争，但西方国家“私法自治”理念下的市场经济要求政府不能干预经济，两者相冲突。

2. 公用事业的市场化

（1）英美法系

从20世纪70年代开始，英国率先实行公用事业的私有化（privatization），由此产生“民营化”的概念。在英国私有化浪潮是解除私人进入公用事业的管制，允许私人永久性地占有公用事业产权。因此，英国的“民营化”等同于“私有化”。在私有化下，政府不再是公用事业的供给者，转而成为类似于美国政府的管制者。

在美国，民营化是政府为纠正公用事业垄断下的“管制俘虏”而采用的制度性措施。学术上，以萨瓦斯的民营化理论为代表。国内所称的“民营化”“私有化”术语均为“privatization”。萨瓦斯在两个层面使用“privatization”：一为该词本义“私有化”，是与“公私合作（PPP）”相对应的管制治理措施；二为

〔1〕［英］安东尼·奥格斯：《规制：法律形式与经济学理论》，骆梅英译，中国人民大学出版社，2008年，第103-106页。

该词的延伸义“民营化”，是对“私有化”“公私合作”等政府管制性措施的概括[1]。在第二层含义中，私有化是公用事业所有权永久地转化为私人所有，公私合作下公用事业所有权不发生转移或阶段性转移。

国内多数学者在引用其观点时，对其著作中出现的“民营化”“私有化”“公私合作”等概念间的关系没有说明。相当多的文献把“privatization”作为第一层含义理解，把民营化等同于私有化[2]。同时，我国长期以来把私人投资的企业称为“民营企业”，一提到“民营化”联想到的是“私有化”，而不会作第二层含义理解。第二层含义的“民营化”在国内一般称“社会化”。

（2）大陆法系

大陆法系国家的“民营化”路径，是把公营组织改制为国有化的社会资本，使其成为市场主体，实现公用事业的市场化运作。这类似于美国的公用事业国有化，在20世纪30年代，美国公用事业国有化路径，是把公用事业交由国有化的社会资本承担，社会资本仍为市场主体。

大陆法系国家一般不采用私有化的模式，政府仍然是公用事业的供给者，但往往采取与私人合作的模式。为此，德国提出“合作国”的理念，认为“合作的行政国家”是公部门与私部门为了能够比较经济地实现公共任务，而采取的一种合作伙伴关系[3]。我国台湾地区行政法学界可以视为大陆法系代表国家德国的缩影。当“privatization”置于大陆法系国家的语境时，“民营化”意

〔1〕 如周志忍等将E. S.萨瓦斯著的“Privatization and Public-Private Partnerships”翻译为“民营化与公私部门的伙伴关系”。公私伙伴关系，又被称为“公私合作”“公私协力”，周志忍等人的译作中将“民营化”与“公私伙伴关系”并列作为书名。但源自台湾著作中的“民营化”概念本身包含“公私合作”（詹镇荣：《论民营化类型中之“公私协力”》，《月旦法学杂志》2003年第102期）。“民营化”可以视为包括“私有化”“公私合作”等其他手段之综合体。E. S.萨瓦斯在书中谈到传统政府治理误区时，对“privatization”的内涵和外延进行界定。他认为政府在公用事业中的角色是“安排者”，而“服务生产和提供”由私人部门或社会机构来完成，可以采用合同承包、补助、凭单、特许经营等形式。（[美]E. S.萨瓦斯：《民营化与公私部门的伙伴关系》，周志忍等译，中国人民大学出版社，2002年，第5页）。E. S.萨瓦斯认为这就是“privatization”，这里的“privatization”显然没有任何连接公部门和私部门之间关系的内容，这里只有“privatization”本义“私有化”。其反面是国有化、“政府化”或非民营化。（[美]E. S.萨瓦斯：《民营化与公私部门的伙伴关系》，周志忍等译，中国人民大学出版社，2002年，第103页）。而民营化包括私有化与公私合作。当“privatization”与公私合作并列时，应译为“私有化”。因此，本书认为该书精准的译法为《私有化与公私合作》，这里的“privatization”的含义是“私有化”，而非“民营化”，将这里的“privatization”译为“私有化”能避免概念的混淆。

〔2〕 章志远：《行政法学视野中的民营化》，《江苏社会科学》2005年第4期，第147-154页；章志远：《我国国家政策变迁与行政法学的新课题》，《当代法学》2008年第3期，第3-11页。

〔3〕 程明修：《行政行为格式形式选择自由——以公私协办行为为例》，《月旦法学杂志》，台湾新学林出版股份有限公司，2006年，第308页。

味着公用事业完成组织形态的改变：公用事业由原来的公营组织承担转向由社会资本承担，将原来的公营组织改造为社会资本，从公营组织形态改为"公司化"的社会资本，台湾地区称之为"组织形态民营化"[1]。该社会资本仍为公营事业（大陆称为"国有企业"）。在台湾地区，"私有化"（privatization）是把公营事业的股权转给民间资本持有，政府在不转移公用事业资产所有权的情况下，交由社会资本完成，这也称为"公私合作"。可知，台湾地区对"民营化"的理解与萨瓦斯的观点一致。

在公用事业民营化下，除部分公用事业被私有化外，政府通过公私合作维持多数公用事业的公有制。因此，德、法等国的民营化并非否定和摆脱公用事业公有制，而是把公营组织改制为国有化的社会资本（如我国的公司化国有企业）。在坚持公用事业公有制前提下，实现公用事业的市场化。同时，通过公私合作吸纳非国有化社会资本（如我国的民营企业、外商投资企业）参与公用事业。在大陆法系框架下，由于国有化和非国有化社会资本参与公用事业的法律地位及法律后果完全相同，本书把两种社会资本均纳入公私合作下展开研究。

这与美国公用事业民营化完全不同，美国公用事业民营化是要打破国有化社会资本及特定非国有化社会资本的垄断，让所有非国有化社会资本均有机会参与公用事业的竞争。但大陆法系国家的民营化却是国有化与非国有化社会资本同时并存，公私合作成为大陆法系国家公用事业市场化的主要手段。

总之，公私合作使行政法的领域扩张到科层体系外的非正式组织领域，其行为性质的判断和权力运作的规则将是未来行政法研究的重点。

上述分析回答了公用事业的民营化、私有化、公私合作之间的关系及各国的差异。公私合作是公用事业公有制保障措施，这是本书梳理公私合作的第一层功能，为认识我国的公用事业民营化提供了全新的分析视角。

三、民营化下公用事业公益性的衡量标准

（一）物有所值（value for money）

最初，公用事业采用竞争性招标时，要求政府进行成本和效益衡量。"成本–效益分析"是从工程建造参与者角度出发，是政府和承包商之间的利益衡量机制。但是这不能防止社会资本为获取利润而降低服务质量，为保障公众

〔1〕 陈敏：《行政法总论》，台湾新学林出版股份有限公司，2011年，第673页。

的权益，新制度经济学倡导以“物有所值”来衡量政府与承包商之间的利益。

为保障公用事业的公益性，英、美等国政府在对社会资本采取管制措施时，建立了“物有所值”的制度框架。在该框架下，对政府、社会资本、利用人三方主体利益进行一体化衡量，以此判断政府管制措施是否具有合法性和社会资本行为是否具有公益性的基准。

“物有所值”的核心在于降低“交易成本”，这对公用事业的收费制度会产生深远的影响。公用事业收费不再以公用事业提供者的利益为衡量基准，而更多地考虑公用事业利用人的利益。政府在公私合作中起协调作用，不再以强制方式要求社会资本执行，而是采用全新的合作治理模式。政府对公用事业收费正当性的衡量，是建立在“物有所值”衡量的基础之上，不再依赖公营组织形式及公权力来保障公用事业的公益性。

在“物有所值”理念下，社会资本再次成为公用事业的提供者，但要更多受到政府的“再管制”，改变公用事业必须由政府提供的观念。这种“再管制”并非源自法律或政府命令，而是源自政府与社会资本的公私合作契约，“契约治理”成为“管制治理”的核心理念。“管制治理”强调管制目的的正当性与合理性。“管制治理”认为管制革新不仅须从经济与成本效益的角度出发，寻找最低管制成本的管制方式，更需要从政治与官僚的角度出发，以彻底检视分析管制之真正的目的，并在制度上做出设计与安排，以防止管制俘虏与政治俘虏等情况发生[1]。

同时，“交易成本”成为公共行政中“层级组织”（hierarchy）与“市场”这两个制度间选择的分析基础，从而引发了公共行政领域的变革。这场公共行政改革运动被看作一场“重塑政府（Reinventing Government）”“再造公共部门（Reengineering the Public Sector）”“新公共管理（New Public Management）”运动[2]。所有的这些变革都以保障民众利益和参与为核心而展

〔1〕张其禄：《管制行政：理论与经验分析》，台湾商鼎文化出版社，2006年，第94、207页。

〔2〕“重塑政府”（Reinventing Government），参见David Osborne. Reinventing Government. Public Productivity & Management Review Vol.16, No.4; Fiscal Pressures and Productive Solutions: Proceedings of the Fifth National Public Sector Productivity Conference（Summer, 1993）, pp.349-356.“再造公共部门”（Reengineering the Public Sector），参见Halachmi A, Bovaird T. Process Reengineering in the Public Sector: Learning Some Private Sector Lessons. Technovation Vol.17, Issue5（1997）, pp227-235.“新公共管理（New Public Management）”运动，主张政府改革的核心价值是企业精神和竞争，提出将私部门的管理思维引进公共组织，并强调公部门与私部门之互动及合作的重要性（郑淑贤：《中国大陆BOT方式立法之研究》，台湾地区《中国大陆研究》2009年第4期）。

开。

可知，在发达国家公私合作已经从最初的“成本–效益分析”进入到更高层面，政府引入“物有所值”（value for money）理念，建立了以保护利用人利益为核心的利益衡量机制的时候，发展中国家还停留在为政府缺钱、财政困难而公私合作[1]。公私合作的核心问题是契约治理下的公益性保障。OECD提出的“管制革新”为公共行政提供了全新的视角，以协商治理为内核的公私合作成为解决政府管制失灵的主要制度。

（二）公益性判断标准的衔接

1. 大陆法系民营化理论的缺陷

与美国的管制经济学以“物有所值”为标准判断公用事业公益性不同的是，大陆法系国家是用抽象的公共利益概念约束政府的行为。政府的行为被要求遵循公共利益原则，并负责保护公共利益，不会侵害公共利益。行政法为政府行使国家权力的合法性提供依据。因此，公用事业的所有权交由国家成立的公营组织行使成为各国的选择，亦即实行公用事业的公有制，以此解除对私人垄断带来的担忧。

但事实上，这是一个完美的假设，对行政行为的合法性审查本身就表明政府会滥用职权。美国的管制经济学证明政府的行政行为存在“管制俘虏”的情形，政府“管制失灵”也会导致公益性的丧失。

德、法等国在政府垄断下，对于公用事业公有制的公益性保障，是通过将承担公用事业的组织公法化来实现的，此时公用事业成为政府的行政任务，公用事业的民营化等同于行政任务民营化。但大陆法系国家对于行政任务为何要民营化以及行政任务民营化后公益性该如何保障，缺乏相应的分析框架。

2. 政府职能定位的研究框架

英美法系的“物有所值”已是比较成熟的管制理论，那么英美法系的管制理论与大陆法系国家的经济行政能否衔接呢？这取决于大陆法系国家在公用事业民营化下的政府职能定位。

行政任务民营化使社会资本被赋予原本属于政府的权能，因此社会资本的权能直接跟民营化下政府职能定位相关。在大陆法系国家，公用事业民营化被归入行政任务民营化，可以视为政府向社会资本的分权。英美法系国家

---

〔1〕 Graham M. Winch, Masamitsu Onishi, Sandra Schmidt. Taking Stock of PPP and PFI Around the World. Washington, DC: The World Bank Press, 2012, pp.2-13.

对管制经济学的研究重点，在于经济领域政府职能定位。这与大陆法系国家行政任务民营化研究任务是一致的。

就国家和私人经济在经济上的分工而言，关键问题是"国家是否可以以及应当在多大的程度上介入经济生活（干预行政）、提供特定服务（服务行政），或者应当仅仅保障正常运行（保障型经济行政）"[1]。德国行政法据此建立了经济行政法的组织原则框架：经济界自治理念下保障型经济行政中的自我责任，合作型国家理念下公私伙伴关系中的共同责任，等级性国家观念下干预型经济行政中的国家责任。因此，在大陆法系国家，公私合作涉及公私双方在行政任务完成中权能的分配，形成共同责任。

"与管制相关的法律问题，在德国法上为'经济行政法'，法国法上为'经济公法'，管制（regulation）为并不精确的词汇，但在英国的法律文化中，没有恰当的词汇来表达，只能退而求其次用'regulation'填补空缺。"[2]英美国家的行政法理论中，已被导入本属于经济学领域的"管制"（regulation）概念：反垄断、经济管制、社会管制等，用以描述经济领域的政府职能，产生管制行政[3]。但英美法系没有建立体系化的经济行政法，这被称为"点到点、选择性的经济行政"[4]。依此观点，大陆法系国家的经济行政可视为面上的框架体系。

如果把大陆法系的经济行政和英美法系的管制行政相结合，对行政任务民营化的研究则可以形成点面结合的新视野。如表2-1所示。

表2-1 两大法系中政府在经济领域的行政任务完成方式对比

行政任务完成方式		主导地位	政府干预经济的程度划分	
			英美法系（管制体系）	大陆法系（责任体系）
政府承担（行政垄断）		政府	社会管制	政府责任
民营化	公私合作（PPP）	政府+市场	经济管制	共同责任
	私有化	市场	反垄断	自我责任

根据表2-1，从国家职能是否可以直接介入市场角度看，两大法系对于民

〔1〕［德］罗尔夫·施托贝尔：《经济宪法与经济行政法》，谢立斌译，商务印书馆，2008年，第17-18页。

〔2〕［英］安东尼·奥格斯：《规制：法律形式与经济学理论》，骆梅英译，中国人民大学出版社，2008年，第274-275页。

〔3〕［美］W.基普·维斯库斯等：《反垄断与管制经济学》，陈甬军，覃福晓译，中国人民大学出版社，2010年，第42页。

〔4〕［德］罗尔夫·施托贝尔：《经济宪法与经济行政法》，谢立斌译，商务印书馆，2008年，第14页。

营化的内含应当是一致的。行政任务的完成方式存在三种形态：在私有化下，行政任务进入市场，归入私法自治领域，政府不能直接干涉，只能实施反垄断控制，从而产生社会资本的自我责任。在公私合作下，政府以直接参与的方式干预经济，形成经济管制，产生政府与社会资本的共同责任。至于危及健康、安全以及环境领域，则是任何社会资本或个人无法承担的行政任务，必须由政府实施管制。亦即，此类事项不能民营化，属于国家责任的范畴。

在公用事业领域，行政任务完成方式有民营化和政府承担两种：其一，在民营化领域，政府职能在私有化中以反垄断管制为核心；在公私合作下，政府职能以经济管制为核心，并产生政府与社会资本的共同责任。其二，在社会管制领域，由政府承担行政任务，产生国家责任，其本身不能民营化。因此，基于成本–效率衡量的行政任务民营化，不仅改变责任的承担主体，也改变政府的职能。区分行政任务的自我责任、共同责任、国家责任可以用于确定政府与社会资本在行政任务民营化中的法律关系，而区分反垄断、经济管制、社会管制可以用于确定行政任务民营化中的政府职能。本书对行政任务民营化的分析框架是把两者相结合。

上述分析可以得到公私合作的第二层功能，即公私合作是政府与市场共同作用下产生的共同责任，该领域政府的主要职能为经济管制。两大法系在该领域的政府职能是相同的，具有可比性。因此，英美法系的“物有所值”理论可以通过政府职能转化到公私合作的法律关系中，成为行政任务民营化的公益性分析框架。

第二节　国外公用事业的市场化实践范例：英国、巴西、法国

一、英国公用事业市场化

（一）概述

公用事业市场化肇始于英国，从最初的私人融资激励计划（PFI）合同模式到2012年开始的私人融资计划2.0（PF2）模式，英国PPP亦即以PFI及PF2为主要模式，经历了模式更新。

英国政府于1992年首次采用私人融资计划（PFI）合同模式，该模式通常

采用“设计–建造–融资–运营”或“设计–建造–融资–维修”结构，这是一种长期模式（通常为25～30年的特许期），是基于公共和私营部门之间联合工作和风险分担的基础设施交付模式，进而被归入PPP类型。大多数英国PPP都是通过公共部门提供的可用性资金来支付的，但少数PPP（主要是道路项目和桥梁）由最终用户提供资金（例如，通过公路收费）。英国PPP意在通过合同向私营部门转移交付、成本和绩效风险，政府力求保护公共部门免受延误、成本超支和基础设施交付表现不佳的影响，同时利用私营部门的专业知识、管理和商业技能以及采购经验，来纠正公共采购基础设施方面存在的问题[1]。

然而，PFI事实上意图将主要的风险转移到私营部门，因此私营部门定价项目将覆盖这种低效的风险转移——这导致PFI项目比公共部门自行承担项目更昂贵。这导致人们质疑PFI是否能代表物有所值。为此，英国于2012年对PFI模式朝PF2模式进行更新。PF2涉及PFI模式的许多结构变化，如：公共部门与私营部门一起持有PFI载体的少数股权（通常为10%的股权）；部分私营部门对PFI载体的股权引入资金竞争；通过缩短招标过程的时间来加速交付；从服务范围中删除软设施管理服务（例如清洁），以及可能排除次要维修服务的灵活性；剩余生命周期资金的开放式方法和收益分享机制；更高的透明度，包括与之相关的私营部门股权回报；风险重新分配，公共部门采取额外的风险分配，包括因法律、公用事业费用、场地污染和保险等不可预见的一般变化而产生额外资本支出的风险[2]。

目前，随着全球金融危机以及“旧”工党、英国左翼政治的重新出现，英国民众对PFI的政治反感越来越强烈。PFI越来越多地被媒体描述为公共服务支出过度偏向于私人部门获取利润。于是，由撒切尔主导的私有化计划开始在鲍里斯·约翰逊领导下重新走向公有化。

（二）PPP合同类型

除PFI、PF2之外，英国还有其他几种形式的PPP[3]。

---

〔1〕 code of conduct for operational PFI/PPP contracts, HM Treasury. https://assets.publishing.service.gov.uk/government/uploads/system/uploads/attachment_data/file/206613/Code_of_Conduct_for_Operational_PPP_Contracts.pdf.

〔2〕 “PFI and PF2”, National Audit Office, https://www.nao.org.uk/wp-content/uploads/2018/01/PFI-and-PF2.pdf (last accessed 29 January 2018).

〔3〕 “National Infrastructure Delivery Plan 2016-2021”, Infrastructure and Projects Authority, https://www.gov.uk/government/publications/national-infrastructure-delivery-plan-2016-to-2021 (last accessed 29 January 2018).

1. 特许权

在特许权下，私人实体被授予在一段时间内建立、维护和运营特定资产的专有权。这些项目在财务上是独立的，通常承包商通过使用费、特许费或两者的组合来支付，以确保运营模式可以鼓励持续的资本支出和服务交付创新。这种结构通常用于收费公路和跨河桥梁等项目，英国的铁路特许经营模式也是一种在高度监管行业中运营的特许经营形式。

2. 战略性基础设施伙伴关系

在战略性基础设施伙伴关系中，公共部门机构与私营部门合作伙伴作为合资企业或根据合同进行安排。这种结构通常适用于可能存在多个工作阶段或将几个类似的小项目捆绑在一起的情况。

3. 公共交付组织（集成商）

公共部门任命承包商采取“客户方”的角色，并管理从准备到运营的项目交付。承包商通常只参与管理而不是交付项目。如果项目是长期的并且需要灵活的方法，这种方法可能是合适的。

4. 受监管资产基础结构

受监管资产基础模式结构用于许可商业活动，被许可人将收回用于开发和运营资产的支出。通过举行竞标以获得许可证，其活动和投资回报通常受独立监管。受监管的资产基础模式已成功应用于受管制的水、配电和机场部门。

通过受监管的资产基础模式，资产的初始价值（通常在私有化中）被加到监管机构允许的进一步投资成本中（每个都要折旧），并减去从任何处置中实现的价值。然后将受监管的资产基础RAB（也称为受监管资产价值）进行指数化，从而创建净投资资本价值。

虽然模式因行业而异，但RAB基本上用于通过（风险加权）允许回报计算提供者（被许可人）所需的收入（这将考虑包括许多因素），提供者的加权平均资本成本适用于RAB，然后允许返回（根据摊销限额）添加到允许的加权平均资本成本以计算总的所需收入，最后通过客户缴纳使用费或价金来（根据公共部门提供的任何基金或其他资金）筹集所需的收入。

5. 直接采购

直接采购主要用于提供大规模资产。这种模式鼓励合作安排交付资产，以增加融资竞争，希望降低融资成本。

6. 合资企业

政府可采用合资模式，利用有限公司或合伙企业提供项目。可以采用合资企业经营公共服务，其收入不包括运营成本，或实现公有房地产的发展潜力。

7. 政府所有，承包商经营的公司

当局可能希望保留对战略资产的控制权，但需要承包商在服务期间运营资产。一旦投入运营，资产将转回政府。

8. 混合项目

政府可以开发将上述结构的各方面结合在一起的结构，这些结构可以用于具有特殊要求的特定一次性项目。

（三）PPP 主管机关

负责英国的PPP的公共机构主要有：

1. 欧盟委员会：负责制定欧盟公共采购的监管框架。英国退欧后，现有的大部分框架将保留在英国法律中，但欧盟规则未来适用的程度将取决于以后的最终协议。

2. 财政部：负责控制公共支出，并确定PPP的总体方向和政策。它还批准项目业务案例。

3. 内阁办公室：负责监督政府职能和采购的标准和效率，并批准采购结构。

4. 基础设施和项目管理局（IPA）：有助于将长期规划转化为成功的项目。"近期行动计划"发布国家基础设施交付计划，涵盖五年期间的基础设施政策。

5. 采购机构：组织和采购项目。他们是缔约方，并管理项目和向承包商付款。

6. 独立监管机构：一些活动领域由特定机构监管，例如天然气、电力、大型机场、水和环境等领域。

7. 规划部门：决定是否授予项目的开发许可。相关规划部门的人员将决定项目的规模和位置。

8. 审计长和国家审计办公室：审查政府支出，审计长和审计署应公布近期关于PFI / PF2成本和效益的报告。

（四）PPP 合同一般框架

以下重点介绍PF2合同标准范本，它为PF2合同提供指导和草案。标准化合同于2012年首次发布，目前正在审核中。一些采购部门在PPP合同中采用PF2立场，但使用他们自己的模板文件，例如教育和技能资助机构、国防部等。如上所述，据了解，在适当的时候，英国政府将公布新的首选PPP模式，以下介绍集中在现有PF2合同的机制上[1]。

1. 支付

根据PFI / PF2，承包商通常只需支付一笔单一费用，在服务开始之前不应支付。付款将与服务的“可用性”和性能相关联，并且应鼓励承包商向政府机构提供物有所值的优质服务。不建议使用不规范的付款资料，因为这可能意味着该项目更难以融资，最终这对政府来说更加昂贵。

监督支付机制并对支付进行排序，以便他们可以调整应对通货膨胀和项目期限内的法律变化。

支付机制和绩效制度为项目的风险分配带来财务影响。承包商承担PFI / PF2的需求风险是不寻常的，但是，在某些项目中，这可能是适当的。

2. 资产和土地所有权

政府通常拥有土地并将其出租或许可给承包商。但是，如果项目是基于设备（而不是基于建筑物的）则承包商通常会被授予资产所有权，并且在某些情况下，获得资产所有权以履行其法定职责。资产通常会在合同期限结束时移交给政府，但存在某些例外情况。

3. 修正和变更

由于PF2项目是长期的，合同应允许灵活地考虑到项目所要求的任何变更，这包括在PF2中引入小额价值变更制度。亦即，合同通常会包括一个变更机制，以解决项目生命周期内容需求的变化。

PF2项目合同通常涵盖三个主要变化，即资产用途或功能的改变、资产或服务能力的变化以及服务规范和标准的变化。

如果承包商希望修改项目和财务文件，则需要获得政府的同意，尽管某些细微的更改可能只需在做出修改后通知主管部门即可。

变更应根据合同规定的变更机制进行定价和协商，该机制通常会提供一个独立的决定来解决双方之间的任何分歧。

---

〔1〕 https://assets.publishing.service.gov.uk/government/uploads/system/uploads/attachment_data/file/207383/infrastructure_standardisation_of_contracts_051212.PDF.

4. 风险分配

如果服务停止或不符合标准，主管部门的主要合同处置手段将是扣留或减少付款的控制权。通过承包商的母公司担保、信用证和其他信贷支持，也可以给予权限。承包商将赔偿政府部门因死亡、人身伤害、财产损失、第三方索赔和违反法定义务而造成的损害。

承包商的主要保护措施是关于补救事项，即：

（1）补偿事项

当造成风险事项与政府行为明显相关时，承包商应该在“成本最低收益”的基础上获得补偿；

（2）救济事项

这些事项（通常能够投保）的管理和财务风险应由承包商承担，因为他们最适合处理这些事项。但是，救济事项不应成为导致合同终止的理由（但在运营期间可能导致扣款）。

（3）不可抗力事项

有限的情况（通常不能投保）下，既不是当事人的过错，也不是承包商没有尽责管理时，如果在合理的时间范围内无法解决事件，则可能会产生终止权利。

（4）法律变更

合同还将为承包商提供保护，用以防止导致项目成本增加的法律变更。

5. 提前终止和赔偿

政府通常有权终止承包商违约或持续违约的合同。项目合同应该允许承包商有时间纠正违规行为。政府在某些情况下，如果终止合同导致自动获得项目所需的资产或土地，则政府可能必须在终止合同时对承包商进行补偿。项目合同可包括政府自愿终止合同的权利，在这种情况下，承包商应得到全额补偿，包括偿还项目有优先权的债务和承包商保荐人的股权回报。

在政府违约的前提下，对于不付款、违反服务的行为和违反转让限制（包括锁定期限），承包商通常拥有终止合同的权限。在这种情况下，承包商通常将得到全额补偿。在合理的时间范围内无法解决的持续不可抗力事件将导致合同终止。由于这些事件既不是参与者的过错，也不是各方应当分担的财务后果，所以基于不可抗事件产生的补偿将是无过错的。因此，虽然有优先权的债务将被偿还，但承包商保荐人的股权将仅以“面值”偿还。

合同将详细列出计算其项目下所欠任何补偿的规定。这是项目高级资助者和股权投资者的基本要求。

6. 再融资

标准格式PF2合同包括分享再融资收益的条款。主管部门应有权批准所有再融资事项,并应在合同中包括条款,以允许政府分享通过再融资实现的所有合法再融资收益。

二、巴西公用事业市场化

(一)概述

早在2003年,巴西为吸引私人投资,就对基础设施项目导入PPP机制进行立法。这是巴西最早开PPP专项立法的先河,同时,巴西还在2016年发布《投资伙伴计划》来扩大国家与私营部门之间的互动以加强相关私有化措施,对此值得关注。[1]相关立法的主要战略目标是协调政府和私人利益,以确保基础设施项目的成功竞标和实施。通常,PPP协议必须遵守以下规则:政府不得委托其监管和管辖活动,或行使行政权力和其他固有的公共活动;双方必须在PPP协议中规定财政责任;各方必须在程序和决定中表现出透明度;当事人必须客观地分配履行授予服务期间可能出现的风险,即必须考虑PPP项目的财务可持续性和社会经济优势。此外,PPP的使用存在三个限制:首先,合同金额必须超过1 000万雷亚尔;合同期限不得少于5年或超过35年,包括任何适用的延期;如果其唯一目的是雇用劳动力、提供安装设备或实施公共工程项目,PPP可能不会达成协议。在以上规则和限制下,巴西还更新了行政法(比如修定联邦采购法),对联邦机构进行重组。然而,巴西执行PPP协议并不顺利,部分协议已通过司法判决终止[2]。

(二)PPP合同类型

巴西参与PPP合同的各方包括:特许公司(有意执行基础设施项目的私人投资者)以及政府。在巴西,PPP是一种机制,根据该机制,政府雇用服务供应商来实施相关的基础设施项目,该项目依据承诺根据协议进行投资,并被授予在整个长期协议中运营项目的权利。PPP内含特殊形式的特许权,政府

---

〔1〕 Silva R. L., Almedia T. F. Public Private Partnership in BRICs Countries: A Broad Understanding of Initiatives Between Public and Private Partners. Panorama of Brazilian Law. 2018, 6(9-10), pp.222-244.

〔2〕 Putting Brazilian Infrastructure Back on Track? - Investment Partnership Programme Law, No. 13.334. See: https://www.cms-lawnow.com/ealerts/2016/09/putting-brazilian-infrastructure-back-on-track-investment-partnership-programme-law-no-13334? sc_lang=fr.

承诺在整个协议履行过程中对PPP特许公司的费用支付，特许公司和政府在PPP中分担项目的风险，并在项目开始时建立国家担保，以保证政府向特许公司付款。这种特许权包括两种类型[1]：

一是收费特许权。根据PPP协议，私人特许经营者从被提供服务的用户收取费用，并从公共合作伙伴处收到商定的付款。

二是财政特许权。即政府是私人提供服务的直接或间接受益人。在这种情况下，付款完全由政府财政资金支付。

在上述两种情况下，特许公司都可以参与特许经营或相关项目的辅助活动。此许可增加了特许公司的收入和投资者对PPP项目的兴趣。但是，特许公司在提供辅助服务方面获得的额外收入的一部分必须与授权政府部门或服务用户共享。辅助服务的支付方法必须在PPP协议中确定，授权政府部门可以选择扣减其对特许公司有义务支付的支付份额，或者可以保留其在用户支付的税收上的份额。

（三）PPP主管机关

在巴西PPP由政府执行，包括特殊基金、政府机构、国有公司、公私混合经营公司以及由巴西联邦各级政府直接或间接控制的所有其他实体[2]。与我国不同的是，巴西国有公司和政府控制的其他实体是作为公共部门一方出现的，而我国却将国有公司和政府控制的其他实体列入私人部门（民间资本）范畴。

在联邦一级，PPP管理委员会有权确定在PPP模式下执行的服务优先级。管理委员会负责协调这些项目，由规划、预算和管理部的成员组成，这些成员隶属于财政部和巴西总统。负责整体联邦项目的技术、经济和财务方面以及进行可行性研究的联邦PPP项目股是规划部职责的一部分。此外，联邦一级的其他政府部门可以开发自己的项目，并有权规定执行协议的程序，可授权开始竞标过程以及批准招标文件。为了向总统提供关于哪些项目应纳入该计划以及规划和管理这些举措的指导方针的建议，巴西设立了计划委员会，由计划执行秘书、内政部、财政部、交通部、港口和民航部、环境部、国有开发银行组

〔1〕 Queiroz C, Astesiano, Gastón, Serebrisky, Tomás. An Overview of the Brazilian PPP Experience from a Stakeholders' Viewpoint. Technical Paper. 2014.

〔2〕 Queiroz C, Astesiano, Gastón, Serebrisky, Tomás. An Overview of the Brazilian PPP Experience from a Stakeholders' Viewpoint. Technical Paper. 2014.

成[1]。

（四）PPP 合同一般框架

1. 付款

PPP协议必须规定公共部门向特许公司的付款方式。亦即，必须通过银行转账订单，税收抵免以外的信贷分配，授予政府权利，授予公共资产权利或法律允许的任何其他方式进行支付。

PPP协议可以确定支付的条件是特许公司履行服务的条件。授权机构必须在招标文件中通知利益相关方，这将是该协议的付款方式。此类要求可能因具体情况而异，取决于适用于每个PPP协议的操作和技术方面。

一般而言，在公共部门支付之前，特许公司应当先完成工作。这里的主要目标是为特许公司创造激励措施，以完成所有工作，并根据协议及时开始提供服务。

因此，只有在特许公司开始履行服务之后，授权政府部门才有义务进行支付。尽管如此，根据PPP协议中商定的具体条款，可授权政府部门支付与已经可使用的服务部分相关的款项。

此外，授权政府部门可以为特许公司提供资金，用于购买进行特许经营所需的某些资产。这些资金可以在授予服务开始之前分配。这种预付款可能有助于实施提供服务所必需的工作和货物。这些货物将在特许期结束时归还给授权政府部门，并可作为特许公司的融资替代方案。

2. 国家保证

在法律授权的机制中，公共方在PPP协议中承担的支付义务可以通过以下方式得到保证：收入承诺；设立或使用法律规定的特别基金；购买不受公共控制的保险公司担保；不受任何政府机关控制的国际组织或金融机构的担保，即担保基金或国有公司为此专门设立的担保。

PPP协议允许的国家担保功能是与巴西政府达成协议的重要创新，此功能可确保支付公共合作伙伴的服务，并在发生针对政府的诉讼和索赔时作为担保。该工具是区分PPP协议的法律制度与普通行政协议或特许权的主要因素之一。

根据联邦PPP法开创的公共担保的替代方案，每个PPP协议都应有实施

〔1〕 Queiroz C, Astesiano, Gastón, Serebrisky, Tomás. An Overview of the Brazilian PPP Experience from a Stakeholders' Viewpoint. Technical Paper. 2014.

此类担保的机制。例如,替代方案将依赖于:为项目提供资金的收入;公共物品可以分配给私人方;或为保证PPP项目而组织的政府公司或基金。

3. 风险分配

PPP协议必须在各方之间建立风险分配,包括宗教行为、不可抗力、国家行为和特殊经济风险有关的风险分配。公共合作伙伴必须对相关风险负责,特别是那些可能产生财务影响的风险,包括难以衡量的征收和地质问题。一个处理良好的风险矩阵是确保在执行PPP协议时保护私人利益的手段。通常,风险应该分配给能够以最低成本管理的一方。

4. 调整和修订

PPP协议必须包含支付调整和指数化的方法,以及多年来维护服务的机制。建立基于数学指标和公式的自动付款调整的合同条款无须提交公共部门批准;特许公司应将带有调整金额的发票发送给公共部门,公共部门如果在15天内拒绝接收发票,必须说明合理的拒绝理由。合同调整和审查方法必须在PPP协议中规定,并且必须基于特许期间要执行和实施的服务。

5. 资产所有权

在执行PPP协议时,授权机构必须向特许公司转让履行服务所需的所有公共资产。特许经营者的任务是维护这些资产。此外,特许公司必须购买所有必要的设备和产品,以获得足够的服务。提供授予服务所涉及的资产将在PPP协议终止时成为公共财产。

特许权终止后,为履行服务转让给特许公司的所有资产和权利必须退还给授权政府部门,授权政府部门将提供服务(直接或通过新的竞标)。在合同期限结束时资产和设备的回归取决于对可能发生逆转的资产支付的部分金额减去其自然折旧。

6. 提前终止

由于以下原因,可能会提前终止PPP协议:依照合同条款约定;基于公共利益需要(由授权政府部门发起的收购)而终止;特许公司对授权政府部门提起诉讼要求废除协议;特许公司破产或终止。在特许期间,授权政府部门可以根据集体公共利益要求从特许公司收回服务。这种恢复需要事先向特许公司支付赔偿金,并要求授权接管服务。

如果特许公司违反PPP协议,授权政府部门保留终止PPP协议或适用合同处罚的权利。在特许公司通过行政程序宣布违反PPP协议之前必须宣布终止;特许公司将有权在行政程序中进行全面辩护和适当的法律程序。必须通过授权当局的法令宣布终止协议，无论先前的赔偿是否在特定程序的过程中确定。

特许公司在针对授权政府部门违约提起诉讼的过程中也可以终止PPP协议。PPP协议的特许公司不得在法院发布裁决之前中断服务。

三、法国公用事业市场化

（一）概述

由于我国将PPP协议列入行政协议范畴，这与法国实践一致，为此选择法国做一简介。法国的PPP法律制度建构非常有特色，其规范不局限于立法，主要还通过判例来确立规则。[1]

从立法上看，法国作为欧盟成员国，2014年欧洲关于特许协议和公共采购的指令的转换大大改变了其现行的PPP法律，其中包括几个具有非常特殊的制度（即政府长期租赁、临时占用许可、合伙合同和特许协议）。2019年法国PPP法律领域新的"公共采购和特许协议条例""特许协议条例"和"合伙合同条例"生效，虽然该新条例不会实质性地改变有关公共采购和特许协议的法律规则，因为它只是旨在汇总现有的法律规范，但因其不仅是收集适用的法律和法令，而且还收集现有法国和欧洲判例法产生的法律原则，包括1 747条[2]，这将简化管理PPP合同的法律框架，也使政府、公司和从业者受益。

此外，行政法院的判例对PPP法律制度建构的贡献也不可低估。行政法院发布了不少影响PPP法律框架的判决。比如，在招标程序上，法国最高行政法院制定了关于在不实施事先招标程序的情况下签订特许协议可能性的判例法，其中规定此类特许协议的期限不得超过启动和实施新的招标程序所需时间，或政府自身准备服务的必要时间。在修改现行特许协议的条件下，最高行政法院裁定当事方不能通过合同修改，亦即合同修正案既不能改变特许权协议的主要目的，也不能大幅改变特许权协议的期限、所需投资额或向服务使用者收费所产生的经济均衡。此外，法国行政最高法院澄清了适用于终止招标程序的法律制度，包括：一是当招标程序由法国政府或另外的公共实体发起

〔1〕 文中关于法国PPP的相关内容编译自网络文献：Francois G. V，Louis J. L，Oliver L. B & Sacha R. W. The Public-Private Parenership Law Review:France. see：https：//the lawreviews.co.uk/title/the-public-private-partnership-law-reviews/france.

〔2〕 Francois G V，Louis J L.，Oliver L B.，and Sacha R. The Public-Private Partnership Law Review：France. See：https：//the lawreviews.co.uk/title/the-public-private-partnership-law-reviews/france.

时，招标程序的公告应当有所不同，法国政府没有义务采取这样的正式决定，发布招标公告通知只是意图声明，不影响在程序结束时做出的决定。因此，法国政府仍可自由拒绝所有要约。然而，在这种情况下，其他政府部门不得通过正式的招标公告。二是在某些条件下，启动招标程序的政府不会被迫选择要约，因此提交的要约之间缺乏竞争构成了拒绝选择要约的充分理由。三是设立强制回收资产的法律制度，认为特许公司在签署特许协议之前拥有的所有资产以及公共服务提供所必需的资产也被归类为强制回收资产，因此，在合同没有另行规定的情况下，此类资产将在特许协议的合同终止日期之前免费移交给政府。

法国这种通过立法吸收判例来实现两者兼顾的方式值得我国PPP法律制度建构借鉴。

（二）PPP合同类型及法律属性

1. PPP合同类型

法国PPP合同有两种类型：一是特许协议，用于实施运河、高速公路、配水系统和收费桥等主要基础设施项目；二是合伙合同，主要是与私人融资合同。两者的主要区别在于资产所有权不同，特许协议资产归属于政府，而合伙合同的资产归属于私人。此外，特许协议和合伙合同的适用要求也不同。

"特许协议条例"规定，特许协议必须包括与合同期限和适用于服务使用者的关税有关的规定，可包括与可持续发展和社会目标有关的条款。此外，为优化成本监管，"特许协议条例"旨在提高与特许协议履行有关的透明度。因此，特许协议必须规定特许公司将被要求向公法人（政府设立不以营利为目的的公务组织）提供年度报告，并且公法人必须每年公布与特许权有关的基本数据（即投资类型和适用的关税）。

与特许协议不同，"伙伴关系合同条例"规定合伙合同的使用受到严格监管。预期项目必须与公共服务及其全部或部分资金所需的工作、设备或无形资产的建造或转换、维护、操作、管理相关。首先，必须进行初步评估，以评估项目的实施方法。其次，第二次评估针对项目的财务可持续性展开。鉴于这些评估，政府人员必须证明合伙合同的使用比任何其他类型的协议都具有更好的成本效益。合伙合同必须包括若干强制性条款，例如合同期限、公法人与其共同缔约方之间分担风险的条件、分配给共同缔约方的履约目标、付款条件和后果、终止合同的条件。因此，合伙合同和特许协议均由选定投资或融资条款的折旧期确定。

2. PPP 合同的法律属性

特许协议和合伙合同都是法国法律下的行政协议。这种法律定性很重要，因为行政协议中的合同关系与民事合同中的合同关系不同。事实上，在公法人从公共权力机构中获益的情况下，当事人事实上是不平等的。

如"特许协议条例"所述，特许协议是指公法人在一段有限的时间内向一个或多个私人经济实体分配工程或管理服务的协议。与此类工程或服务的运作有关的风险必须转移给私人经济实体，以换取经营上述工程或服务的权利；公法人可以在该经营权中加入有利于该实体的费用；转移到私人经济实体的风险必然意味着对市场波动的真实风险。

合伙合同也是一种行政合同，根据该合同，公法人根据投资摊销或协议融资条款委托私人方设立一个与设计、建造或转换、维护、运营或管理有关的综合项目。"合伙合同条例"还澄清，拆除和销毁工程以及公共服务的管理可以根据合伙合同转让给私人当事方。

两类PPP协议可根据其付款条件加以区分：根据合伙合同，公法人将用财政资金向私人合伙人支付费用以换取私方的履行；而根据特许协议，特许公司的补偿将主要来自服务用户付款。

（三）PPP 的私方参与人

"特许协议条例"规定，除公共部门（法国中央政府、地方政府部门及其公共机构）外，私人实体（专门为满足非商业公共利益而设立或由若干公共实体组成的实体）以共同执行某些活动和作为网络运营商的公共企业将被允许授予特许协议。

"合伙合约条例"亦具灵活性。国家及其公共机构、地方当局和地方公共机构以及公共卫生机构、社会保障机构和一些追求公共利益使命并主要由公共基金资助的公共或私人实体（即公私合营企业）和国有公共工业和商业机构都可以签订合伙合同。对于由国家执行的合伙合同，涉及的部门将取决于特定合同的范围。对于合伙合同，签字前还需要获得经济部长和预算部的批准。"合伙合同条例"规定了潜在采购当局的扩展清单。事实上，授予政府部门将与"特许协议条例"所述的相同。因此，私营实体亦可订立合伙合约。

然而，在欧盟指令之前曾经是公法人的中央行政机构、公共卫生机构和医疗合作公共机构将不再能够签订合伙合同。

法国PPP部门的另一个重要角色是PPP支持服务（该机构被称为FIN INFRA，基础设施融资支持局）。FIN INFRA是经济部内的一个专门单位，协助公法人实施合伙合同。FIN INFRA主要负责确认公法人在开始招标前准备的初步评估。FIN INFRA还协助和建议政府准备和谈判合伙合同以及任何其他复杂的公共合同或暗示创新融资计划的公共合同。根据"合伙合约条例"，FIN INFRA仍将是主要参与者，因为它亦须就每项合伙合约的财务可持续性发表意见。这项新规定是避免财务困难的有效方法，并在法国的一些合伙合同中得到实施。

（四）PPP合同一般框架

1. 付款

特许协议和合伙合同可以根据其付款条件加以区分。

根据特许协议，经营风险转移给特许公司，这种转移必然意味着特许公司将面对市场波动的真实风险。因为特许公司的赔偿与此类行动的结果有关。因此，特许公司的补偿主要来自服务使用者。

但是，这一要求并不妨碍采购当局支付补贴。鉴于特许协议可能的要求，保持特许协议的财务可行性和经济平衡是必要的，以便特许公司不会对服务用户适用很高的费率。例如，在与铁路基础设施（高速铁路）或高速公路相关的特许项目中支付大量的财政补贴。地方政府部门通常对公共交通或学校餐饮项目进行补贴。

除了向服务使用者收取的收入和政府给予的补贴之外，特许公司还可以获得额外的收入（例如，广告和罚款等附带活动的收益）。

与特许协议不同，合伙合同的特点是在整个合同期内由公法人向私人合伙人进行定期付款。该薪酬是根据私人合伙人提供的服务（工程、无形投资、供应和服务）确定的，并分为几个部分。其中一部分是合作伙伴对设备供应的补偿以及为履行投资而承包的贷款的担保、融资成本、税收和合作伙伴为其投资支付的费用。该补偿还考虑到私人合作伙伴提供的服务。最后，合作伙伴的报酬必须包括维护成本和主要维护费用以及某些基础设施的更新费用。

合伙合同应规定公法人付款的计算和支付条款。这种付款方式可以是每月、每季度或每半年付款。

2. 国家担保

法国的PPP本身没有国家担保。然而，在2009年初，国家为优先PPP项目建立了一个担保保障体系，以应对金融危机，这正在影响一些非常大的PPP。与国家不同，地方政府可以根据特许协议或合伙合同保证项目公司认购的贷款。此外，订约政府（包括国家）可以与私人方及其贷方签订直接协议，以涵盖具体问题(特许协议或合伙合同的取消或无效)并保护贷方的利益。

3. 风险分布

PPP依赖于公共和私人实体之间明确的风险分配。这种风险分配由各方协商,与合同履行有关的风险通常转移给私人实体。

在法国,政府出于公共利益理由有权行使行政权力单方面修改或终止合同,为此合同条款必须界定公法人使用公共权力的财务后果。

4. 调整和修订

作为长期协议,PPP通常包括审查合同条款的特定条款。如果担保人是政府,则PPP合同原则上可以由其单方面修改。但是,修改的权力受到管制,以便修改不会导致合同整体结构的分解。事实上,为保持合同的经济平衡,必须对私人共同承包商所遭受的损害给予足够的补偿。适用于合伙合同和特许协议的新法律框架通过规定六个可以接受修改的限制性替代案例来严格规范其修正案[1]。

5. 标的资产的所有权

特许协议法律制度围绕三类资产权属展开:

一是强制回收资产,一旦合同结束,将自动归还政府。因为它们对提供公共服务至关重要,所以当合同未解决资产归属问题时,这些资产始终被视为政府的财产,也就是说,从特许公司获得资产的那一刻起到完成具体工作均无资产所有权。强制回收的资产必须在合同结束时无偿返还给政府。

二是可选的归还资产,对提供公共服务很有用,但对确保其连续性没有必要。特许经营者在特许协议期间是这些资产的所有者,如果政府在特许协议结束时行使其恢复权,它们会成为政府的财产。合同中规定了此类资产的交付条款。

三是属于特许经营者的资产。它们不会被政府收回或最终被恢复,因为它们的目的不是确保公共服务的连续性。

合伙合同中,私人合伙人是资产的所有者。但是,私人合伙人设立的融资仅包括:资产收购、工程费用以及维护和更新的费用。因此,通过向私人合伙人支付租金,订约当局支付购买某些资产的所有权权益,在合伙合同结束时,合伙人将资产转移给订约当局。

未融入融资基础的资产(即公法人未通过租金获得的资产)可以保留为

〔1〕 Article 139 of the Partnership Contract Decree and Article 36 of the Concession Agreement Decree.

私人合伙人的财产。但是,它们可能会受到合同条款的约束,规定在合同结束时转让给政府。

6. 提前终止

合伙合同和特许协议的早期终止规定是相同的,存在两种类型的终止的具体法律框架:基于一般利益的终止和订约当局违约而终止合同。如果公法人是公共实体,它不能放弃以公共利益为由终止公法合同的单方面权利。一旦公法人拖欠私人实体补偿款项,则其须支付的赔偿金额是所有终止案件中最高的。如果公法人是公共实体,公法人的合同违约终止不能成为特许公司可能要求终止特许协议的合同理由,亦即特许公司无权单方面宣布终止特许协议。

根据公法人的合同违约终止特许协议,特许公司必须在相关的行政管辖权之前要求终止。然后,特许公司有权根据行政判例法确立的原则获得赔偿,即就所遭受的损失以及利润损失获得赔偿。最近的判例法确认了在合同中包含与公共服务的绩效无关的条款,允许合伙人终止合同,即使违反政府在合同中已有的限定条款。如果发生不可抗力事件或不可预见的事件,合同可能会终止,合同通常会规定私人实体将根据最高行政法院制定的"有用费用"理论予以赔偿[1]。

因此,某些合伙合同可能包括与绩效无关的公共服务合同条款。

第三节 我国公用事业的市场化路径:公私合作

一、我国公用事业市场化的发展现状

我国导入PPP模式的概念相对较晚,但是相关实践早已在20世纪90年代展开,主要是使用"建设–运营–转移(BOT)"模式来建设电站和收费公路。从2014年财政部正式建立PPP机制至今,我国PPP制度已在能源、交通、水利、环境保护、农业、林业、科技、经济适用房、公共卫生、教育、新基建等领域提供公共服务。但与此同时,PPP项目的滥用、伪PPP的非法贷款担保以及超出财政支出红线等非标准问题,导致PPP项目存在实施风险。为预防和化解重大风险,促进中国PPPs的可持续发展,相关部门先后出台了一系列PPP项目

〔1〕 Supreme Administrative Court, 19 April 1974, Société Entreprise Louis Segrette, No. 82518.

规范性文件和管理要求，对PPP项目进行了整改和管理。

在立法层面，目前虽然没有关于PPP的专项立法，但包括相关的法律、法规和规范性文件构成的法律框架已经初步形成。2017年7月，国务院法制办公布了《基础设施和公共服务领域政府和社会资本合作条例（征求意见稿）》及其说明全文，征求社会各界意见。该行政法规的颁布将有效缓解国家发改委、财政部和其他部门之间的PPP政策冲突，PPP项目将得到更好的监管和指导。

此外，根据新修订的《中华人民共和国行政诉讼法》《最高人民法院关于中华人民共和国行政诉讼法若干问题的解释》和《最高人民法院关于审理行政协议案件若干问题的规定》的规定，包括特许协议在内，政府与民间资本合作协议属于行政协议，相关争议将被纳入行政诉讼审理范畴。此举将对我国的PPP制度产生深远影响。同时，法国行政法院关于PPP的相关司法实践值得我国借鉴。

二、公用事业市场化的路径选择

（一）国家公有制

1. 公有制市场经济

我国是社会主义国家，经济制度的基础为公有制，本书称之为“国家公有制”。我国的市场经济是以国家公有制为基础建构的，本书称之为“公有制市场经济”。

国家公有制的核心特征是国家或集体的所有权代替私人所有权[1]。国家是公权力的拥有者，又是营运国有财产——私权力的拥有者，因此公有制使公权力和私权力在国家层面上实现一体化，这意味着国家掌握着基于国有财产形成的国家资本。公有制下的市场经济是建立在国家资本的基础之上的，这在私有制下是不可能的。拉丰认为：“所有权是重要的，因为在国有产权下政府有更多的资源去纠正市场失灵，还可以开展非营利业务，然而在私有制下政府几乎没有资源去实现这些目标。”[2]2008年西方国家的债务危机可以视为私有制下政府控制能力的失败。我国经济的强势增长证明国家公有制有其内在的合理因素。这就是国家资本的能量。

---

〔1〕［美］詹姆斯·布坎南：《财产与自由》，韩旭译，中国社会科学出版社，2002年，第46页。
〔2〕［法］让-雅克·拉丰：《规制与发展》，聂辉华译，中国人民大学出版社，2009年，第51页。

市场是一种社会建构的产物[1]。在国家公有制下，国家资本掌握着市场命脉。与私有制国家在全球经济一体化下，国家边界趋于瓦解相反，国家公有制一方面保证并强化中央的政治统治，另一方面使国家公权力和国家资本形成的私权力一体化。全球化反而有助于国家资本的强大，进而增加国家的向心力。国家公有制下，政府既拥有公权力，又拥有私权力，后者为前者奠定了强大的经济基础。

国家公有制下的行政活动从一开始就处于"混合行政"状态。"发展中国家的社会主义政府相信，政府拥有企业是发展经济的捷径，苏联基本掌握了所有的产业。"[2]一般人把国家公有制等同于计划经济，认为从经济学角度公有制与市场经济不兼容[3]。有人持反对态度，认为公有制市场经济是经济史上的革命[4]。但这些争论都没有关注到公有制下国家是公权力与私权力的统一体，公有制市场经济由国有资本主导，与私有制为主体的市场经济下以私有资本为主导有着本质的区别。

在国家公有制下，国家公权力形成政府对市场的干预，国家私权力即政府对国家资本的营运权，指政府基于法律授权代表国家行使所有权。财产所有权对于经济价值的生产效率是必要的[5]。在国家层面，公有制以国家、集体作为所有权人，国有资本不以个人为财产主体。在社会层面，私人仍然享有财产权，两者居于同等法律地位。公有制下的经济发展，取决于国家资本所发挥的作用。公有制下国家所有权形成的国家资本如何运用，取决于政府对公有制内含的私权力行使形式的选择。

2. 公用事业公有制

在20世纪70年代中期以前，西方国家对公有制的广泛共识是公有制是匹配自然垄断的最佳法律形式。因此，西方国家的公有制仅存在于公用事业领域，其他领域实行私有制。

我国的公用事业属于公有制市场经济的一部分。与西方资本主义国家不

---

〔1〕［法］埃哈尔·费埃德伯格：《权力与规则——组织行动的动力》，张月等译，格致出版社、上海人民出版社，2008年，第2页。

〔2〕［美］E. S. 萨瓦斯：《民营化与公私部门的伙伴关系》，周志忍等译，中国人民大学出版社，2002年，第70页。

〔3〕 李子江：《关于公有制市场经济的机制设计问题》，《学术研究》1998年第6期，第21-24页。

〔4〕 余金成：《从宏观上认识公有制市场经济的建立》，《天津师范大学学报（社会科学版）》1996年第4期，第16-21页。

〔5〕［美］詹姆斯·布坎南：《财产与自由》，韩旭译，中国社会科学出版社，2002年，第59页。

同的是，我国在新中国成立之初实行计划经济，政府全面掌控生产资料，没有区分自然垄断行业与非自然垄断行业，一概推行公有制。基于此，我国公有制的推行不区分公用事业与非公用事业，重在把自然资源国有化。

英国从公用事业的管制措施层面理解公有制，通过市场准入控制其他社会资本的进入，并把公用事业交由公营组织承担。我国计划经济时代把公有制推向了非公用事业领域，全面排斥私有化主体。这使公有制走向了极端，把本来适用于自然垄断行业的公有制，适用于竞争性领域，实行公有制下的公营组织管制（如我国计划经济时代的国营工厂），从而增加了管理成本。为此，我国20世纪90年代的经济体制改革，以竞争性领域实施市场化为核心，并逐步将市场化改革的步伐推入到公用事业领域。本书的研究仅局限于公用事业公有制，不涉及竞争性领域和自然资源领域的公有制问题。

（二）公用事业民营化的制度建构

1."所有权与经营权相分离"理论

根据物权理论，广义的所有权包括占有、使用、收益和处分的权利。在国家公有制下，国家所有权以1993年为界经历了一体化与分离两个阶段。

在计划经济时代，国营工厂和事业单位对其控制的资产没有产权，所有权的各项权能归属于国家，由政府统一行使。在市场经济体制下，1993年后的国企改革要求国家所有权和经营权分离。国营工厂的改制经历了两个阶段："放权让利"和"建立现代企业制度"。"放权让利"下的国有企业以管理激励为核心，经营权包括赋予企业管理层以经营自主权、利润分享并准许企业管理层部分获得剩余索取权、人事任免权等。"建立现代企业制度"是把国有企业改制为市场主体和社会资本。实践中采取"三层次"模式：第一个层次是专门国有资产管理机构，将政府的所有者职能与社会管理职能分离。第二层次是国家控股公司、国有资产经营公司。第三层次是实行了公司制和股权多元化的国有企业代表国家行使股东权利。通过股份制改造，第三层次的国有企业已经成为真正的市场主体。公司化的国有企业取得国有资产的产权，具有所有权人的法律地位，"所有权与经营权相分离"在微观层面回归，并依"国有资产保值增值原则"经营。但在宏观层面，"所有权与经营权相分离"仍然适用。

2. 公用事业民营化与竞争性领域国企改革的混同

国家公有制决定了公用事业不能被私有化，公用事业公有制排除社会资本对公共设施所有权的占有，实行全民所有。这表现为政府对公用事业的垄断。

但在目前，我国在经济领域并没有将公用事业从中区分出来，相关问题被纳入企业公司化改制和事业单位改制的进程。因此，公用事业民营化被归入经济体制改革，没有同竞争性领域的国企改制进行区分。但是公用事业公有制决定了公用事业与竞争性领域的经济活动有本质的区别，其收费活动与竞争领域的经营活动有很大差别，应当把承担公用事业的国营工厂从国有企业改制中区分出来，将其与公用事业的事业单位改制一起置于行政任务民营化视角下解决相关问题。

3. 行政任务民营化理论

在国家公有制下，提供公用事业成为我国政府的行政任务。这与大陆法系国家完全相同。我国的公有制理论源自卡尔·马克思的相关理论，德国行政法对于公用事业公有制的制度建构与卡尔·马克思关于公有制的理论有直接的关联。德国行政法关于行政任务民营化为我国提供了路径参考。我国台湾地区"行政法"是德国行政法的缩影，本书以台湾地区的行政任务民营化理论为例说明。

从公用事业公有制制度建构的历史发展来看，主要经历两个阶段：当局行政垄断和民营化。这两个阶段外在表现为公用事业承担主体的不同。

在当局行政垄断下，从承担主体看，公用事业由公营组织承担。这里的公营组织在台湾地区被称为"公营造物"〔1〕。"公营造物"一般通过公权力来完成行政任务。有时"公营造物"也会以私法方式完成公用事业，此时被称为"公有事业"。公有事业是各级部门为达成事业目的而设置，不作为损益计算及盈余分配的事业组成〔2〕。这与以营利为目的的社会资本有本质的区别。从利用方式看，当局可以选择公法利用方式与私法利用方式〔3〕。当当局选择私法方式完成行政任务时，公营组织被赋予收取"价金"的权利，此即德国行政法所称的"行政私法"〔4〕。当当局选择公法方式时，公营组织被赋予征收"使用规费"的权力，本书为表述简化，称之为"行政公法"。规费征收应当遵循"成本原则"和"效益原则"〔5〕。"成本原则"是指依公用事业的建设成本，由利用人依比例分摊。"效益原则"依利用人因利用公用事业所生之经济效益或利益之

〔1〕 陈敏：《行政法总论》，台湾新学林出版股份有限公司，2011年，第996页。
〔2〕 陈敏：《行政法总论》，台湾新学林出版股份有限公司，2011年，第653页。
〔3〕 陈敏：《行政法总论》，台湾新学林出版股份有限公司，2011年，第1003页。
〔4〕 陈敏：《行政法总论》，台湾新学林出版股份有限公司，2011年，第654页。
〔5〕 陈敏：《行政法总论》，台湾新学林出版股份有限公司，2011年，第1005页。

程度收取规费。

在民营化下，社会资本取代公营组织提供公用事业，实现公用事业的市场化运作。行政任务民营划分为三种：形式之民营化（组织民营化）是指当局组建"国有化"社会资本承担行政任务，通常是把公营组织改制为公司化的社会资本来实现；功能之民营化，是当局把行政任务交由"非国有化"社会资本承担；实质民营化则是把行政任务转移给私人部门，当局放弃该行政任务[1]。依萨瓦斯理论表明，公用事业民营化包括私有化和公私合作。实质民营化的本质就是私有化，功能民营化就是公私合作。组织民营化为公私合作创设了新的私法主体，本书将组织民营化归入公私合作领域。

在私有化下，公用事业重新回归，由公司化的社会资本承担，其收费权属于私权力。公私合作通过不转移或阶段性转移公用事业所有权的方式，来维持公用事业公有制。行政任务民营化下的公私合作，是本书对社会资本收费权法律属性研究的制度基础。

三、我国公用事业公有制经历的阶段

（一）计划经济

我国公有制的适用不区分自然垄断与竞争性行业，在计划经济时代没有把公用事业从非公用事业中区别出来。我国在计划经济时代参照苏联体系，几乎把所有的企业生产都列入"公用事业"范畴，由国家统一生产和提供。在这样的背景下，所有的民营企业都被改造为国营工厂。国营工厂不作为损益计算及盈余分配，属于典型的公营组织。因此，在计划经济下，所有的生产和服务都由公营组织提供。

依据利用方式不同，我国将以公法利用方式的公营组织称为"事业单位"，类似于台湾的"公营造物"；以私法利用方式完成的公营组织为"国营工厂"，类似于德国的"行政私法"范畴。我国受"高权行政"理论的影响，公用事业领域的私法利用方式被"公法化"。政府的计划决定一切，导致行政私法被极端化，把本属于私法利用的方式公法化。因此，政府几乎承担了全部的社会需求供给，不再区分公法职能和私法职能，而是两者一体化。这表现为在极端状态下实行的政府定额分配制，属于纯粹化的公权力。

在计划经济下，公有制内含的国家私权力被压制。与私人资本一样，国家

---

〔1〕 陈敏：《行政法总论》，台湾新学林出版股份有限公司，2011年，第672-673页。

资本也不能市场化运作，被要求遵循公法规则，在国家计划下组织生产。私权力被公法化后，政府选择单一的公权力形式来满足社会需求。公用事业及一般商品的生产由不以营利为目的的公营组织（国营工厂）来提供，完全取消市场。

政府将事业单位、国营工厂等公营组织作为工具，把国家公有制下本应有的私权力作为“公权力”行使。这是政府干预过度的极端产物。这种不加区分推行公有制的方式，带来严重的弊端。“当集体化扩大之后，‘经济’变得更糟而不是具有更高的‘生产率’。当集体控制的界限退缩而对有价值的资产的私有权扩大的时候，我们才能期望整个经济的生产效率会提高。”〔1〕单一公权力下的计划经济的历史证明，在公用事业之外的经济领域推行纯粹的公有制是不经济的。

（二）市场经济

我国的计划经济是以公权力方式改造市场，产生中国式的“政府管制失灵”，因而市场经济成为必然的选择。在市场规则下，国家私权力的行使方式遵循私法自治原则。王泽鉴先生认为，公有财产权依物权法享有私法上的自由，使公有财产（尤其是土地）经由私法进入市场〔2〕。因此，市场并非是私有财产的专有交易场所，基于公有财产形成的国家资本完全可以在市场进行交易。

从行政法角度看，我国的市场化改革实际上是摆脱私权力被“公权力化”的过程，解除政府管制包括组织管制和权力管制的过程，即把被公法化的组织和权力重新私法化的过程。

从主体角度看，该过程表现为政府把公营组织改造为公司形态下的社会资本即“股份制”改造，其核心措施是：使国营工厂摆脱公营组织的身份，成为市场经济下的社会资本即“国有企业”。我国政府引入公司股份制，创造性地设置国资委代表国家行使股东权利，即把公有制下国家所有权转化为国家股东权利。把国有资产以股东投资的方式，通过公司进入市场，适用私法自治原则。通过改制，国有企业完成角色转化，从政府控制下的公营组织转变为市场经济下的社会资本。同时，政府把效益差的国营企业予以关、停、并、转，部分进行私有化，培育民间市场。政府从计划经济时代的经济主体角色，转化为由国家资本与民间资本构成的市场的监管者。

〔1〕［美］詹姆斯·布坎南：《财产与自由》，韩旭译，中国社会科学出版社，2002年，第50页。

〔2〕王泽鉴：《物权法上的自由与限制》，《岳麓法学评论》2000年第1期，第21-45页。

我国物权法确立国家资本与民间资本所有权的同等法律地位。政府创造性地把公有制中公权力与私权力相分离,公权力由政府统一行使,私权力由政府授权的国资委以国家股东的身份统一行使(虽有中央国资委与地方国资委之分,但都是国家股东的代表,其投资的企业分别为中央国企和地方国企)。其实质是把国家资本从政府的行政管理中剥离出来,放入市场独立运作。"政企分开"的目标是摆脱行政私法的管理形态,把依据行政私法成立的国营工厂改造为"股权化"的公司,最终形成中央国企、地方国企、民营企业、外企共同竞争的市场体系。这就是公有制主导下的"公有制市场经济"。国家私权力在市场中得以实现,并成为我国经济增长的强大动力。

我国国有企业的股份制改造,与20世纪30年代美国的公用事业国有化相类似。在现阶段,我国也产生了国有企业形成的垄断、政府相关政策被国有企业左右的现象。这与美国20世纪70年代以前政府被产业"管制俘虏"相类似。为使国有企业恢复公益性,美国的"管制私益理论"和"新制度经济学"下的相关措施值得借鉴。因此,研究美国管制经济学对我国公用事业公益性的保障具有重大意义。

第三章

公用事业收费的法律关系：公私合作的象限解析

第一节　象限分析法的理论来源

一、公用事业的交付方式

（一）社会资本参与公用事业

根据公用事业资产及服务类型的不同，可以把公用事业的提供阶段，依功能划分为设计（Design）、建设（Build）或改建（Rehabilitate）、融资（Finance）、营运（Operate）、维修（Maintain），后文将用这些单词的大写首字母替代。如果政府把上述不同阶段进行组合，并与不同责任主体相结合，就形成了不同的公用事业交付制度。

从20世纪20年代开始，各国逐步把各个领域的公用事业国有化，由政府下属的公营组织垄断提供。但是，政府并没有完全将社会资本排除在公用事业提供之外。政府通过设计–招标（Bid）–建设（简称“DBB”）程序，将设计和建设任务分别与私营部门签订两份独立的合同，让不同的社会资本承担。但是政府对公用事业的提供承担完全责任，资金源自政府向利用人征收的税收（包括收费）收入，公用事业的营运、维修和风险由政府承担。这种模式被划入传统模式,称为"政府采购(public procurement)"。

从20世纪80年代开始,由于政府无法获取足够的公共营运资金,公营组织因缺乏竞争效率低下,各国政府开始逐步把公用事业重新交由社会资本承担。政府将公用事业提供各个不同阶段的功能捆绑,与一个社会资本或多个社会资本组成的财团签订一份长期合同(一般为20年到30年),让签约者不但承担设计、建设任务,还承担包括融资、营运、维修等任务,甚至让签约者拥有设施所有权(Ownship)。这时,政府的参与程度、风险分配、投资责任、营运要求、对运营者的激励机制都发生了变化,形成了多种社会资本参与公用事业的制度化类型。

(二)公私合作的制度类型

对政府而言,公用事业的提供方式可以有多种选择。社会资本的参与度取决于公用事业资产所有权是否转移以及支付方式的选择。

1. 所有权是否转移

公用事业的政府垄断以及私有化与公用事业的资产所有权直接相关。依据社会资本的参与度的不同,盖什(Guasch)将社会资本参与公用事业的制度化类型依次排序为:政府提供和营运(Public supply and operation)、外包(Outsourcing)、公司化和绩效协议(Corporatization and performance agreements)、管理合同(Management contracts)、租赁(Leasing)、专营权(Franchise)、特许权(Concession)、建设–营运–交付(BOT)、建设–拥有–营运(BOO)、许可剥离(Divestiture by license)、销售剥离(Divestiture by sale)、社会资本提供和营运(Private supply and operation)[1]。这些制度类型中,以BOT与BOO作为分界点。在BOT中,社会资本可以阶段性拥有所有权,但经营期满后,必须将资产所有权移交给政府。但在BOO中,社会资本可以永久持有相关资产并经营。因此,建设–拥有–营运、许可剥离、销售剥离、社会资本提供和营运被归入私有化范畴。

在国外,随着经济的结构性改革,部分公用事业被完全私有化,如天然气、电信事业等。但是,多数公用事业囿于法律、政治、社会压力阻碍了社会资本拥有所有权。同时,政府也不希望公共资产的完全所有权转移给私营部门,为保障公用事业的公有制,创新战略被应用于社会资本参与公用事业中,其中公

---

〔1〕 J. Luis Guasch. Logistic Costs and Their Impact and Determinants in Latin America and the Caribbean. Washington, DC: The World Bank Press, 2002, p.24.

私合作成为主要方式。

根据世界银行公私基础设施咨询基金（PPIAF）的报告，从公用事业是新资产还是已经存在资产的不同来看，公私合作的制度化类型包括11种[1]。这些制度化类型依据资产所有权归属被置于纯公有（pure public）和纯私有（pure private）两个端点之间，所有权归属成为各制度化类型转化的临界点，由此公私合作的外延被区分出核心类型（core PPP type）和广义类型（PPP broadest definition）两种，如图3-1所示。

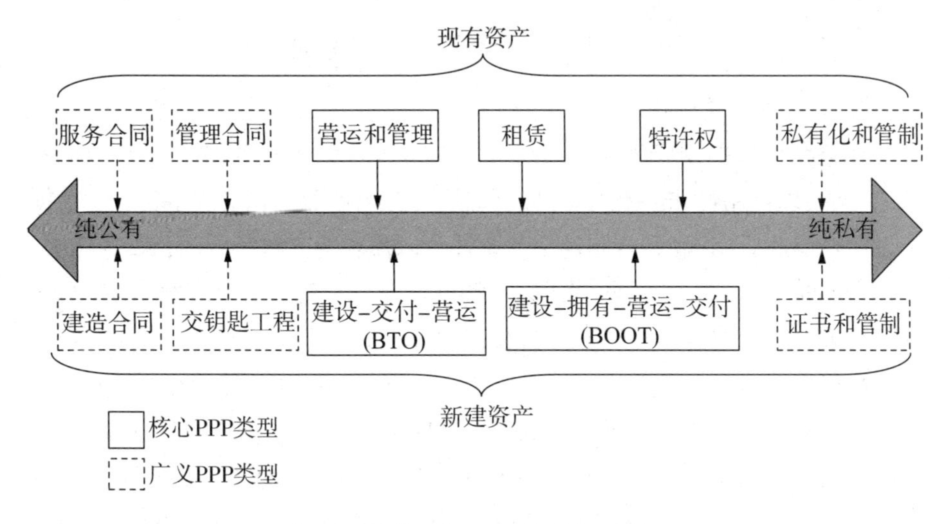

图3-1 公私合作的制度化类型关系表

在公用事业的资产所有权不转移或阶段性转移的情况下（从狭义的公私合作角度），美国联邦公路局从责任的角度，对公私合作的类型进行了更加详尽的描述[2]。依照工程交付方式的不同，美国联邦公路局将公私合作类型划分为社会资本收费服务合同（Private Contract Fee Services）、设计–建造（DB）、设计–建造–营运–维修（DBOM）、设计–建造–融资（DBF）、设计–建造–融资–营运–维修（DBFOM）、营运和维修特许（O & M Concession）、长期租赁特许（Long Term Lease Concession）。如图3-2所示。

〔1〕 Public-Private Infrastructure Advisory Facility（PPIAF），PPP Basics and Principles of a PPP Framework，http：//www.ppiaf.org/sites/ppiaf.org/files/documents/Note-One-PPP-Basics-and-Principles-of-a-PPP-Framework.pdf，最后访问日期：2012年9月1日

〔2〕 US Federal Highway Administration，P3 Defined，http：//www.fhwa.dot.gov/ipd/p3/defined/，最后访问日期：2012年8月30日。

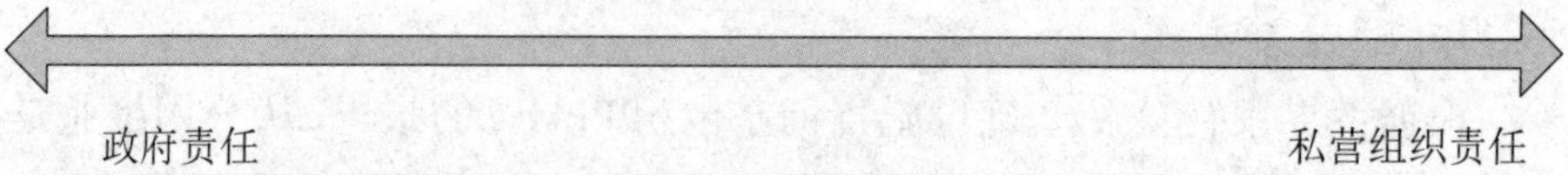

政府责任					私营组织责任
公私合作选项					
新建设施	私人收费服务合同	设计-建造	设计-建造-营运-维修	设计-建造-融资	设计-建造-融资-营运-维修
已有设施		营运和维修特许			长期租赁特许

图 3-2 美国联邦公路局对公私合作选项的划分

2. 支付方式的选择

在公私合作中,政府向社会资本的付款是基于设施的可用性、需求或两者的结合[1]。以可用性作为支付基础的公私合作中,政府向社会资本付款的前提是设施经验收合格,满足合同规定的条件。以需求为支付基础的公私合作中,社会资本被允许向利用人收费。以可用性和需求相结合的公私合作中,社会资本既被允许收费,同时还能得到政府的补贴。

由于公私合作类型多样,很难进行区分。格雷厄姆根据付费方式的不同,把公私合作划分为两类:使用者付费类型(user-pays type)和统一征收类型(unitary charge type)。使用者付费类型由使用者根据需求直接向社会资本付费。在统一征收类型中,政府以可用性或影子收费(shadow toll)为基础,向社会资本偿还其投资及收益。政府是社会资本收入的唯一来源,这也被称为"政府付费"[2]。这为公私合作类型划分提供了全新的视角,是世界银行目前提出的最新的划分方式。两种收费类型主要的区别在于:统一征收类型中,成本收回后不再收费(如收费公路等);而使用者收费类型中,只要服务存在,收费是永续的(如城市供水、供气、供电等)。

上述两种公私合作方式对政府与社会资本来说,其风险责任是完全不一样的。在使用者付费类型中,社会资本承担融资责任和风险。在统一征收类型中,政府承担付费义务或融资责任和风险,但当政府把征收权授权给社会资本后,社会资本将承担融资责任和风险。

---

〔1〕 Heather Fussell, Charley Beresford. Public-Private Partnerships: Understanding the Challenge. Columbia: Columbia Institute Press, 2009, p.15.

〔2〕 Bank I W, PPIAF. Public-Private Partnerships: Reference Guide Version 1.0. World Bank Publications, 2014, 41(1): 354,最后访问时间:2012年8月30日。

二、象限框架分析法的导入

1. 麻省理工学院框架

为比较基础设施领域各种制度化类型的项目融资和项目交付的区别，米勒构建了象限框架作为分析工具[1]。因米勒在麻省理工学院讲授、传播该理论，其构建的象限分析框架也被称为“麻省理工学院框架”（以下简称MIT框架）[2]。与美国联邦交通局所列的公私合作选项不同的是，MIT框架把O&M、DBB、DB、DBOM（完全公共出资）、DBOM（公私混合出资）、DBFOM六种公私合作选项作为工程交付的主要方法。

米勒以项目融资由政府直接提供还是由社会资本间接提供区分出直接和间接两种融资策略（客户融资方法），以项目签订的合同是分割入多份合同还是组合入单一合同区分出分段和组合两种交付策略（交付方法），两种融资策略和两种交付策略分别形成以交付方法为横轴、客户融资方法为纵轴的象限框架。横轴代表基础设施的设计、建造和长期营运、维护是被分割入多份合同还是组合入单一合同的程度。纵轴代表资金是直接或间接用于支付资本和营运成本的程度。同时，米勒把前述六种交付方法依次归入象限框架。如图3-3所示。

该框架为政府选择基础设施的交付方式提供了策略分析工具。在项目交付方式选择上，分段方式下营运和维护是单独的任务；组合方式为政府将设计、建造和长期营运维护组合，纳入一份单一主体合同中。

通过一个组合的或者包括所有“公私合作”形式的生命周期策略来交付基础设施，以此来节约项目成本。在项目融资方式选择上，政府有两种基本融资策略的混合选择权：直接方式是政府用增加的现金支付设计、建造、营运和维护。政府通过出售或征税、收取使用者费或者通过独立的收入渠道来增加他们的自有资金，让社会资本确信从通行费、使用者费形成的收入流或政府的支付将有足够的投资回报，包括利润，这样的政府承诺是社会资本参与项目的“直接”资金来源。间接方式是政府让社会资本为设计、建造、营运和维修支

〔1〕 Nicola Constantiono. Principles of Public and Private Infrastructure Delivery. Construction Management & Economics. 2001，19（6），pp.656-657.

〔2〕 The Barchan Foundation，Comparing and Understanding Infrastructure Delivery and Financing，http://www.barchanfoundation.com/index.php? option=com_content&view=article&id=29：hp-two&catid=3：public-content，最后访问日期：2012年8月30日。

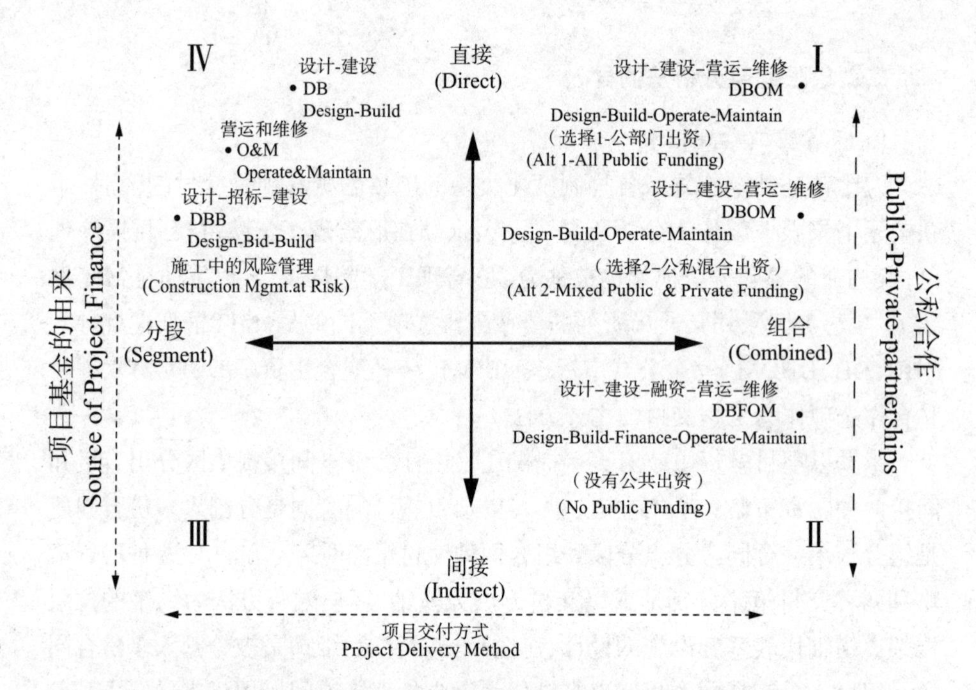

图 3-3 麻省理工学院框架下的六种主要交付方式（Six Key Delivery Methods）

付费用，并有机会通过收取通行费或使用者费来收回投资成本以及获得合理的回报[1]。

在项目交付中，MIT 框架区分出了不同项目融资下的不同方式，这与表 2-1 中描述的大陆法系责任体系相吻合。这也表明，在该框架下，可以用大陆法系的法学原理来解析相关制度。两者的对应关系为：MIT 框架中Ⅰ象限为政府的完全责任，Ⅳ象限为社会资本的完全责任，Ⅱ象限为政府与社会资本的混合责任。该框架为政府的策略选择提供了一个直观的工具。但是囿于该框架所选择的两个维度，当把该框架置于法律层面时，无法区分出责任产生的成因以及相关主体之间的法律关系。为此，本书参照米勒构建的象限分析框架，拟从法律角度重构象限分析框架，再对框架内的制度类型运用法律关系原理进行归纳分析。

〔1〕 The Barchan Foundation, Comparing and Understanding Infrastructure Delivery and Financing, http://www.barchanfoundation.com/index.php? option=com_content&view=article&id=29: hp-two&catid=3: public-content，最后访问日期：2012 年 8 月 30 日。

2. 公私合作制度类型象限分析框架的建构

在大陆法系国家，对于公私合作的制度类型表述与美国不太一样。董保城归纳了公私合作主要有五种已经制度化的类型：（1）OT，政府投资、社会资本营运，期满移交政府；（2）ROT，社会资本租赁政府设施，社会资本营运，期满移交政府。也有称之为TOT，因为我国官方文件不承认公共设施的租赁[1]；（3）BTO，社会资本投资建设，政府取得所有权，社会资本营运，期满移交政府；（4）BOT，社会资本投资取得所有权并营运，期满移交政府；（5）BOO，社会资本投资，永久拥有所有权并营运。此外，还有一种政府付费的BT（build-transfer），即建设–移交。在该制度下，政府或产权人通过招标等方式确定项目的社会资本（建设方），由社会资本负责项目资金筹措及工程建设，项目验收合格后，社会资本不拥有项目的经营权，其投资回报一般由政府（项目发起人）采用固定价回报方式，给予社会资本现金流量补贴，以便社会资本回收投资并取得合理利润。BT适用于非收费补偿性项目，由政府通过税收或规费征收筹集建设资金。本书意图把上述制度类型与英美法系的制度类型相结合，整合进入一个象限分析框架。

依前文所述，社会资本对公用事业的参与度取决于两个因素：公用事业的资产所有权和支付方式。从政府垄断到私有化，二者之间变化表现就是所有权的转移，制度类型也随着所有权的转移而发生变化，法律关系属性也随之发生变动。当资产所有权归属于政府时，政府将承担公用事业提供的完全责任。当资产所有权归属于社会资本时，社会资本将承担公用事业提供的完全责任。此外，所有权归属还存在中间状态，在经营期间，设施所有权归社会资本，经营期满移交政府，这仍然没有改变设施最终所有权的公有。支付方式包括使用者付费类型和政府付费（即统一征收类型），两种支付方式从最终承担主体上看是一样的，使用者付费就是利用人向社会资本的直接支付，而政府付费是利用人被政府征收相关费用后再转付给社会资本，这是利用人向社会资本的间接支付。因此，两种支付方式的付款人均为利用人。据此，本书以资产所有权和利用人的付款为分析维度，将其置入象限框架（准象限框架）。其中横轴代表所有权，左轴为公所有权（国有化），右轴为私所有权（私有化），以原点为起点，向两端延伸代表在不同制度类型中主体责任的加重，公益性不断增

---

〔1〕 詹国彬：《我国公用事业民营化的现状及其发展趋势透析》，《经济前沿》2003年第11期，第25-27页。

强(即依物有所值原则,花最少的钱,提供最多的服务)。纵轴代表利用人的付款,以原点为起点,向两端延伸代表利用人负担的加重。曲线表示各象限的制度类型,展示各个制度类型中利用人负担的轻重,以此可以判断公益事业的公益性。如图3-4所示。这时产生四个象限,每个象限具体制度类型与特征对应如下:

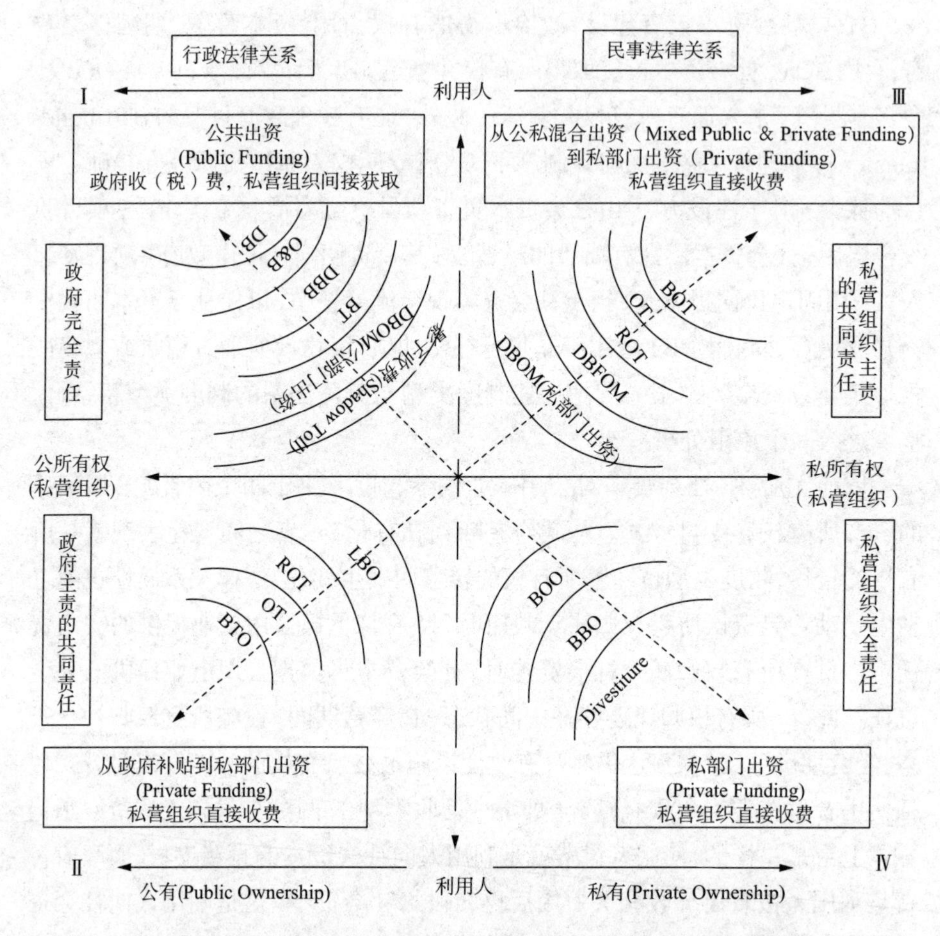

图3-4　所有权和收费方式维度下公私合作制度类型的象限分析框架

Ⅰ象限:公所有权和间接支付。在该象限中,政府拥有公用事业设施所有权,由私营部门承担设计、建设、营运等责任。同时,政府通过征收税费为社会资本提供费用。根据这些特性,Ⅰ象限制度类型包括影子收费、DBOM(政府出资)、BT、DBB、O&M、DB等。

Ⅱ象限:公所有权和直接支付。在该象限中,公用事业的资产所有权归属于国家，利用人直接向社会资本付费。政府除依约在特定的制度中承担部分补贴外，由私营部门承担融资责任。根据这些特性，Ⅱ象限的制度类型包括LBO、ROT、OT、BTO。

Ⅲ象限：私所有权（阶段性）和直接支付。在该象限中，公用事业资产所有权处于中间状态，由社会资本阶段性拥有，经营期满移交给政府。利用人直接向社会资本付费。为保障公用事业资产最终的公有属性，政府往往要求社会资本投资于公司化国有企业组建合资公司，并把公用事业资产归属于合资公司所有，该合资公司也为社会资本。社会资本将承担从设计到交付各阶段的全部责任，政府将提供一定程度的融资担保。根据这些特性，Ⅲ象限的制度类型包括：DBOM（社会资本出资）、DBFOM、ROT、OT、BOT。

Ⅳ象限：私所有权和直接支付。在该象限中，公用事业资产所有权永久性归社会资本拥有，不用向政府移交。利用人直接向社会资本付费。政府从其中完全脱离，仅承担监管责任。此时，社会资本基于设施的所有权与利用人形成民事法律关系。根据这些特性，Ⅳ象限的制度类型包括BOO、BBO、Divestiture（政府剥离）。

上述四个象限以广义的PPP为构筑基础，各制度类型在满足特定的条件下，可以相互转化。

三、公私合作制度类型的法律属性分析

（一）法律属性的判断要素

制度是一组规则，其包括正式的法令规章与非正式的社会规范。威廉姆森将制度进一步细化为制度环境（institutional environment）或正式的规则，包括财产权或法律争端的各种正式规则规范[1]。“规则只有通过动态的设计、实施、执行与协商过程才能获得意义。”[2]制度包括正式与非正式规则[3]。官僚系统中的命令–控制模式依赖于正式规则，公私合作中的合作治理依赖非正式规则。威廉姆森把这种非正式规则称为“私下解决”[4]。公私合作是通过契约

〔1〕 Oliver E. Williamson将制度划分为四个层次，本节引入第三个层次来阐述特定象限中的制度类型（张其禄：《管制行政：理论与经验分析》，台湾商鼎文化出版社，2006年，第90-91页）。

〔2〕［美］朱迪·弗里曼：《合作治理与新行政法》，毕洪海，陈标冲译，商务印书馆，2010年，第352页。

〔3〕［美］约翰·L.坎贝尔：《制度变迁与全球化》，姚伟译，上海人民出版社，2010年，第1页。

〔4〕［美］奥利弗·E.威廉姆森：《资本主义经济制度——论企业签约与市场签约》，段毅才，王玮译，商务印书馆，2002年，第34页。

形成的非正式制度,这种非正式制度不可能在制定法律上进行严格的限定,因此,基于非正式规则形成制度类型的法律属性判断成为难题。

法律属性可以分为公法和私法两种类型。对于公共设施建设制度的定位取决于各制度是否具有公法属性,而是否内含公权力成为判断是否具有公法属性的关键要素。

陈敏以公有公共设施公私合作为例,认为公法属性的判断标准为公共设施所有权是否移转:当把行政任务移转给民间机构时,即公共设施所有权发生转移时,为民事法律关系,属于民事活动;而公有公共设施委托民间机构经营时,亦即所有权不发生转移时,无论是以委托机关还是以受委托民间机构之名义提供物资或劳务,所执行的是委托机关的行政任务时,形成行政法律关系,仍为行政活动。此时因该设施管理欠缺致人损害,由委托机关负国家赔偿责任。由民间机构投资兴建及运营之公共建设,如其所有权仍属民间机构,且以其名义在私法上对民众提供劳务,该公共设施并非公有制公共设施,自无国家赔偿责任[1]。

依据陈敏的观点,在社会资本管理公共设施时,对外形成法律关系的判定以所有权归属为标准:如果所有权归属于国家,则该行政任务包含公权力,对外形成行政法律关系;如果所有权归属于社会资本,则该行政任务不包含公权力,社会资本行使民事权利,对外形成民事法律关系。但该观点对其他领域怎么适用没有明确的说法,因而从所有权的角度不足以判断行政任务是否包含公权力。

本书认为,公共设施建设制度是否内含公权力,取决于两个因素:1.是否为公共用物;2.政府设定公营组织的利用方式是否为公法利用方式。如果是公共用物,则该任务必须以公权力方式完成。如果不是公共用物,政府可以选择:当政府选择公法方式时,则该任务附公权力;当政府选择私法方式时,则该任务附私权力。因此,在资产所有权为公有的情况下,对不同的公营组织而言,同时存在公权力和私权力两种情形。但在资产所有权为私有的情况下,社会资本拥有的只可能是私权力。可知,公用事业的资产所有权并不能决定承担公用事业主体所拥有权力的法律属性,承担公用事业主体所拥有权力的法律属性取决于公用事业自身的属性和政府的选择。

---

〔1〕 陈敏:《行政法总论》,台湾新学林出版股份有限公司,2011年,第677页。

（二）公用事业的收费机理及法律属性

萨瓦斯认为，基础设施作为可收费物品，通过价格机制，可以让使用者直接付费，市场机制同样适用于这类物品的提供，通过社会资本投资，减少政府借贷投资，通过“使用者付费”制度，比税收更公平，且比政府直接生产更廉价[1]。但是萨瓦斯忽视了使用者付费并非单一制度，基础设施还可以通过单一收费制度来提供。那么，政府在“使用者付费制度”和“统一征收制度”之间该如何选择呢？依前文分析，这取决于公用事业的属性和政府的选择。

对于公共用物，由于其资产难以分割，所有权无法明确地归某一特定主体。社会资本投资公共用物将产生“搭便车”问题，所以社会资本一般不愿意投资该类公用事业。因此，该类公用事业的资产只能由国家投资，其资产归属于国家。由于公共用物的特性，一般无法收费使用，或依靠分散的收费无法筹集所需的建设资金。为建造公共用物，国家必须以公权力方式来筹集建设资金。虽然可以通过贷款，但最终仍然必须通过公权力方式来筹集资金。这里的公权力方式主要有建成前的事先征税和建成后的事后收费。事先征税和事后收费并不遵循等价交换原则，而是基于成本分摊。当成本收回后，事后收费的法律理由将不存在。因此，私法上的交易手段无法适用于公共用物。可知，公共用物只能通过公权力方式完成。当公共用物以事先征税方式承担时，一般由公营组织或社会资本承担建设任务，不存在收费问题。当公共用物以事后收费的方式承担时，就产生收费的问题，该种收费类型和政府以征税方式付费模式共同构成了“统一征收制度”。此时，公营组织或社会资本均是基于政府的行政授权行使公权力。当然，不同国家和地区对于公共用物的划分是有区别的。以公路为例，多数国家把公路作为公共用物来对待，一般采用公有制，比如美国的州际公路完全国有化。但是我国香港地区却把5个海底隧道采用私有化方式建设，项目公司在经营期间拥有所有权。私有化后的收费权就不遵循“统一征收制度”相关规则，此时的收费制度介乎统一收费制度和使用者付费制度的中间状态。

对于公用服务，由于其资产所有权可以明确，可以私有化到由某一特定主体拥有。这时国家可以选择以公权力方式完成或以私权力方式完成。当政府选择以公权力方式完成时，所提供的服务一般不以营利为目的，因此由公营组

[1]［美］E. S.萨瓦斯：《民营化与公私部门的伙伴关系》，周志忍等译，中国人民大学出版社，2002年，第250页。

织承担。但是当政府选择私权力方式完成时，所提供的服务一般以营利为目的，因此由社会资本承担。在该种情形下，资产的所有权并非承担者所拥有权力的决定因素。在政府以私权力方式提供公用服务时，该种收费类型就是"使用者付费制度"。

对国家而言，不同的付费模式只是公用事业提供的不同机制之间的选择。但是从利用人的角度看，通过付费来使用公用设施，其与国家、社会资本之间形成的法律关系是不一样的。在公私合作下，不管制度类型如何变化，对利用人而言，这些制度化的类型形成的法律关系却是特定的：一种为行政法律关系；另一种为民事法律关系。前者利用为公法属性，后者利用为私法属性。这种复杂的关系可以用图3-4的象限分析框架来进行归类。

在Ⅰ象限中，社会资本与利用人不发生直接关系，对利用人而言，其在利用公用设施时应当向政府承担公法义务，此时政府与利用人就费用缴纳形成行政法律关系。在Ⅱ象限中，因设施所有权归属于国家，为此利用人承担公法义务，私营部门向利用人收费是基于政府的授权，社会资本与利用人形成行政法律关系。Ⅰ、Ⅱ象限适用于公共用物的提供。

在Ⅲ、Ⅳ象限中，由于设施所有权在经营期间归属于社会资本，利用人承担私法义务，因此社会资本基于设施的所有权与利用人形成民事法律关系。Ⅲ、Ⅳ象限适用于公用服务的提供。

（三）象限分析框架的通用性

大陆法系与英美法系对公用事业在民营化下提供的模式类型化是不一致的。如萨瓦斯将民营化形式分为三种形式：委托授权、政府撤资、政府剥离。委托授权包括合同承包、特许经营、补助、凭单、法令委托；政府撤资包括出售、无偿赠予、清算；政府剥离包括民间补缺、撤出、放松规制[1]。这三种形式可以视为在公私合作模式下萨瓦斯界定的三种制度类型，他是按照政府公用事业私有化程度安排，从小到大的顺序来排列的。受"戴雪宪政观"的影响，萨瓦斯并不讨论民营化诸形式中哪些是受公法制约，因为这些类型都源自契约，可用私法为救济途径。如果从"高权行政"角度看，萨瓦斯对于民营化划分三种制度类型下的种类，将是杂乱无章的。如特许经营、放松规制、补助、凭单等是行政措施，合同承包、出售、无偿赠予、清算系民事活动。特许经营与合同承包

---

〔1〕［美］E. S. 萨瓦斯：《民营化与公私部门的伙伴关系》，周志忍等译，中国人民大学出版社，2002年，第128页。

是无论如何不能并列的。但其梳理的三种制度类型直观地概括出了公用事业民营化的基本特征。

德国布吉（Martin Bur-gi）教授从“高权行政”角度，将行政任务民营化分为三种制度类型，与萨瓦斯的三种类型可以一一对应：

一为形式之民营化，萨瓦斯称之为“政府撤资”，都是指对于国有企业政府可以全部、大部分、小部分持股；二为功能之民营化，国家将附公权力的行政任务授权给社会资本执行，萨瓦斯称之为“委托授权”，直观地反映出该领域特征，但在具体行为上，萨瓦斯归纳的种类不符合“纯粹公权力”下的公私“二分法”；三为实质之民营化，国家放弃行政任务，完全由社会资本执行，萨瓦斯称之为“政府剥离”[1]。

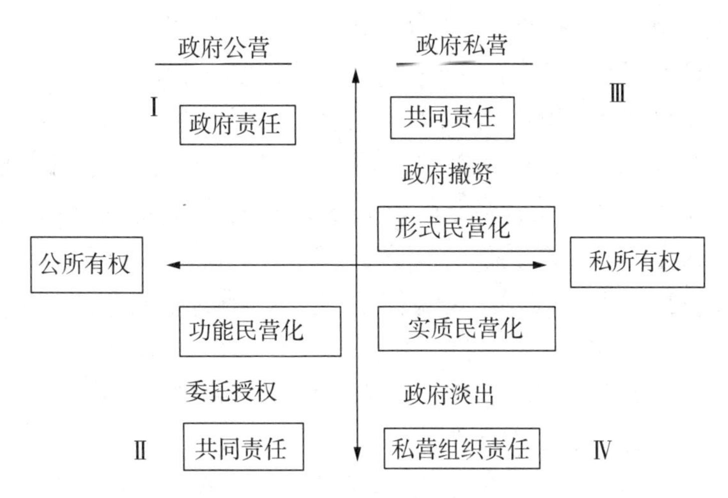

图 3-5 两大法系民营化制度类型的象限对应关系图

萨瓦斯和布吉对于公私合作制度类型的大方向上的划分是一致的，表明大陆法系国家和英美法系国家在民营化领域面临的问题是相似的，只是表述方式和在具体的种类划分上有所差别，所以两大法系之间对于公私合作的研究结论是可以相互借用的，只是分析的角度不一样。前者是从契约自治的角度来解析，而后者是从“高行政权”角度来分析。

根据以上分析，给付行政在政府垄断提供下有两种制度：“政府公营”和“政府私营”。这是公私合作的逻辑起点：委托授权或功能民营化源自“政府公营”；政府撤资或“形式民营化”源自“政府私营”。在公私合作下，萨瓦斯

〔1〕 陈敏:《行政法总论》,台湾新学林出版股份有限公司,2011年,第672-673页。

的三种制度类型和布吉的三种制度类型形成的法律关系相同,对此可以同时并入象限框架中。根据图3-4建构的公私合作的象限框架,上述制度分别可以归入相应的象限中,如图3-5中所示:制度类型Ⅰ为政府公营,形成政府完全责任象限的法律关系;制度类型Ⅱ为委托授权或功能民营化,属于政府主责的共同责任象限的法律关系;制度类型Ⅲ包括政府私营、政府撤资或形式民营化,形成社会资本主责的共同责任象限的法律关系;制度类型Ⅳ为政府剥离或实质民营化,属于社会资本完全责任象限的法律关系。

四、公私合作下交付制度的抽象化

图3-4展示了公用事业领域公私合作的四种类型,这四种类型的法律关系内涵各不相同,但各个象限的相关制度形成的法律关系却是一样的。那么,如何从法理上解析这些复杂的公私合作的制度化类型成为难题。格雷厄姆以付费方式来划分公私合作类型为本研究提供了全新视角:一为统一征收类型,通过向使用公用事业服务利用人(利用人为公用事业使用者和消费者统称)征收专项税或规费,再向社会资本支付,或经政府授权,社会资本成为征收主体向利用人直接收费;二为使用者付费类型,赋予社会资本收费权,这表现为社会资本直接向利用人收费。根据图3-4所示,纵轴左边的Ⅰ、Ⅱ象限为统一征收类型,纵轴右边的Ⅲ、Ⅳ象限为使用者付费类型。图3-4所示对公共基础设施实践的总结,为本书构建同一象限制度抽象化后的法律关系象限分析框架提供分析基础。

从上可知,在公私合作下,公用事业收费涉及三方主体,包括政府、社会资本、利用人,三方主体形成经济行政领域特有的“两级法律关系”[1]。下文将从格雷厄姆的公私合作类型划分入手,根据象限分析框架,以公私合作中社会资本的权力和利用人的权利两个维度为基本范畴,展开对两级法律关系的研究。

第二节　象限分析法架构的理论基础

在政府、社会资本、利用人三方主体中,政府、社会资本属于单一主体。但利用人为集合概念,具有不确定性,而非单一主体。这三方主体基于公私合作,形成复杂的多元、多重法律关系。对此,本书意图建构动态法律关系,用以解

---

[1] [德]罗尔夫·施托贝尔:《经济宪法与经济行政法》,谢立斌译,商务印书馆,2008年,第534页。

析经济行政领域存在的“两级法律关系”。

一、动态的权力关系

组织社会学认为，人们之间的基本关系形态有两种，包括交换关系和合作关系。交换关系与合作关系原本就是有着权力属性的关系[1]。权力关系指事物之间相互作用的一种状态，而利益则是相互作用的原动力[2]。权力关系可以视为人们之间关系的基础，权力关系中包括经济性交换或政治性交换[3]。基于经济优势和政治优势对比的变化，权力关系总是处于不断的变动之中。因此，权力关系永远是动态的。

在法学领域，权力与权利是对立统一体。两者各自或相互作用，形成各种法律关系。权力对等时，权力可以转化为权利[4]。因此，权利的内核就是权力，权力与权利关系、权利与权利关系都是权力关系。正是在这一点上，组织社会学领域和法学领域关于权力关系的探讨是相通的。法学领域的“权利”就是组织社会学领域的经济性交换。法学领域的“权力”就是组织社会学领域的政治性交换。

在任何一个法律关系中，权力或者权利[以下简称“权力(利)”]不是单一的存在，总是以对立或者合作的形式存在。法律关系的基础是权力关系，权力关系是人们之间利益关系运作中的动态均衡状态，是不同利益主体相互博弈所形成的纳什均衡[5]。传统法律关系理论把这种权力关系解析为法律主体权利义务的均衡。

在传统法学理论中，对于权利义务的认定，通常是假定法律关系仅存在于单一对应的两元主体之间，不受其他外部主体的干扰。由此形成传统法律理论中双方主体之间对等的民事法律关系和不对等的行政法律关系，进而把其他主体撇除在外。但这只能是一种理想状态，实践中双方主体交换关系往往会受到第三方主体的制约，生成多元主体的社会结构，形成多重社会关系。在公私合作下，政府与社会资本基于契约来确立双方的法律关系。基于契约的

---

〔1〕［法］埃哈尔·费埃德伯格：《权力与规则——组织行动的动力》，张月等译，格致出版社、上海人民出版社，2008年，第13页。

〔2〕 金成晓、李政、袁宁：《权力的经济性质》，吉林人民出版社，2008年，第22页。

〔3〕［法］埃哈尔·费埃德伯格：《权力与规则——组织行动的动力》，张月等译，格致出版社、上海人民出版社，2008年，第127页。

〔4〕 金成晓，李政，袁宁：《权力的经济性质》，吉林人民出版社，2008年，第30页。

〔5〕 金成晓，李政，袁宁：《权力的经济性质》，吉林人民出版社，2008年，第24页。

不完全性，双方合作的内容无法事先预设，因此在契约关系成立后双方的权力对比处于不断的变动之中。同时，公私合作契约往往对利用人的权益产生直接的影响，形成多元主体关系。两元主体间的法律关系显然不足以描述这种多元主体下的社会关系。

传统法律关系以权利义务关系的确定性为前提。一个法律关系的形成，本身是双方权力关系的博弈过程。法律关系形成后，双方的权利义务被假定为处于不变的状态，双方形成固定的社会结构。但“社会结构不是静态的，而是一种只有持续不断地更新才得以维系的平衡条件”〔1〕，双方的权利义务随着外部环境的变化处于不断的变动之中，双方权利义务关系重新处于不确定状态。权利义务的变动源自双方权力关系对比的变化，居于优势地位的一方总是把权利义务朝自己有利的方向变动。如果把法律关系视为静态的存在则无法描述这种变动，同时把权利义务关系固化也无助于问题的解决。基于权力关系的对比变化产生权利义务的变动，这需要新的均衡。因此，对于变动中的法律关系需要有“动态”的视角，法律关系应当以动态的权力为立足点来设定权利义务。

二、权力（利）之间作用关系的形态

权力（利）之间的相互作用，通常形成三种形态，特定的情况下会产生权力与权利的复合形态。

（一）权力与权力的作用

权力与权力的作用产生纯权力关系，这形成于国家与国家之间、国家各类型机关之间、各级别机关之间。比如国与国之间的国际公约、条约，行政机关、立法机关、司法机关之间的关系，在行政机关系统内部形成的层级隶属关系。该领域被归入宪法、行政法、诉讼法研究范畴，亦即一般意义上的公法。因此，国家机关并非孤立存在，而是以权力关系作为前提交往。

公务员作为特殊主体而存在于该领域。立法代表、公务人员、司法人员的权利被依附于国家权力而形成职务委托关系，其享有特别的复合权而从事公务，成为其所在机关的代理人。在行政法学理论中，把行政机关之间及与公务员的关系称为“内部行政法律关系”，本书不研究“内部行政法律关系”。

---

〔1〕［美］哈罗德·D.拉斯维尔等:《权力与社会——一项政治研究的框架》，王菲易译，上海世纪出版集团，2012年，第13页。

（二）权力与权利的作用

在该领域，权力被认为是国家机关的专属“垄断”，民众拥有“权利”与之对抗。亦即权利是权力的制约对象，权利也是向权力抗衡的工具。

在立法领域，立法机关以立法权力处理民众的权利。在司法领域，司法机关以司法权力处理民众的权利。在秩序行政领域，行政机关以行政权力处理行政相对人的民事权利，这在行政法学理论中被称为“外部行政法律关系”，这是本书的研究对象。

在主体多元化背景下，各个主体之间的权力（利）往往被叠加，形成共同行为。如行政机关、司法机关联合制定某项规则，就是行政权力与司法权力的叠加。村民集体抗议政府的拆迁决定，就是村民权利的叠加。

（三）权利与权利的作用

权利与权利的作用产生纯权利关系，形成于公民、法人、其他组织之间。一般情况下，纯权利关系被认为是民事法律关系。

国家也被认为具有权利，作为国家代理人的行政机关也被视为拥有权利，进而可以与其他主体形成纯权利关系。但行政机关做出行使权利的决定本身就是行使权力，此时权力附着于权利，形成特别的复合权，对外展示出民事权利的特性。

上述三组权力（利）的相互作用关系描述了法律领域权力（利）的基本运作状态。因此，要完整界定法律关系必须从上述三组作用关系着手。但传统的法律关系都是从权利义务角度进行阐述，而没有把权力作为要素置于其中。在政治学领域，义务与权力相对应，而不是权利；义务准则为实践设定了边界，授予相当程度的自由裁量权，义务可以应用于除权力关系之外的其他人际关系和价值[1]。传统法律关系只反映权利与权利对应的义务关系，而没有反映出权力与权力、权力与权利作用下同对应的义务之间的关系[2]。因此，传统法律关系的认定是“跛足”的。

〔1〕［美］哈罗德·D.拉斯维尔等：《权力与社会——一项政治研究的框架》，王菲易译，上海世纪出版集团，2012年，第153页。

〔2〕 童之伟：《对权利与义务关系的不同看法》，《法商研究：中南财经大学学报》1998年第6期，第24-34页。

三、秩序行政下的单一动态行政法律关系

（一）传统行政法律关系的界定及缺陷

秩序行政下公法与私法有着严格的界限，公私“两分法”是整个行政法理论的核心。在该框架下，权力与权利、行政权力与民事权利有着严格的界限。受传统法律关系影响，传统的行政法律关系理论也把权力要素排除在法律关系内容之外。传统行政法律关系以单一对应主体为特征，主流行政法学对行政法律关系的界定是从权利、义务的角度进行解析，没有把权力纳入其中。本书将之称为“静态行政法律关系”。

传统的行政法律关系是静态的描述，这仅仅是对权力关系斗争某一具体时刻拍摄的静态“照片”，而非动态的全景“录像”。“照片”只能孤立地进行分析，无法展示权力与权利的相互作用，而“录像”可以解析行政法律关系全过程。

行政法律关系之权利义务是指“人民之法律地位”，权利是法律许可人民做成特定之行为，并设定第三人之作为、容忍或不作为义务，包括参政权、请求权、防御权〔1〕。其在讲述行政法律关系中，没有专门探讨公权力（行政权力）要素。行政法律关系是由行政法产生的权利与义务关系，它把行政权力作为行政法规范的目的，进而将之排除在行政法律关系之外〔2〕。

行政法学界一般都把行政法律关系的内容界定为权利义务。这就需要把行政主体的行政权力转换为权利。“行政主体权利和义务，通常又被称为‘职权’和‘职责’。”〔3〕此处，“职权”就是行政权力，但是为何此时权利能通过“职权”，就能等同于行政权力？

“法权中心主义”对此提出质疑，并意图改造传统的行政法律关系。法律关系在内容上应当包括权利义务关系和权力义务关系，把权力与权利的统一体称为“法权”〔4〕。但“法权”一词仅压缩“权力与权利”这对范畴，无法概括“权力与权力”“权利与权利”。一般情况下，人们无法用“法权”一词联想出

---

〔1〕 陈敏：《行政法总论》，台湾新学林出版股份有限公司，2011年，第246-250页。

〔2〕 陈新民：《中国行政法学原理》，中国政法大学出版社，2002年，第54页。

〔3〕 周佑勇：《行政法专论》，中国人民大学出版社，2010年，第34页。

〔4〕 童之伟：《法权中心说补论——对刘旺洪、范忠信两教授商榷意见的进一步回应》，《法商研究：中南财经大学学报》2002年第1期，第3-12页；童之伟：《法权中心主义要点及其法学应用》，《东方法学》2011年第1期，第3-15页。

这三种形态，且三种形态应当对应三种权力（利）义务关系。但“法权”概念意图将上述三种关系压缩为权利义务关系和权力义务关系两种，这与提出的三种权力（利）义务关系相矛盾。但“法权中心主义”确实指出了传统法律关系的缺陷。

对于行政法律关系在行政法中的作用，德国有两种完全不同的态度[1]：

一是肯定说。该说认为行政法律关系是行政法中具有统帅地位的法律制度。

二是否定说。该说认为行政法律关系可以说明问题，但不能解决问题。行政法律关系既不能替代法定活动形式，也不能取代法律赋予的主观权利。

否定说看到了传统行政法律关系的缺陷：对于传统法学只谈单一对应主体的静态权力（利），而没有把各个主体在合作或抗衡情况下的权力（利）动态作用表达出来。学者通常在法律关系中谈到权力的时候，用职权替代权力而与权利等同，权力就无端消失了。或者谈到权利的时候，忽视权力的存在。这样的理解割裂了权力与权利之间的关系。传统行政法律关系还把行政相对人的权利界定为行政法上权利，意图表明其不同于其他部门法，比如民法中的民事权利。这进一步把行政法的“权利”变成孤立的怪物。

传统行政法律关系为遵循主体权利义务的一致性，用权利替代权力，形成假想的静态行政法律关系。行政法律关系内容中的权力要素欠缺，导致其无法解析多元主体下产生的新的法律现象，如私人行政中形成的法律关系。事实上，权力要素是行政法律关系必不可少的要素，权力与权利一起构成动态行政法律关系的重要内容。

（二）动态行政法律关系的建构

依组织社会学观点，权力关系中包括经济性交换或政治性交换。在法学研究中，一般把经济性交换中的权力关系称为法律上的“权利”，而把政治性交换的权力关系称为法律上的“权力”。

1. 权力和权利的统一

对等的权力产生权利。可知，从权利产生的角度看，权利的内核就是权力。叶必丰教授认为“权利是经社会规范确认的权力，权力是权利的直接基础，权

〔1〕［德］汉斯·J.沃尔夫，奥托·巴霍夫，罗尔夫·施托贝尔：《行政法（第二卷）》，高家伟译，商务印书馆，2002年，第387页。

利是权力的社会化、规范化或社会承认”[1]。该观点可以从卢梭的《社会契约论》中得到印证。

“人生而自由，却无往不在枷锁之中。”[2]卢梭以此作为《社会契约论》的起点。这里的枷锁就是对强力的屈服。“强力是一种物理力量。向强力屈服，只是一种必要的行为，而不是一种意志行为。”[3]“最强者的权利是把强力转化为权利，把服从转化为义务。”[4]如果人民自由被强力剥夺，那人民可以用强力夺回，这是人民的权利。“强力并不构成权利，而人们只是对合法的权力才有服从的义务。”[5]可知，在卢梭眼里，权利是合法的权力。

权利源自权力关系，在这个层面上，权力与权利是统一的，而不是对立关系。

2. 权力和权利的对立

权力关系中交换的内容不同，所以形成的法律规则迥异。如经济性交换遵循平等原则、契约自由下的自治原则，构成以“权利与权利相互作用”为核心的私法。政治性交换却遵循合法原则、公开原则、正当程序等，构成以“权力与权力相互作用”为中心的公法。政治性交换中取得优势地位的行动者也取得对经济性交换的绝对控制力，形成私法必须在公法框架运作的状况，这导致权利与权力的对立。（这里的“优势”原因很多，比如，在交换剩余分配方面的特别权力或一方以“优越的地位”进入交易，甚至包括胁迫。）

3. 动态法律关系的构造

在公法中，宪法在国家层面上以“权力与权力”的相互作用为内容。私法中经济交换的规则仰赖于政治性交换下公法的确认和保护，而政治性交换的根本目的是在经济交换中获取优势地位。这时公法与私法产生衔接，这种衔接任务就是由行政法来完成。因此，行政法的基础性法律关系以“权力与权利的相互作用”为内容，而在行政权力的构建上遵循“权力与权力的相互作用”。在行政法学理论中，前者形成外部行政法律关系，后者形成内部行政法律关系。

在行政法律关系中，“义务则是权力内部对立和权利内部对立的一种表

---

〔1〕 叶必丰：《行政法的人文精神》，北京大学出版社，2005年，第33页。
〔2〕［法］卢梭：《社会契约论》（第3版），何兆武译，商务印书馆，2003年，第4页。
〔3〕［法］卢梭：《社会契约论》（第3版），何兆武译，商务印书馆，2003年，第9页。
〔4〕［法］卢梭：《社会契约论》（第3版），何兆武译，商务印书馆，2003年，第9页。
〔5〕［法］卢梭：《社会契约论》（第3版），何兆武译，商务印书馆，2003年，第10页。

现形式”[1]。“法律设定一人之权利，即为另一人之义务。”[2]因此，外部法律关系为权力与权利的相互作用与对应义务，内部行政法律关系为权力与权力的相互作用与对应义务。

权力与权利、权力与权力两种动态的相互作用，构成行政法律关系的主要内涵。这直接反映出行政法律关系主体的各自权能，并动态地将行政活动过程展示出来，即有利于从“行政活动的动态过程”完善行政活动制度。

（三）动态行政法律关系的内容

1. 权力关系中的“自由度”

权力关系是动态行政法律关系的基础关系。权力是行动者通过自己的活动，建构与已有利的协商性行为交换的能力。在权力关系中，包含两种既矛盾又补充的维度：一方面，存在着一种进攻性策略，每个参与者都力图减少其他参与者的自由余地和自主性，从而使其行为具有较大的可预测性；另一方面，存在着一种防御性策略，每个参与者都在力图系统地保护自己的自主领地和自由余地，而且如果可能的话，扩大自己的自主领地和自由余地，以减少自己行为的确定性[3]。本书将“自主领地和自由余地”称为“自由度”。

如把法律上面前述权力关系中的两种策略，放置于人民对抗国家的权力关系中时，就可以发现动态行政法律关系的内容为行政权力与民事权利的相互作用。

2. 行政权力是内部、外部法律关系的连接点

霍布斯、边沁认为，国家是“公权力”和“私权力”的创造者[4]。

这里的“公权力”就是政治性交换优势者的权力。从国家的角度看，政治性交换在国家制度层面才存在。行动者运用两种策略，在权力关系中的胜出者取得国家公权力。公权力是政治性交换的产物，由胜出者控制下的国家机关专属行使。

“私权力”就是经济性交换优势者的权力。从国家的角度看，经济性交换构成国家的社会基础。行动者在经济社会运用两种策略，胜出者取得私权力，

---

〔1〕 童之伟：《对权利与义务关系的不同看法》，《法商研究》1998年第6期，第24-34页。

〔2〕 陈敏：《行政法总论》，台湾新学林出版股份有限公司，2011年，第254页。

〔3〕［法］埃哈尔·费埃德伯格：《权力与规则——组织行动的动力》，张月等译，格致出版社、上海人民出版社，2008年，第127页。

〔4〕［新西兰］迈克尔·塔格特：《行政法的范围》，金自宁译，中国人民大学出版社，2006年，第191-195页。

从而为政治性交换打下基础。

政治性交换胜出者的目的就是控制经济性交换，经济性交换的胜出者目的是在政治性交换中居于优势地位，两者相互关联相互促进。

行政机关作为国家公权力的执行机关，享有"行政权力"。"行政权力"是国家内部公权力与私权力相互作用的产物。法律赋予行政机关行政管理职能，这使行政机关拥有公权力，这是行政机关参与政治交换的功能。同时，行政机关掌控着经济资源，即介入经济性交换的功能，这使行政机关拥有私权力。可见，行政权力本身就是公权力与私权力的复合，兼具经济性交换和政治性交换的功能。比如，参与政治性交换使行政权力具有创设规则亦即行政立法功能，参与经济性交换使行政权力具有执行和裁决功能。这种复合性是其他国家权力所不具有的功能，如立法权、司法权。同时，行政机关之间的政治交换和行政机关与相对人之间的经济交换都通过行政权力来完成。因此，行政权力是内部法律关系与外部法律关系的衔接点。

"公行政基于公权力执行法律以实现公共利益，而人民则相对应服从公行政之权威。"[1]因此，法律赋予行政权力的进攻性策略为行政命令、行政强制等，而防御性策略则是行政立法、行政程序等。

3. 行政法权利即民事权利

人民参与政治性交换，则构成宪法层面的权力关系，不是行政法研究的范围。因此，行政法律关系中的行政相对人只参与经济性交换。通过进攻性策略，在经济性交换中的优势者取得私权力。私权力表达出行动者在经济性交换中的权力对比关系，使优势者可以约束其他主体。为防止私权力侵害，法律设定"权利"以保护弱者，进而设定基本权利对抗国家的行政权力。权利具有防御功能，这在私法中被称为"民事权利"，而行动者被称为"民事主体"。

在动态行政法律关系中引入行政权力，区分权力与权利的专属功能，把权利回归到经济性交换功能的领域。这改变了传统行政法律关系用职权为媒介，将权力与权利直接等同的做法。权利成为行政相对人的专属概念。那么，这里的权利与"民事权利"可以等同吗？

传统行政法认为行政相对人的行政法权利不同于其他部门法的权利。但从经济性交换角度看，民事主体是在权力关系中运用两种策略保护自己的权利。在行政法律关系中，行政相对人向国家提起的参与权、请求权被认为是

〔1〕 陈敏：《行政法总论》，台湾新学林出版股份有限公司，2011年，第249页。

"公权利"，是一种进攻性策略；而防御权则以宪法所保障的基本权利为基础，是一种防御性策略。这两项权利均属于权力关系的两个维度，就是陈敏教授所界定的行政法律关系的"权利"概念。行政相对人与民事主体维护权利的手段是一样的，没有区别。可知民事权利和行政相对人的权利是等同的。

民事主体的民事权利在任何情况下都源自权力关系，不会因法律部门的不同而改变，即不存在特别或专门的宪法权利、行政法权利、民事权利、刑法权利这样的界分。因此，在动态行政法律关系中，行政相对人在行政法上的权利就是民事权利，与民事主体的权利没有区别。

（四）动态行政法律关系中的自由度

权利是人民与国家公权力进行对抗的策略，这种策略受到国家法律的保护。在外部行政法律关系中，行政活动是行政机关与相对人交换的过程，行政相对人基于经济性交换需要而与行政权力发生关系，行政权力的作用对象为行政相对人的民事权利。因此，动态行政法律关系就是行政主体的行政权力与行政相对人的民事权利的相互作用。

宪法规定的基本权利是人民对抗公权力的防御权。从法律上看，真正与权利对立的是权力，法律承认和保护的权利和权力的地位是平等的[1]。在民主法治国家中，人民之自由受国家之保障，凡未经法律禁止之行为，皆属于人民之自由。国家对于人民自由之限制，是通过行政机关行使行政权力实现的，而国家对人民自由之保障是通过赋予人民基本权利实现的。

这在行政法律关系中尤为重要。在任何一个行动领域，权力都可以被定义为行动诸种可能性的不均衡交换[2]。不均衡交换引起权力关系形成支配与被支配的现象，决定行政法律关系的最根本特征是不平等性。行政主体与行政相对人围绕着自由展开斗争，自由成为行政权力与民事权利的连接点。双方围绕自由展开斗争的目的是扩大"给予或者获取"的度，称为"自由度"，亦即"自主领地和自由余地"。

行政权力和民事权利的相互作用是政策的制定过程。传统行政法抽去行政主体内含的利益需求，事实上，行政主体代表在权力关系斗争过程中胜出者的利益表达。该利益表达的过程是"行政决策"的过程：行政主体不会无缘无

〔1〕 童之伟：《对权利与义务关系的不同看法》，《法商研究》1998年第6期，第24-34页。

〔2〕［法］埃哈尔·费埃德伯格：《权力与规则——组织行动的动力》，张月等译，格致出版社、上海人民出版社，2008年，第117页。

故行动,行政主体包含众多的利益方,是利益各方的相互作用形成的合力。利益需求的主动一方施以作用力,反对方构成反作用力,强势一方往往利用行政权力以压制弱势一方的民事权利,最终掌控或依附行政权力一方胜出,胜出方制定规则。这里的作用力就是卢梭笔下的强力[1]。因此,行政权力是胜出一方达成目的的工具,而行政主体则是提供权力斗争合法化的舞台。胜出者的意志决定行政主体的意志。在管制者和被管制者的权力关系中,当被管制者掌控管制者的意志表达时,称为"管制俘虏"。

行政主体依法操控着交换的规则,并根据规则控制着经济性交换,规则决定"给予或者获取"的自由度。单个的行政相对人无法通过政治性交换,参与或改变规则的制定。如果以自由度为连接点,以民事权利为右轴,以行政权力为左轴,基本权利为纵轴,则秩序行政的动态行政法律关系如图3-6表示。

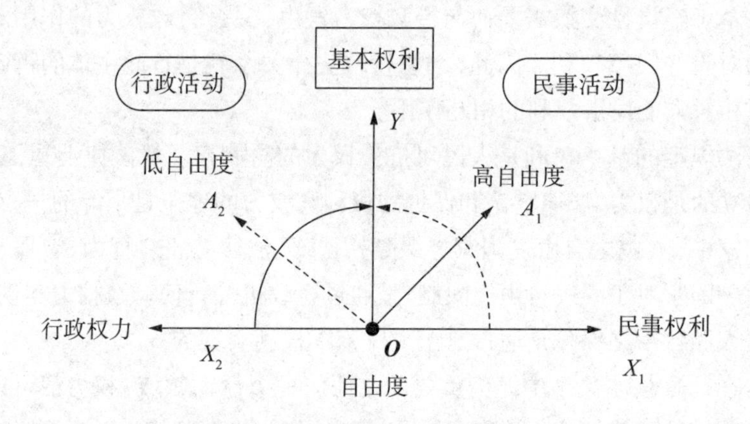

图 3-6 秩序行政的动态法律关系图

行政主体利用行政权力,不断通过改变"给予或者获取"的自由度来影响行政相对人的民事权利,而行政相对人则通过前述两种策略与行政主体抗衡,导致自由度以原点为中心左右来回移动,从O向X_1和X_2方向运动,表示自由度的增减。当自由度从O向X_1运动,则相对人自由度增加,行政主体自由度减少。当自由度从O向X_2运动,则相对人自由度减少,行政主体自由度增加。两者的平衡线OY就是基本权利。因此,在秩序行政下的动态行政法律关系中,行政权力就是对相对人自由的限制,民事权利就是对相对人自由的保障。

从行政相对人角度,基本权利与行政权力之间的区域为行政权力占优势

〔1〕[法]卢梭:《社会契约论》(第3版),何兆武译,商务印书馆,2003年,第9页。

区，民事权利受到限制，为低自由度区域，即A_2运动范围。基本权利与民事权利之间的区域为民事权利占优势，行政权力受到限制，为高自由度区域，即A_1运动区域。从行政主体角度，则得出相反结论。

从行政相对人的角度，当行政权力作用力越强，民事权利作用力就越弱，自由点向左偏移，自由度就越小，此为行政活动。当民事权利的作用越强，行政权力作用力越弱，自由点向右偏移，自由度就越大，此为民事活动。从行政主体角度则表现出相反的趋势。自由度的这种变动趋势在公共利益衡量中将成为关键的变量指标。

四、给付行政下的多元动态行政法律关系

（一）给付行政的内涵

公用事业在工业革命初期到20世纪30年代以前，都是由社会资本以私法方式提供，一般称为“市场提供”。公用事业的最初形态是社会资本与相对人之间的权利与权利的相互作用。在20世纪30年代，经济危机被认为是“市场失灵”，是导致人民生活窘迫的原因，于是为保障公共利益，原提供公用事业的社会资本被“国有化”改造，产生公用事业公有制。公用事业成为政府的行政任务，由此生成“给付行政”之概念。

行政法学说上对“给付行政”外延的界定不一。依据毛雷尔对“给付行政”的定义，给付行政包括两个部分：为个人提供特定目的的支持和通过建设公共设施保障和改善公民生活条件。他把经营行政纳入给付行政范畴[1]。但汉斯·J.沃尔夫认为给付行政不包括经济行政[2]。陈敏进一步明确为对个人之给付行政和对公众之给付行政[3]。前者是对特定个人给予扶助，包括发放养老金、救济金、助学金等；后者为对公众提供公共设施，包括交通服务、供应服务（水、电、气等）、学校、医院、养老院等。陈敏在划分“公共行政”类型时，把“给付行政”与“经营行政”并列。在论述“行政私法”时，“给付行政”的私法形式中包括“经营行政”。本书做后一理解，即“给付行政”包括“经营行政”。

---

〔1〕［德］哈特穆特·毛雷尔：《行政法学总论》，高家伟译，法律出版社，2000年，第8-9页。哈特穆特·毛雷尔将公共行政分为秩序行政、给付行政、引导行政、税务行政、后备行政；他认为“给付行政”是指为个人提供特定目的的支持和通过建设公共设施保障和改善公民生活条件。

〔2〕［德］汉斯·J.沃尔夫等：《行政法总论》，高家伟译，法律出版社，2002年，第28-29、31-33页。

〔3〕陈敏：《行政法总论》，台湾新学林出版股份有限公司，2011年，第12-13、654页。

（二）政府垄断下的双重法律关系

公用事业公有制最初的制度设定为政府垄断公用事业，国家取得公用事业的资产所有权，并交由公营组织承担。因此，德、法、英等国将提供公用事业的社会资本改造为“公营组织”，苏联和计划经济下的中国甚至把非公用事业领域的社会资本也改造为“公营组织”。

在公用事业公有制下，政府对于公用事业的提供方式有选择自由：当政府选择私法方式完成行政任务时，公营组织被赋予“权利”，此即“行政私法”；当政府选择公法方式时，公用事业的原提供者——社会资本的“权利”被公法化为公营组织的“权力”，此即“行政公法”。

从行政相对人角度，给付行政下公营组织与行政相对人之间的权力关系存在两种形态：在“行政公法”下，公营组织被政府赋予公权力，其与相对人之间形成权力与权利之间的作用，形成行政法律关系。在“行政私法”下，公营组织被政府赋予私权力，该项私权力具有双重属性，一方面一方为垄断权，相对人只能与公营组织交易，别无选择，带有一定的公法强制性；另一方面公营组织与相对人处于平等地位，此时私权力表现为权利，其与相对人之间形成权利与权利的作用，最终形成民事法律关系。这表明在给付行政下，既有行政法律关系，又有民事法律关系，属于公法与私法的交叉领域。对此，不能简单地适用秩序行政下基于“高权行政”理论形成的行政法律关系，因为给付行政还包括民事法律关系。“行政公法”形成行政法律关系，与秩序行政下的行政法律关系一致，可以用“政府完全责任模式”描述。“行政私法”虽与相对人形成民事法律关系，但公营组织系经特许取得私权力，相对人只能选择与公营组织交易，带有一定的强制性，其与纯粹的民事法律关系有区别，带有一定的公法元素，产生公法与私法的复合，本书用“社会资本主责的共同责任模式”描述。

在公私“二元论”下，行政法意图将给付行政中的私法元素从公法体系中剔除出来，构筑纯粹的行政权力关系。大陆法系国家行政法领域相继产生国库理论、公物理论、行政私法理论、私人行政理论等。以纯粹的公权力为核心的行政法理论很好地解释了秩序行政的权力运作，但将权力与权利纯粹化地区分，无法适应公私交叉领域的法律问题，无法解析给付行政领域的相关法律问题。

（三）公私合作下的多元多重法律关系

1. 高权行政的缺陷

在市场失灵情况下，原本属于私人领域的公用事业被国有化，形成公用事业公有制。公办公营曾经被认为是保障公共利益的最佳手段，提供公用事业服务成为政府的行政任务。国有化就是指国家采用公营组织形式完成行政任务，即用财政资金承担行政任务。

在公营组织形式下，行政任务中存在公法利用关系和私法利用关系。在公法利用关系（即“行政公法”）下，国家设立公营组织完成该项行政任务，该组织与利用人形成行政法律关系。在私法利用关系（即“行政私法”）下，国家设立的公营组织与利用人形成民事法律关系。

不管采用何种利用关系，该公营组织以财政资金作保障，不承担营利任务，相关营运成本均由国库承担。德国的国库理论解析了政府私法活动的正当性，并提出了为保障公益性政府不能营利的理论。同时创设公营造物概念，以此区别于专门行使公权力的公营组织。公物理论解析了在公权力作用下对物利用的公法规则，却与公营造物有交叉[1]。

在高权行政观念的引导下，行政法学者要费尽心机地区别公法利用形式和私法利用形式。进而认为公行政在此具有所谓“选择自由”，其利用关系应依公行政之意思而定，公行政的意思则应由“利用规则”来判断[2]。在实践中，这些利用规则并非独立存在，很难判断是公法方式还是私法方式，台湾的“ETC”案就是一例。

对于公私合作的产生，学者通常以提高效率为理由。事实上，以高权行政为背景的行政法理论，无法分析出因管制俘虏导致管制失灵，进而形成私有化浪潮的原因。公营组织提供的服务效率低下，就是政府管制失灵。为解决政府管制失灵，公用事业重新被“私有化”（并非私有化），这时产生两种形态的社会资本：国家出资设立的社会资本和民间资本设立的社会资本，产生以保障公有制为目的的“公私合作”的理论。

但国家出资设立的社会资本却与国家有千丝万缕的联系，导致其在法律地位上无法与公营造物等组织有明确界限。为了将附公权力的行政任务从公私合作中区别出来，德国产生“私人行政”理论。但如何把附公权力的行政任务从一般行政任务中区分出来依旧是难题。

2. 公私交叉领域复合权的导入

“行政公法”和“行政私法”是公用事业公有制在政府垄断下的制度，行政

〔1〕 陈敏：《行政法总论》，台湾新学林出版股份有限公司，2011年，第1042页。

〔2〕 陈敏：《行政法总论》，台湾新学林出版股份有限公司，2011年，第53页。

任务民营化以此为基础。行政任务民营化中，除私有化外，公私合作是保障公用事业公有制存续的制度建构。公私合作产生“混合行政”，进而使管理主体多重心、多元化。公私合作产生“混合治理”，混合的治理方法破坏旧的公私权力二分法，代之以国家机关与私域中的组织分享着政府职能的三分法〔1〕。该观点以高权行政为基础，忽视权力与权利存在复合的情形。公私合作使权力与权利在同一主体上产生复合，对此必须以动态行政法律关系分析给付行政下的多元主体之间的关系。

行政权力与民事权利的相互作用本质是基于交换而产生的权力斗争关系。传统行政法的理论体系构建就是以交换中的权力斗争关系为基础的。行政主体占绝对优势地位，而相对人必须无条件服从，这就是传统的“命令-控制”模式。相对人必须仰赖行政程序、诉讼程序制约行政主体。这种模式下，行政权力为纯粹的公权力，民事权利为纯粹的私权利，形成纯粹的行政法律关系，符合国家和社会“二元论”下的传统行政法律关系。相对人的这种服从和抗衡，即强调公权力集权国家下的合作，是屈从于行政权力的“有限”合作。秩序行政为高权行政，一般严格遵循命令-服从模式。

但这种交换关系仅是权力关系中的一个方面。权力关系除了交换关系，还有合作关系。这里的合作并非前文秩序行政下屈从的“有限”合作，而是给付行政领域的公私合作。

在“合作治理”理念下，规则的制定不再是政治性交换胜出者的专属权力，而是参与经济性交换的行动者以协商的方式，决定和执行重要的公共政策。行政活动成为以大量不同主体之间的相互依赖为特征的工作，可以概括为政府、社会资本、利用人这三方主体。这时的行政活动不能用传统的纯粹公或纯粹私来解释，法律关系出现多样性和复杂性。政府和社会资本通过协商机制，共同成为“管理者”，两者间权力与权利的作用产生具有复合性的“管理权”，该项管理权不能用纯粹公权力或纯粹的私权利加以描述。社会资本通过与政府签订契约而拥有的复合“管理权”，本书称之为“复合权”。此时，政府授予社会资本权能的属性因对象不同而不同。相对于政府而言，社会资本取得的权能属于权利的范畴。但相对于利用人而言，社会资本行使该项权能产生对利用人单方面的约束力，属于权力的范畴。行政法应当容纳这种复合“管理权”的存在，这将构成本书的核心观点。

---

〔1〕［新西兰］迈克尔·塔格特:《行政法的范围》,金自宁译,中国人民大学出版社,2006年,第84页。

公私合作是统治者在新经济领域或财政资金有限的情况下，为防止管制俘虏而采取的新治理措施。这不是统治权力的让渡或政治意义上的分权，也不是政府退出相关的领域，而是政府在特殊领域采取的特定管制措施。这是政府权力新的扩张方式，而不是政府权力的萎缩。公私合作可以在增加私人权力的同时增强国家的权力，非公营组织参与决策是国家的扩张而不是退却[1]。因此，公私合作下的行政法律关系是以秩序行政下的动态行政法律关系为基础的，并构成传统行政法律关系之外的新领域。

3. *两级法律关系*

对于不能收费的公用事业，如城市道路，政府通过向利用人征收专项税或规费取得建设资金。当社会资本参与此类公用事业建设时，政府采用"购买"方式，如BT项目建设模式。在公私合作下，政府承担收费任务，社会资本承担建设任务，利用人承担公用事业的所有费用。

对于可以收费的公用事业，行政机关直接赋予社会资本收费权，社会资本投资公用事业以获取收费权为核心目标。公私合作契约中的收费权将三方主体紧密地联系在一起，行政机关是收费权的授出者，社会资本是收费权的执行者，利用人是收费权的承受者。

三方主体的相互作用，形成多元、多重法律关系。在政府收费模式下，政府向利用人征收税及规费为第一重行政法律关系，政府向社会资本付费通常被认定为民事法律关系，但这是一种错误的认定。此时社会资本被赋予财政资金支配权，与政府形成行政法律关系，这为第二重法律关系。在该模式下，社会资本与利用人不发生法律关系。在社会资本收费模式下，社会资本经行政授权或行政许可取得收费权，此为第一重行政法律关系。社会资本取得收费权后，再与利用人的民事权利相互作用，形成第二重法律关系，该重法律关系有可能是行政法律关系，也有可能是民事法律关系。

罗尔夫·施托贝尔将这种混合行政法律关系称为"两级法律关系"，第一个阶段只适用公法，第二阶段既可以适用公法，也可以适用私法[2]。当第一个阶段适用公法，第二个阶段适用私法时，被称为"二阶段论"[3]。

在政府、社会资本与利用人形成的两级法律关系中，行政法律关系内嵌另

[1] [美]朱迪·弗里曼：《合作治理与新行政法》，毕洪海，陈标冲译，商务印书馆，2010年，第486页。
[2] [德]罗尔夫·施托贝尔：《经济宪法与经济行政法》，谢立斌译，商务印书馆，2008年，第534页。
[3] 陈敏：《行政法总论》，台湾新学林出版股份有限公司，2011年，第662页。

外一个法律关系。在社会资本收费模式下，政府赋予社会资本收费权能的不同，社会资本与利用人之间形成的法律关系也不相同，但最终的法律关系只表现为两种形态：行政法律关系和民事法律关系。此时，行政法律关系内含另一法律关系，两者不可分割，形成一个整体。但是"两级法律关系"理论把行政活动简单地分为两个阶段，这忽视了公私合作契约关系形成的"同步性"。

在社会资本收费模式中，当政府与社会资本建立行政法律关系的时候，社会资本对利用人的权利义务发生影响是同步产生的。或者说，政府和社会资本是以利用人为管理对象来建立法律关系。政府为社会资本设定的权力是针对利用人而存在，一旦政府授予社会资本收费权，即对利用人产生法律效力。社会资本不必再与不特定的利用人协商，利用人系被动地与社会资本建立法律关系。因此，政府、社会资本、利用人三方主体之间的法律关系是同时成立的，不存在先后。这种"同步性"是两阶段理论所不能描述的，但对公私合作契约形成后的行为进行解构或对社会资本以及利用人实施救济时，"两级法律关系"仍然可以适用。

公私合作下的法律关系不再是单一法律关系，而是多元法律关系，行政法律关系和民事法律关系处于混合状态。公私合作下法律关系属于混合状态，但并非处于混乱状态，各类法律关系之间存在逻辑联系，随着行政权力与民事权利作用力强弱的变化而相互转化。

第三节　象限分析法的原理解释

一、科层体系外的公私合作

传统行政法是建立在科层组织基础上的，科层为有组织的科层体系，行政权力在这个科层体系内运作，组织体系外的主体不能拥有行政权力。这种科层组织是边界划分清晰、结构稳定不变的正式化体系。构成科层基本要素的政府"只关心现存的秩序，要以最佳的方式去掌管组织抑或管理组织"[1]，比如引入私法规则完成行政任务，这些都属于公营组织系统内部的改良措施。

传统行政法律关系的构建局限于官僚系统组织内部的权力关系运作，以

〔1〕［法］埃哈尔·费埃德伯格：《权力与规则——组织行动的动力》，张月等译，格致出版社、上海人民出版社，2008年，第5页。

命令-控制为特征。公私合作下的契约治理模式存在于官僚系统组织以外,其权力关系的运作以协商治理为特征,有别于官僚系统内部的命令-控制模式。行政法学界一般认为后者逐步在取代前者,传统的命令-控制模式在萎缩,政府的职能在缩减,正在被协商合作下的契约治理模式(软法)所取代。

全球化下的经济组织保持着自主权,“它们引入崭新的结构,生成新的制约力量”。这些制约力量形成政府科层体系外的集体行动,其“关注的焦点是变革,是新秩序的创造”,“有着流动的、刚刚出现的、非正式的结构”,“将它们联系在一起的是多重,而且是局部控制的交换关系和协商关系,具有不确定性、不稳定性”[1]。这种集体行动是推动政府变革的外在力量,也是与政府公私合作存在的空间。政府面对陌生的新领域时,同集体行动力量的合作成为政府的最佳选择,亦即公私合作领域。

传统行政法律关系是已经被正式组织化、结构化、法规化,有序的权力关系。公私合作下的法律关系是非正式组织化,未被结构化、政策化,无序的权力关系。马克斯·韦伯、卢曼等学者概括正式化组织的特征,形成正式组织世界和非正式组织世界划分的“二分法”(dichotomization)。费埃德伯格驳斥这种“二分法”,认为行为的实际规则始终来源于正式规定与非正式过程的相互结合,提出“混合规则说”[2]。费埃德伯格在社会学领域的“混合规则”,置于行政法领域就是马克·阿伦森(Mark Aronson)提出的“混合行政”[3]。

在“混合行政”中,公营组织提供正式规则,而社会资本产生非正式规则,两者相互作用,形成“合作治理”。费埃德伯格显然是从社会学角度关注到公私合作领域的规则运作模式有别于正式组织中以法律为依据的运作模式,但事实上他所驳斥的“二分法”与他所主张的“混合规则”在不同领域发挥作用。费埃德伯格构建出“具体行动体系”,把规则界定为四个维度[4]。他认为:“每

---

〔1〕[法]埃哈尔·费埃德伯格:《权力与规则——组织行动的动力》,张月等译,格致出版社、上海人民出版社,2008年,第4-6页。

〔2〕[法]埃哈尔·费埃德伯格:《权力与规则——组织行动的动力》,张月等译,格致出版社、上海人民出版社,2008年,第161-163页。

〔3〕[新西兰]迈克尔·塔格特:《行政法的范围》,金自宁译,中国人民大学出版社,2006年,第65页。

〔4〕四个维度为:其一,规则的诸种机制的正式化程度和法规化程度;其二,规则的最终化程度,即规则的诸种目标得以系统说明的程度,以及规则的诸种机制与诸种目标相关联的程度;其三,参与者对规则的认知和内化程度;其四,加强规则的责任被明确的程度。

一个行动领域，都可以理解为是由一种'具体行动体系'维系的领域。"[1]具体行动体系下规则的四个维度，可以用于描述公私合作下动态行政法律关系中权力关系的运作规则。根据这些规则，权力(利)之间相互的作用力形成完全不同的动态行政法律关系内容，构成完全不同的制度类型。参照米勒的象限分析框架，这些制度类型可以根据其不同的功能特征归入不同的象限。

二、公私合作的治理目标

公私合作领域的协商机制甚至影响到立法领域及依法行政的理念。这些领域的不确定性、不稳定性，决定着国家不可能针对这些领域事先制定法律。传统行政法中的依法行政在这些领域无法推行，这导致政府的政策成为合作治理的首选。单个的政府契约可能构成政府政策的本身，"契约式"管制方法下的政府协议从某种意义上与法律是等价的[2]。这形成美国行政法领域关于"协商行政立法"(regulation negotiation)的争议，支持者认为协商有助于提升规则的质量，降低交易成本和增加规则的正当性。反对者认为协商将被利益集团操控，形成管制俘虏，丧失民主性，最终破坏公共利益[3]。

传统行政法以行政行为的合法性为终极目标，并借助于司法审查实现。但在很大程度上，公私合作领域中，人们往往从合作的结果来看待合作的价值。在法律没有规定的领域，通过公私合作所产生的结果，随后或多或少明确转变为公用事业的标准。这些标准就是合作创造的公共政策新规则，这些新规则并非源自法律的规定，而是公私合作的建构结果。这改变了传统行政法以行政行为合法性审查为核心的体系建构，而以追求良好的效果为目标。

三、动态行政法律关系的全景图

(一)象限分析框架对科层内与科层外的解析功能

给付行政既有科层组织领域的单一权力关系，又有科层外公私合作下的多元权力关系。如果把给付行政存在的空间作为一个特定情境行政活动的话，那么科层内、外的法律关系分别对应于给付行政中不同象限的制度类型。

为从法律关系角度构建公用事业的象限分析法，这里采用"两级法律关

---

〔1〕[法]埃哈尔·费埃德伯格:《权力与规则——组织行动的动力》,张月等译,格致出版社、上海人民出版社,2008年,第167页。

〔2〕[美]朱迪·弗里曼:《合作治理与新行政法》,毕洪海,陈标冲译,商务印书馆,2010年,第2-3页。

〔3〕[美]朱迪·弗里曼:《合作治理与新行政法》,毕洪海,陈标冲译,商务印书馆,2010年,第197页。

系”的第二阶段，即双方主体的一方为公用事业的承担主体（公营组织或社会资本），另一方为利用人，以此为两个分析维度。第一阶段的政府作用存在于公营组织或社会资本的权力取得上，以政府授予的公权力或私权力表示。构建象限分析框架的理论前提是——公用事业承担主体的公权力源自政府的行政授权，私权力源自政府的行政特许。公用事业的承担主体的权力与利用人的权力相互作用形成的法律关系就是象限分析框架的解析对象。在公私合作下，之所以仍称之为“动态行政法律关系”，是因为第二阶段的法律关系取决于政府在第一阶段授予社会资本的权力。

象限分析框架采用的维度分别为公用事业承担主体的权力（两个端点分别为公权力和私权力）以及利用人的权利（两个端点分别为公权利和基本权利）。如果以公权力为左轴，以私权力为右轴；以基本权利为下轴，以公权利为上轴，置入数学象限图中，如图3-7所示（确定四个端点的相关原理详见下文）。

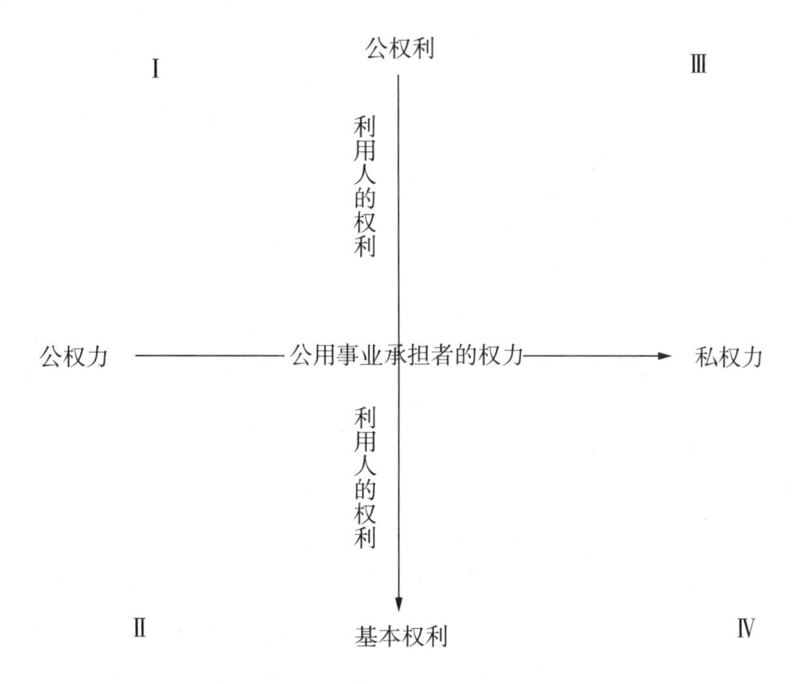

图3-7　公用事业法律关系的基础框架

在象限分析框架中，每个“象限”是一种具有相对独立性的社会空间，各个象限之间的制度类型具有自主性与独立性，遵循不同的逻辑，即每一个象限都具有自身的逻辑、规则和常规。将“象限分析框架”导入给付行政领域，就可以分别描述公用事业由公营组织与社会资本承担时，形成的各不相同的制度类型。

如果把正式科层内形成的不同象限与科层外的公私合作领域形成的不同的象限类型相结合，将得到一幅给付行政下多元法律关系的全景图。

（二）科层内公营组织的法律关系

20世纪30年代以后，大陆法系国家的公用事业由公营组织垄断提供，此时产生公营组织的公法利用关系和私法利用关系。公用事业由公营组织提供时形成特定情境行政活动，那么两种利用方式则形成两个不同的象限。对这些制度类型，由于公用事业的资产所有权归属于国家，因此国家承担完全责任。但因公用事业属性的不同，形成的法律关系属性却也不相同。如图3-8所示：

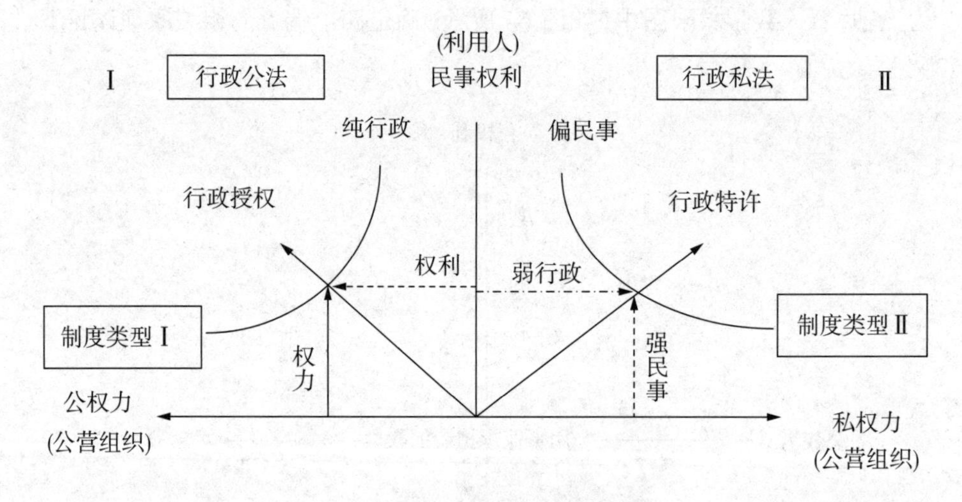

图3-8　公营组织形成的双象限图

“行政公法”模式可以归入Ⅰ象限，公营组织经政府行政授权行使公权力，属于行政活动，形成制度类型Ⅰ，与行政任务相对人形成行政法律关系。

“行政私法”模式可以归入Ⅱ象限，公营组织经政府行政特许行使私权力，属于民事活动，形成制度类型Ⅱ，与行政任务相对人形成民事法律关系。

这两种模式建立在公用事业公有制基础之上，国家成立公营组织垄断公用事业的提供，不以营利为目的，以此保障公用事业的公益性。

（三）科层外社会资本的法律关系

1. 公私合作中的复合权

公私合作形成有别于传统的行政法律关系。在该领域，行政权力的行使方式发生变化，不再以强权方式出现，而是附着于契约，以私法形式出现。在公私合作情形下，社会资本以民事权利与政府行政权力通过协商博弈，取得复合权，表现为四种形态：政府完全责任模式、政府主责的共同责任模式、社会资本主责的共同责任模式和社会资本完全责任模式。进而社会资本基于复合权与行政任务相对人的民事权利相互作用，形成多元法律关系。这些法律关系依复合权形态的不同，形成四种不同的关系，这四种不同的法律关系展示出公私合作下的复杂的权力关系。

公私合作下的复合权，实际上是政府介入集体行动形成的复杂权力关系。对于集体行动形成的权力关系，费埃德伯格称之为“具体的行动体系”，是权力与交换的策略性交互作用以及权力与交换的诸种过程的产物〔1〕。当政府的行政权力介入行动者自发形成的“具体的行动体系”后，转变为行政权力与行动者权力之间的相互作用。相互作用是权力过程中的互动关系，公私合作下政府的行政权力与集体行动者的权力间相互作用构成“特定情境行政活动”。这里的具体行动者就是社会资本，而这些活动在政府的科层组织体系之外。

2. 划定公私合作下四个象限分析框架边界的原理

（1）公私合作象限分析框架的建构基础

20世纪70年代以后，一些国家开始尝试把公用事业转为由社会资本提供，此时产生了社会资本的公法利用关系和私法利用关系。因此，公私合作的象限是由公营组织的双象限转化来的。

公营组织形成的双象限是公私合作的逻辑起点：“行政公法象限”转化为社会资本的公法利用关系，形成公私合作下的“政府完全责任象限”和“政府主责的共同责任象限”；“行政私法象限”转化为社会资本的私法利用关系，形成公私合作下的“社会资本主责的共同责任象限”，而“社会资本完全责任象限”是政府完全退出。这形成公私合作下由社会资本提供公用事业时形成的四个象限。

公私合作使社会资本取代公营组织取得对相对人的控制权。基于政府授

〔1〕［法］埃哈尔·费埃德伯格：《权力与规则——组织行动的动力》，张月等译，格致出版社、上海人民出版社，2008年，第167页。

予社会资本的不同权能，社会资本取得复合权，与相对人形成不同的法律关系。由于复合权表现为四种形态，因此社会资本与相对人形成的法律关系也有四种形态：政府完全责任象限的法律关系、政府主责的共同责任象限的法律关系、社会资本主责的共同责任象限的法律关系和社会资本完全责任象限的法律关系。这四种法律关系并非孤立存在，而是通过两对基本范畴联系在一起，形成公私合作下的四个象限，并通过一定的权力关系机制相互转化。

（2）基本权利与公权利

大陆法系国家的宪法一般都规定，为防止人民受国家公权力的侵害而设基本权利。防御权是基本权利最重要也是最原始的功能，基本权利赋予人民一种宪法的地位。当国家权力侵犯到其受基本权利所保护的权益时，可以直接请求国家停止其侵害。基本权利为人民的防御性策略。

不过，由于对公权力行使的不信任，18、19世纪追求自由放任的市场体制，强调公权力不干预主义，致使经济强者滥用其私权，产生剥削、垄断与大量失业现象。这导致"每一个国民皆应拥有最起码的生活权利"的社会福利国家理念出现，基本权利开始被赋予社会权的色彩。社会权理念强调人民可直接根据基本权利的规定，请求国家提供财物性、实物性或劳务性的支援。这种社会权属于行政法上"公权利"范围。由公法授予个人，使其为本身之利益，而向国家请求做成特定行为之法律力量，为人民之"公权利"[1]。公权利为人民的进攻性策略。

基本权利与公权利的存在表明，政府与民众之间基于行政权力与民事权利相互作用，形成两种不同的权力互动关系，产生两种不同的均衡线，在均衡线的两边，表示行动者在权力关系中的斗争过程。

在进攻性策略中，民事权利主动向行政权力运动，表现为行政任务相对人以获得公权利为目的主动向行政主体提出请求。行政权力产生反作用力，当行政任务相对人取得公权利后，两者居于均衡状态，公权利为进攻性互动关系的均衡线。

在防御性策略中，行政权力主动向民事权利运动，表现为行政主体主动干预行政任务相对人的活动。民事权利产生反作用力，当行政权力受阻于宪法规定的基本权利时，两者居于均衡状态，基本权利为防御性互动关系的均衡线。

---

〔1〕 陈敏：《行政法总论》，台湾新学林出版股份有限公司，2011年，第249页。

相对人的这两种策略取得的成果表现为四种形态：其一，完全的胜利，基于基本权利的保护，政府行政权力退出，在民事权利和基本权利之间形成“社会资本完全责任象限”，这是自由度最高的象限，亦即私法自治下的“市场”。其二，政治上的胜利，在维护基本权利的过程中，政府妥协，允许行政任务相对人经行政授权介入行政管理活动，在行政权力与基本权利之间形成“政府主责的共同责任象限”，双方以协商方式处理相关事务，如制定管制契约，或者直接取得行政权力，取得对第三方的管理权。其三，经济上的胜利，在争取公权利（社会权）过程中，政府成为福利的保障者，在民事权利与公权力之间形成“社会资本主责的共同责任象限”，政府担负以各种方式满足民众基本需求的责任。其四，直接参与行政过程，行政任务相对人接受政府委派，成为行政助手，帮助政府完成一定的公法事务，但不与第三方发生法律关系，在实践中表现为行政授权，但以行政机关名义从事行政活动，在行政权力与公权利之间形成“政府完全责任象限”，国内称为“行政委托”。

公权利与基本权利均属于法定的权利范畴。公私合作下行动者仰赖政府的政策行动，而非基于法律权利的请求，政策行动表现为政府的决策过程，行动者通过确认或无视这项政策来决定政策的效力。在政治学中，决策被视为涉及严厉制裁（价值剥夺）的一种政策，而权力是指参与决策的过程[1]。行政权力与民事权利的相互作用在向均衡线靠拢的过程，在实践中就是政策向法律转化的过程。因此，集体行动下的“具体的行动体系”与行政权力的博弈过程，最终成为法律规则的创制过程。

公权利与基本权利虽然同属权利，但因行动者斗争的策略不同，导致两者向相反方向运动。公权利与基本权利的内核都是对自由的保障，两者可以以自由为连接点。

（3）公权力与私权力

在公私合作下，社会资本取代公营组织成为行政任务的承担主体，由于公营组织基于政府的授权或特许取得对相对人的控制权，因此社会资本取得对相对人控制权的方式也为政府的授权或特许。社会资本与相对人形成两种不同的法律关系：其一，社会资本经政府授权取得复合权，在行政权力上附着民事权利。相对于政府而言，社会资本的复合权属于权利范畴。但相对于行政

〔1〕［美］哈罗德·D.拉斯维尔等：《权力与社会——一项政治研究的框架》，王菲易译，上海世纪出版集团，2012年，第87页。

任务相对人而言，具有行政权力的法律特征，该项复合权属于公权力，社会资本与相对人形成行政法律关系。其二，社会资本经政府特许取得复合权，在民事权利上附着行政权力。相对于政府而言，社会资本的复合权也属于权利范畴。但相对于行政任务相对人而言，具有民事权利的法律特征，该项复合权属于私权力，社会资本与相对人形成民事法律关系。

在公私合作下，行政权力与民事权利被转化为社会资本的公权力和私权力。行政权力和民事权利同属于权力关系，也因双方斗争策略不同，导致两者以自由为连接点向相反方向运动。因此，社会资本的公权力与私权力也以自由为连接点向相反方向运动。

（4）公私合作下四个象限的划分

如果以自由为原点，不同属性的权力与权利呈放射状分布。因此，如果把社会资本的公权力与私权力为横轴、行政任务相对人的公权利与基本权利为纵轴，把这两对基本范畴以自由为交叉点，分别连成两条直线作“十字形”交叉的话，将区分出四个空间，这四个空间分别对应特定情境行政活动的四个象限，两对基本范畴成为四个象限的边界，如图3-9所示。

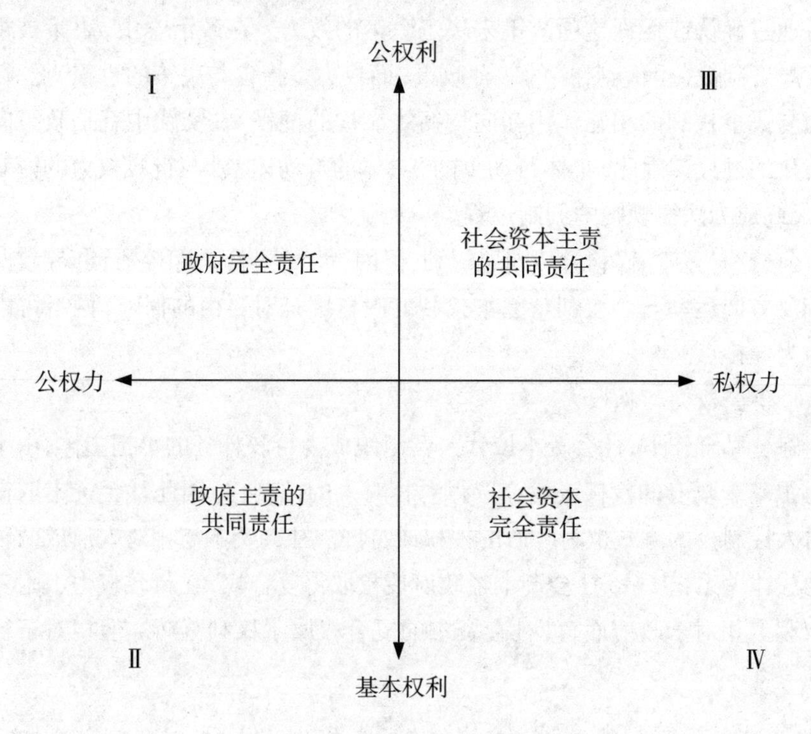

图3-9　公私合作四个象限的界分

在私权力与公权利之间，社会资本的私权力与行政任务相对人的民事权利相互作用，满足行政任务相对人的公权利为社会资本私权力行使的边界，形成"社会资本主责的共同责任象限"。

在公权力与公权利之间，社会资本基于行政委托行使公权力，该项公权力与行政任务相对人的民事权利相互作用，满足行政任务相对人的公权利为社会资本公权力行使的边界，形成"政府完全责任象限"。

在公权力与基本权利之间，社会资本的公权力与行政任务相对人的民事权利相互作用，行政任务相对人的基本权利为社会资本公权力行使的边界，形成"政府主责的共同责任象限"。

在私权力与基本权利之间，社会资本的私权力与行政任务相对人的民事权利相互作用，行政任务相对人的基本权利为社会资本私权力行使的边界，形成"社会资本完全责任象限"。

从行政任务相对人角度，四个象限以自由度为逻辑有序排列："政府完全责任象限"的自由度最小，是引发其他象限权力关系的基础；"政府主责的共同责任象限"的自由度次之；再次是"社会资本主责的共同责任象限"；最后是"社会资本完全责任象限"。四个象限的内核均为行政权力与民事权利的相互作用，每一个象限形成不同的动态行政法律关系，适用不同的权力规则，形成不同的法律制度。所谓制度，实际上就是权力影响的作用模式[1]。每个象限都有自身独特的权力作用模式，产生不同的制度类型。

以对行政任务相对人民事权利的限制程度为计算自由度的基准，根据各象限中社会资本的公权力与私权力与行政任务相对人的民事权利相互作用，形成自由度的程度不同，四个象限中的自由度大小可以按以下顺序排列：Ⅰ象限最小，Ⅱ象限次之，Ⅲ象限再次，Ⅳ象限最大。如果以自由度为连接点，可以把公私合作下的四个合作行政活动依次归入四个象限，形成给付行政动态行政法律关系的全景图，如图3-9所示。Ⅰ象限为政府完全责任象限，Ⅱ象限为政府主责的共同责任象限，Ⅲ象限为社会资本主责的共同责任象限，Ⅳ象限为社会资本完全责任象限。所有的给付行政活动均可归入这四个象限中，其中Ⅰ象限、Ⅱ象限为行政活动，Ⅲ象限、Ⅳ象限为民事活动。

3. 自由度连接下的四个象限的定位

给付行政的动态行政法律关系中四个象限法律属性如图3-10所示：Ⅰ象

〔1〕 金成晓，李政，袁宁：《权力的经济性质》，吉林人民出版社，2008年，第25页。

限、Ⅱ象限为公权力主导下的象限，属于公法范畴，法律关系的产生、变更、消灭遵循公法规则；Ⅲ象限、Ⅳ象限为私权力主导下的象限，属于私法范畴，法律关系的产生、变更、消灭遵循私法规则。Ⅰ象限为纯公法范畴，权力关系作用的规则形成政府完全责任型制度；Ⅳ象限为纯私法范畴，权力关系作用的规则形成社会资本完全责任制度。Ⅱ象限、Ⅲ象限为公法与私法交叉领域，其中Ⅲ象限权力关系作用的规则形成社会资本主责的共同责任型制度；Ⅱ象限权力关系作用的规则形成政府主责的共同责任型制度。

在公权力与公权利之间，社会资本经授权取得政府完全责任的复合权一。但社会资本对外不行使权力，仍由政府对外行使行政权力，形成“政府完全责任象限”，不对外产生法律效力。如我国大陆的行政委托和台湾地区的行政助手，即图3-10的Ⅰ象限。

在公权力与基本权利之间，政府通过授权赋予社会资本公权力，生成政府主责的共同责任的复合权二。进而社会资本的复合权与行政任务相对人的民

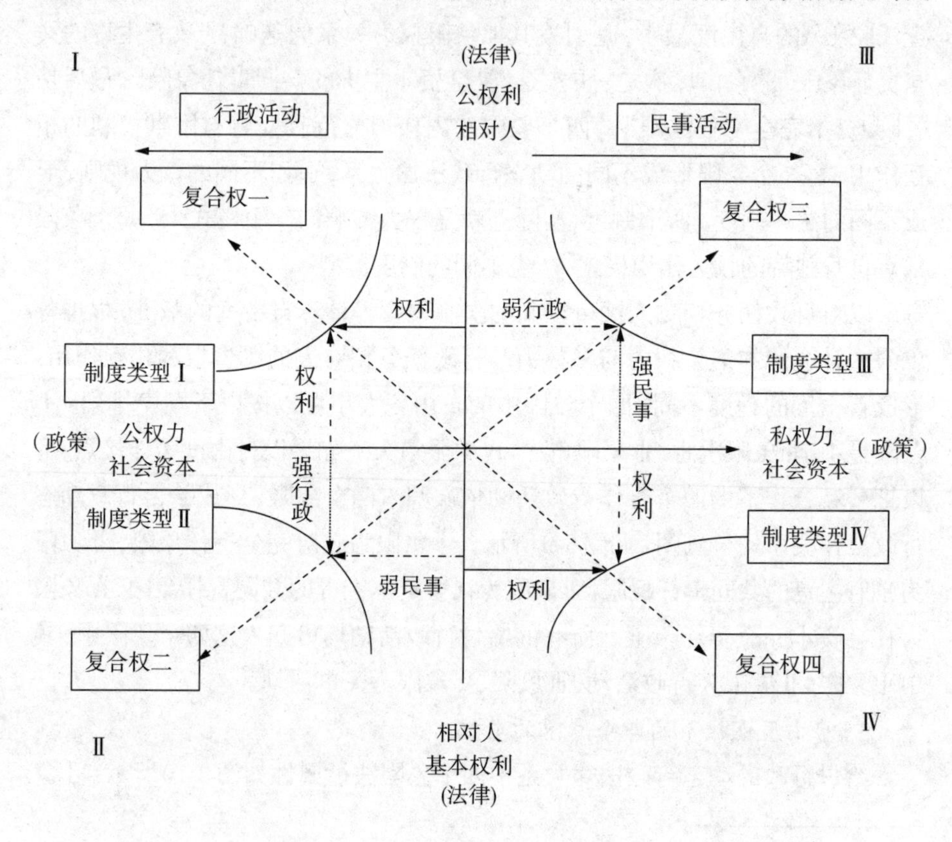

图 3-10　公私合作中社会资本与利用人形成的动态行政法律关系象限分布图

事权利相互作用，形成“政府主责的共同责任象限”，即图3-10的Ⅱ象限。该象限适用于公用事业资产所有权不能转移的公共用物领域。

在私权力与公权利之间，政府通过特许赋予社会资本私权力，生成社会资本主责的共同责任的复合权三。进而社会资本的复合权与行政任务相对人的民事权利相互作用，构成“社会资本主责的共同责任象限”，对外形成民事法律关系，即图3-10的Ⅲ象限。该象限适用于公用事业资产所有权可以阶段性转移的公用服务领域。

在私权力与基本权利之间，政府的行政权力完全退出，社会资本经特许取得社会资本完全责任的复合权四，进而转变为权利与权利相互作用空间，构成“社会资本完全责任象限”，即图3-10的Ⅳ象限。该象限最终转化为民营化中的私有化，受我国公用事业公有制的限制，现阶段一般不存在该类方式。本书将其列为公私合作的特殊变体对待。

给付行政下的多元法律关系可以用特定情境行政活动解析，动态行政法律关系的全景图展示出给付行政内在的权力结构。

在Ⅰ象限中，由于社会资本不与行政任务相对人直接发生法律关系，仍由政府行使行政权力，此时公私合作使科层体系内部组织的行政任务转由社会资本承担，但法律关系并没有发生变化，仍然遵循传统的命令–控制模式。社会资本的复合权仅表现为向政府的“请求权”。当政府不兑现其承诺时，社会资本拥有行政法上的请求权，要求政府履行约定的承诺。此时，政府仍然是公用事业的承担者。

在Ⅳ象限，政府的行政权力通过私有化退出公用事业，不再参与公用事业的安排与提供。此时政府的职能发生转变，从公用事业的提供者转变为监管者，主要实施对反垄断控制。

在Ⅱ象限、Ⅲ象限，合作治理使政府的行政权力与社会资本的民事权利之间产生复合，形成新型的复合权。在公用事业领域，这两个象限的复合权表现为两种形态：Ⅲ象限的行政权力附着于民事权利和Ⅱ象限的民事权利附着于行政权力。社会资本成为复合权的载体，与传统的行政权力和民事权利不同的是，这些复合权并非一元主体的作用，而是二元主体的共同作用。Ⅲ象限的社会资本复合权为私权力，Ⅱ象限的社会资本复合权为公权力，两者均依赖于政府的行政权力才能真正实现。

政府通过科层体系之外的社会资本实现对公用事业所有权的控制，公用事业的公有制在公私合作下得以保留，没有改变全民所有的形态。公私合作使政府的行政权力扩张到官僚系统以外的领域，且形成不同的法律关系和规则：Ⅰ象限、Ⅱ象限形成行政法律关系，接受公法规则的制约；Ⅲ象限、Ⅳ象限形成民事法律关系，遵循私法自治原则。

四、给付行政象限法律关系的解构

（一）行政公法象限和政府完全责任象限的行政法律关系

“政府完全责任象限”存在两种形态：一为行政公法下公营组织形成的特定情境行政活动（以下简称“行政公法象限”）；二为公私合作下社会资本形成的特定情境行政活动。具体解构如图3-11所示。

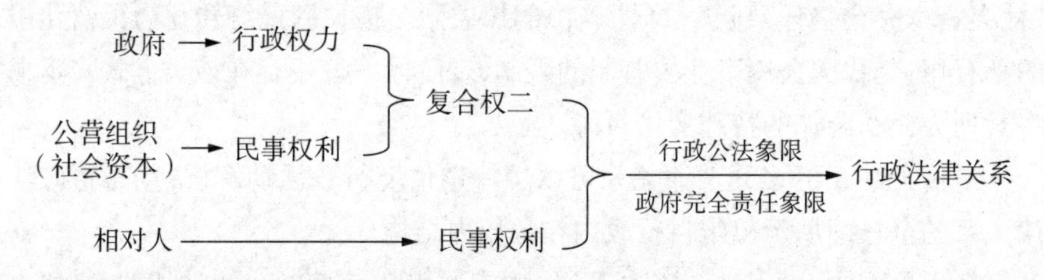

图3-11　政府完全责任象限的行政法律关系解构图

1. 公营组织形成的行政公法象限

公用事业的服务提供者一般为政府专门设立的公营组织。该公营组织接受法律、法规的授权，行使行政权力，以公路管理机构、航道管理机构等公营组织最为典型。例如，公路属于公共用物，政府必须以公权力方式提供服务。在收费的情况下，只能以规费征收方式完成该项服务，与相对人形成行政法律关系，形成政府完全责任象限。亦即图3-8的Ⅰ象限。

在政府完全责任象限，公营组织经政府授权，取得图3-10的Ⅰ象限所示复合权一，公营组织的复合权再和相对人的民事权利相互作用，形成行政法律关系。其根本特征为行政法律关系内含行政授权行为。

关于复合权一的生成方式，我国有两种观点：一为行政授权；二为行政委托。前者使公务组织成为行政主体，后者公务组织需以委托机关名义行使行政权力。例如，根据《公路安全保护条例》，我国的公路管理机构在公路管理中直接成为行政法规的被授权主体，依授权行使公路行政管理权。但在现有体制下，通行费征收须经法律、法规、规章授权，公路管理机构才能成为被授权人。若未经过法律、法规、规章授权，仅有行政机关授权，我国行政法以行政委托进行阐释，公路管理机构仅为受托人，必须以交通主管部门名义征收规费。

再如,在原告云顶山慈云寺诉被告金堂县云顶石城风景管理处违法收费案中,原告认为被告云顶石城风景管理处无权设卡收费,但法院认为被告系金堂县文化局依地方性法规《四川省风景名胜管理条例》第三十六条授权设立的行政事业单位,具备管理职能,包括收费权。被告收取的费用为行政事业性收费(规费),包括道路维护费,属于非经营性收费,与利用人形成行政法律关系[1]。

基于复合权一,国家成为公法上债权人,通过税收、规费方式筹集资金,系以公法利用手段完成公用事业。相对人享受该项公用事业时,对国家负有金钱义务,此为公法上负担。

此种形态可以称为"政府公营",政府以公法方式提供行政服务,与相对人形成行政法律关系。政府是生产者、服务提供者、服务安排者三者合一的综合体。

政府以免费方式提供服务时,其公益性自不待言。当政府以收费方式提供服务时,就要考虑建设成本。以公共用物为例,在建设成本范围内的规费征收具有公益性,当建设成本收回后,进入免费领域。当规费征收超过建设成本,产生相对人的额外负担时,就丧失公益性。当政府财政能力有限时,往往会采用公私合作方式,形成政府主责的共同责任型制度,进入图3-7的Ⅱ象限。

2. 公私合作下社会资本(或个人)形成的象限

政府决定某项行政任务由社会资本(或个人)完成,而社会资本仅承担某项纯技术性、服务性的替代活动,一般被称为"合同外包"。当社会资本(或个人)不与第三方发生法律关系,而由政府对外行使行政权力时,就属于图3-10的Ⅰ象限。

社会资本经行政授权取得图3-10的Ⅱ象限所示复合权二,但不与相对人发生法律关系,仍由政府与相对人形成行政法律关系。这是公私合作下的一种特殊形态。

社会资本(或个人)起到助手作用,政府直接授权社会资本使用财政资金完成行政任务。如我国招商引资中的引荐人,政府对其奖励就是授权其使用财政资金完成招商任务。再如政府还贷公路收费权质押,银行为"行政助手"。这在我国台湾地区称为"行政助手",在大陆一般称为"行政委托",大陆行政法学认为其中并不包含授权的因素。

[1] 四川省金堂县人民法院(2001)金堂行初字第11号行政判决书。

（二）行政私法象限和社会资本主责的共同责任象限的民事法律关系

1. 社会资本主责的共同责任象限的形成

社会资本主责的共同责任象限也存在两种形态：一为行政私法下公营组织形成的特定情境行政活动；二为公私合作下社会资本形成的特定情境行政活动。这是最为复杂的公用事业领域，是政府企业化的路径。政府的行政权力与社会资本的民事权利相互作用，形成复合权一。复合权一的生成方式为行政特许，社会资本利用复合权一再和相对人的民事权利相互作用，形成民事法律关系。其核心特征为民事法律关系内含行政法律关系，最终形成民事法律关系，如图3-12所示。

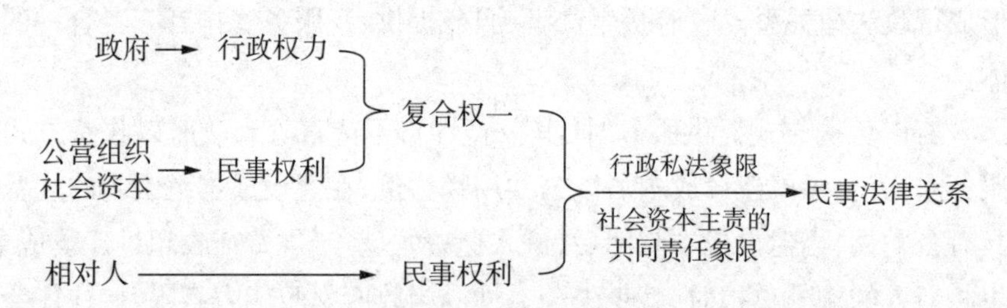

图 3-12　社会资本主责的共同责任象限的民事法律关系解构图

在该象限中，政府为保障公益性实行经济管制，如价格管制。当服务提供者为公营组织时，以收取成本为限。当服务提供者为私营组织时，允许其有一定的营利，但此时服务价格和营利的额度成为三方主体之间权力关系博弈的主要争点。公私合作表现为私人承接行政私法下的公用事业和公私合营，社会资本或公私合营组织阶段性取得公用事业设施的所有权，经营期满后移交国家。该领域以“物有所值”为衡量标准，其核心是政府特许决策的做成及经济管制的效率。

2. 公营组织形成的行政私法象限

行政私法转换为行政管理中的术语就是“国营”，其实质是政府私营。政府成立公营组织以私法方式提供公用事业服务。这里的公营组织有的被政府直接列为行政机关，如我国的铁道部。有的公营组织设立在各类行政机关之下，相关的行政机关为主管单位，如纺织局下的棉纺厂，我国计划经济时代的公营工厂均可归入该类型。这些国营工厂按行政机关的层级划分级别，形成严格的等级制。这些组织的典型特征为非市场主体。在该象限，公权力居于绝对的主导地位，公营组织的任何行政活动均由政府安排，公营组织没有独立性，只是政府行使公权力的载体。这属于图3-8的Ⅱ象限。

从相对人角度看，政府通过行政特许，授予公营组织行使私权力，与相对人形成民事法律关系。

3. 公私合作下社会资本形成的象限

当社会资本为国企时，公私合作直接源自行政私法。我国国企改革就是把行政私法下的非市场主体，改造为市场主体的过程。这在我国台湾地区称为“组织民营化”，大陆称为“公司化”“市场化”或“股份制改革”。国家出资被股份化为“国家资本”，一般由国资委代表国家持股。国家可以全部、大部分、小部分持股，其他可以转让给私人。国家大部分持股或小部分持股即为萨瓦斯所指的政府撤资。在我国，一般国家持有50%以上的股份被认为是国有企业。在公有制背景下，为保障国有资产不流失，大量的公用事业是采用合营方式实现的，形成公私合作，一般附有一定的经营年限。

公私合作的契约内含行政特许，社会资本经行政特许取得复合权一的权能。这里的复合权一就是社会资本取得的特许经营权。特许经营权属于社会资本的私权力。特许经营一般以契约方式形成，特许经营契约的签订过程为政府授予社会资本私权力的过程，因此该过程形成行政法律关系。社会资本基于复合权对国家形成请求权，社会资本有权请求国家保护其向相对人收取价金的权利。社会资本基于投资取得公用事业资产的阶段性所有权，进而取代国家成为相对人金钱负担的债权人，相对人转而向社会资本履行金钱义务。社会资本与相对人形成民事法律关系，相对人不得因为政府与社会资本之间的行政法律关系要求公法保护，只能以私法手段救济。因此，三方的权力关系构成社会资本主责的共同责任型制度，民事法律关系内部包含行政法律关系。这属于图3-10的Ⅲ象限。

（三）政府主责的共同责任象限的行政法律关系

社会资本经政府授权，取得复合权三，社会资本利用复合权三再和相对人的民事权利相互作用，形成行政法律关系。其核心特征为行政法律关系内含行政法律关系，最终形成行政法律关系，这属于图3-10的Ⅱ象限。具体解构如图3-13所示。

复合权三的生成方式为行政授权。在该象限中，公私合作的契约为取得行政授权而签订，为行政授权行为的一部分。该契约内含行政授权后社会资本取得复合权三的权能。复合权三属于社会资本的公权力，公私合作契约的签订过程为政府授予社会资本公权力的过程，因此政府与社会资本形成行政

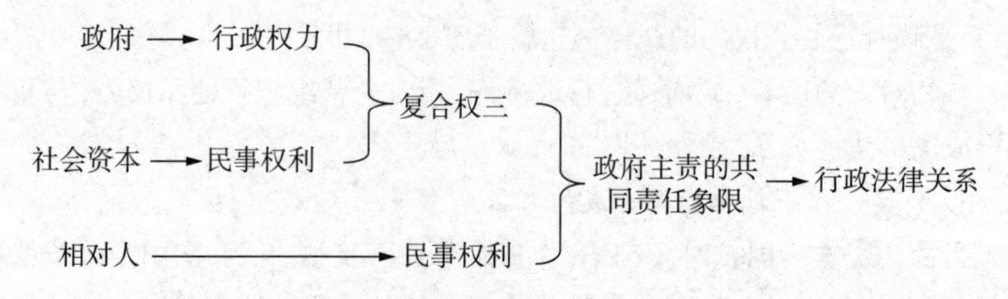

图 3-13 政府主责的共同责任象限的行政法律关系结构图

法律关系。政府与社会资本以公权力的有效运作为目的。政府通过行政授权的方式，向社会资本授予公权力。该项公权力使社会资本取代国家成为规费的征收者（税收为国家专属权，不能授权），进而取代国家成为相对人金钱负担的公法债权人。相对人转而向社会资本履行公法上的金钱负担义务，社会资本与相对人形成行政法律关系。因社会资本没有取得公用事业资产所有权，此时相对人的金钱负担为相对人为向国家承担的公法义务，而不是向社会资本组织承担的私法义务。因此，三方的权力关系构成政府主责的共同责任型制度。这是德国行政法定义的"私人行政"领域，亦即社会资本公法化的路径。

在该象限中，社会资本取代政府成为规费的征收者，以营利为目的。为保障私人行政的公益性，社会资本的营利必须有限度。由于引入社会资本的原因是政府资金的匮乏，且社会资本被推定为更有效率，因此该营利限度应以正常的服务成本为考量基础。以公共设施为例，扣除公共设施的建设成本后，社会资本的营利应当限定在政府管理成本内，社会资本降低的成本额度或固定额度，作为其利润的一部分。如果总额超出服务成本，就应当视为公益性的丧失。

（四）社会资本完全责任象限的民事法律关系

在该象限，政府通过行政特许授予社会资本复合权四，社会资本利用复合权四再和相对人的民事权利相互作用，形成民事法律关系。其核心特征为民事法律关系内含行政法律关系，最终形成民事法律关系，归入图3-10的Ⅳ象限。具体解构如图3-14所示。

复合权四的生成方式为行政权力的终止、废止或国有股权的完全转让，表现为政府完全解除管制。公私合作的契约内含政府解除管制后，社会资本取代政府的所有权能。复合权四属于社会资本的"私权利"，公私合作契约的签订过程为政府解除管制的过程，因此该过程形成行政法律关系。由于政府的行政权力完全退出该领域，公用事业恢复原本的私法色彩，社会资本与相对人

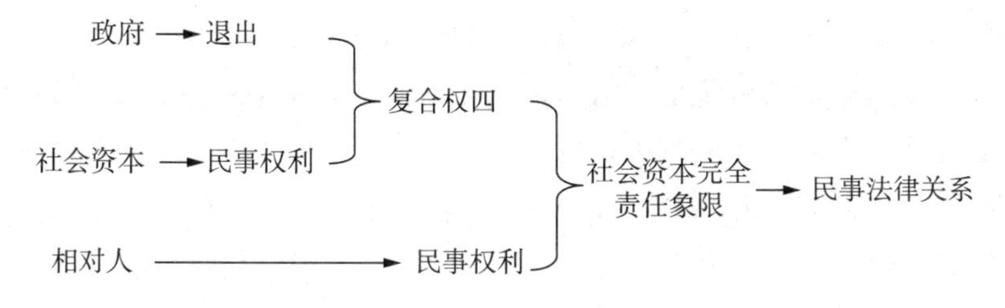

图 3-14 社会资本完全责任象限的民事法律关系解构图

形成一般意义上的民事法律关系。这表明某项公用事业因经济或科技的发展，不需要政府管制，完全可以市场化运作。政府解除管制为该领域的核心。如我国实行的农村家庭联产承包责任制、对电信业的市场化经营等[1]。

该领域实行完全市场化运作，承接原公用事业的社会资本与相对人形成民事法律关系，属于私法自治范畴，社会资本获得最高自由度。

第四节 象限分析法的应用方法

一、确定公权力规则的参照基准

（一）“元象限”的行政规则

秩序行政下的动态行政法律关系的确立有两种情形：一是法律、法规的单方面规定，如税收；二是行政行为的做出，如行政处罚。由于给付行政的各象限存在多元、多重动态行政法律关系，以上两种方式均无法适用。比如以行政行为引发的活动，最终可能形成民事法律关系，如行政特许。

传统行政法以行政主体与行政相对人为动态行政法律关系主体，构成单一对应主体行政法律关系。当行政权力的作用力越过基本权利，就被视为侵害行政相对人的民事权利而违法。这构成传统行政法的边界，即传统行政法建立在行政权力与基本权利对应的边界内，该边界内的区域就是传统行政法的特定情境行政活动。秩序行政构成单一的特定情境行政活动，这是行政法体系中行政权力作用下的“元象限”，其确立的行政规则是给付行政领域动态行政法律关系的参照标准。给付行政如采用公法方式，则系公权力的作用，也

〔1〕 罗海平：《从政府垄断到政府规制——论我国电信业发展中的政府行为变迁》，《宁波职业技术学院学报》2011年第3期，第56-60页。

应当与“元象限”产生类似的法律效果，遵循类似的规则。

在传统行政法的特定情境行政活动中，行政规则以秩序行政下的公权力为核心建构。国家内部的权力与权力的作用分离出行政权力，兼具政治性交换和经济性交换的功能。基于行政权力行使而形成的行政规则以国家的强制力为后盾，其核心法律特征为“命令–控制”模式，以限制行政相对人的民事权利为主要手段，迫使其服从与合作。

国家组建了官僚系统（正式化、专业化的组织）——行政机关，行政机关必须依法行使行政权力。行政规则以维护公共利益为目标，国家建立相应的机制予以保障，法律要求行政行为的做出严格遵守行政程序。立法机关以立法严格规定行政机关的权限范围，司法机关以行政行为的合法性为审查对象进行监督。相关的行政规则通过法律推行，使行动者有高度认知和内化。对于违反行政规则的行为，国家将追究行政责任。

在这个高度结构化、专业化组织的正式维度里，秩序行政为给付行政领域的动态行政法律关系建立了权力作用的基准：它确立了合法性，确定了等级制度与优先秩序，分配享有权与财产权，并以公共利益为目标建构权力关系以及权力均衡[1]。

（二）给付行政公权力的特定内涵

给付行政的公权力与秩序行政下的公权力有很大的区别。

在秩序行政领域，公权力即行政权力，往往与社会秩序活动的维护相关，是基于社会秩序展开的高权行政活动。一旦违反社会秩序，行政机关动用强制性公权力实施强力控制，迫使相对人服从。为防止侵害相对人的合法权益，行政机关被要求依法行政。

给付行政的公权力是基于国库展开的活动。人民的公权利要求国家必须提供相应的服务，而服务就需要行政成本，这些成本直接源自纳税人的纳税。当某项公用事业为特定受益人所享有的时候，为公平起见，实施受益者负担原则。特定的受益人必须就其特定的公用事业缴纳规费，对国家承担公法义务。因此，给付行政的公权力是以财政资金的收、支为核心的行政活动，如人大的预算审核权、政府的财政资金征收权和财政资金支配权等。可知，给付行政领域的公权力有其特定的含义，包括税收、规费征收权和财政资金支配权两项权

〔1〕［法］埃哈尔·费埃德伯格：《权力与规则——组织行动的动力》，张月等译，格致出版社、上海人民出版社，2008年，第165页。

能。本书主要讨论规费的征收即内含公权力属性。规费由政府决定额度，并依单方面行政决定收取。当利用人选择该项服务时，必须缴纳相关的费用，因此规费具有强制性。与此相对应的是，给付行政领域利用人的义务为对国库的金钱负担，系公法义务。

秩序行政下行政权力比给付行政下的公权力内涵要宽泛得多，比如可以对相对人的人身实施强制，这是给付行政的公权力所不具有的。因此，给付行政的公权力往往需要秩序行政下行政权力的支撑。比如一旦利用人强行拒绝缴费，就进入秩序行政领域的违法行为，政府动用秩序行政下的行政权力进行制裁。

二、动态行政法律关系的确定过程

（一）政府对公用事业利用方式的选择

公用事业的承担主体有两种类型：公营组织和社会资本。从利用人角度衡量，动态行政法律关系有两种形态：行政法律关系和民事法律关系。公用事业承担主体与利用人形成的这两种法律关系，取决于政府对公用事业利用方式的选择：当政府选择公法利用方式时，内含公权力的作用，与利用人形成行政法律关系；当政府选择私法利用方式时，内含私权力的作用，与利用人形成民事法律关系。

那么，政府对公用事业利用方式的选择是否有限制，是否在任何形态下均有“选择自由”？本书认为，公用事业的利用方式的选择取决于公用事业的自身属性，特定的公用事业必须以公法利用方式完成。

经济学领域对公用事业的服务有一种特别的划分方法：公共财与非公共财[1]。公共财为非消耗物，属于不动产类的公用基础设施，系以物的自然属性供公众共同使用，本书称之为“公共用物”，如公路、桥梁、广场、公园、航标等。非公共财为消耗物或服务行为，系基于物与人的结合形成整体，才能供公众使用，本书称之为“公用服务”，如供水、供气、供电、公交、地铁等。

在给付行政领域，为保证公用事业的公益性，其设施的所有权一般归属于国家，即公用事业实行公有制。其中公共用物利用方式不能私法化，更不能私有化，而公用服务的设施利用方式可以私法化，可以阶段性转移所有权，乃至私有化。

---

〔1〕 张其禄：《管制行政：理论与经验分析》，台湾商鼎文化出版社，2006年，第28页。

当公用事业为公共用物时,政府必须用公法利用方式完成,政府无选择权;当公用事业为公用服务时,政府享有选择自由,可以选择公法利用方式,也可以选择私法利用方式。

(二)公共用物——公法利用方式

1. 政府选择权的限制

当行政任务的给付为公共用物(public goods),即供公共使用的特定物时,政府只能采用公法利用方式提供,无权采用私法利用方式。公共用物存在搭便车问题(free-ride problem),因此政府主要是以直接提供的方式来干预。这是现代社会政府最基本的职能,搭便车问题使公共用物不能采用私法方式完成。在免费利用的前提下,私人不会介入该领域。公共用物为社会所必需,该项任务转变为政府职责所在,进而提供公共用物成为附公权力的行政任务。

由于公共用物以物的自然属性供给民众使用,具有自然垄断属性,公用事业公有制成为公共用物的最佳选择。在公用事业公有制下,公共用物的所有权属于国家,民众因使用公共用物成为相对人,此时相对人应当向国家承担公法义务,主要是税或规费。"政府将按照社会整体的需求量来提供公共用物,并以税收或规费分摊的方式向全民或使用者来募集公共用物的提供成本。"[1]这表明该类公用事业必须以公权力的方式才能完成,必须采用公法方式,政府基于公用事业公有制,没有选择私法方式的自由。

公共用物的收费并非是永久性的,而是采用"成本填补原则"。即在收回建设成本后,公共用物的承担主体不得再向使用人征收规费,公共用物进入免费使用状态。对公共用物的维护则由纳税人的税收提供,政府的收费权被终止。可知,公共用物的承担主体被授予公权力,并通过公法利用方式保证公共用物的公益性。

2. 公营组织的公法利用方式

给付行政领域的公权力具有特定性,为规费征收权和财政资金支配权,不同于秩序行政领域的行政权力。公用事业公有制下公共用物的利用具有特殊性,政府必须以公法方式(免费或附期限的规费征收方式)提供。

公营组织经授权享有规费征收权和财政资金支配权,与利用人形成行政法律关系,如政府还贷公路的收费,此即"行政公法"模式。这本身就是一种管制措施,排除了社会资本所有权,保障公共用物的公有制,实现公用事业的

〔1〕张其禄:《管制行政:理论与经验分析》,台湾商鼎文化出版社,2006年,第28页。

公益性。

3. 社会资本的公法利用方式

（1）正当性衡量

公共用物一般应由政府承担，此时可收费的总额包括建设成本和管理（维护）成本，本书称之为“服务成本”。在不存在腐败和浪费的情况下，服务成本是可以预算的。基于对社会资本效率的信赖，公共用物的建设可以采用公私合作方式完成。公共用物采用公私合作模式的原因在于降低成本，亦即社会资本的服务成本低于公营组织的服务成本，此为采用公私合作的正当性理由。

根据“物有所值”理论，为保障公共利益，当采用公私合作模式时，不能增加公共用物利用人的总体负担。此时社会资本必须承诺在服务成本总额内完成公共用物的建设和管理，其利润应当在公营组织完成时所需的管理成本内创造，这时才能证明是有“效益”。如果公私合作的成本超过公营组织承担时的服务成本，则无公私合作之必要。因此，政府采用公私合作完成公共用物的建设时，必须向社会大众说明该种选择符合“物有所值”原则。在建设完成后，如社会资本的管理不善，导致实际成本超过服务成本，则社会资本必须依承诺自行承担损失。

（2）公法规范的约束

当社会资本通过投资承担公共用物建设时，其参与是以营利为目的的，其投资成本及收益靠收费来回收。受公用事业公有制的限制，公共用物的资产所有权不能发生转移，参与公共用物建设的社会资本不能取得所有权，其投资建成的公共用物的所有权必须移交给国家。公共用物所有权移交行为，构成国家向社会资本的征收，基于该项征收国家必须给予社会资本补偿。由于公共用物的所有权归属于国家，利用人与国家形成公法利用关系，并向国家承担公法义务，国家通过征收方式向利用人课以金钱负担，该项金钱负担属于规费。为补偿社会资本的投资，政府授予社会资本规费征收权。利用人转向社会资本承担缴费义务，但该义务属性并没有发生变化，仍为国家义务。因此，社会资本无权以资产所有权者身份向利用人收取费用，社会资本与公共用物的利用人没有形成私法利用关系，而是形成公法利用关系，社会资本取得的规费征收权为公权力。可知，公共用物的提供必须采用规费征收——公权力的方式完成，公共用物的公私合作只能采用授权的方式，社会资本通过授权取得规费征收权。此时，社会资本受到公法规范制约。

（三）公用服务——政府的选择自由

除公共用物必须以公法方式完成之外，政府对公用服务有选择自由。该项选择自由包括两个层面：一为组织形态的选择，公营组织或社会资本；二为利用方式的选择，公法利用方式还是私法利用方式。因此，政府存在双重选择，形成多种排列组合。

当政府选择公法利用关系时，公营组织或社会资本被授予公权力，与利用人形成"规费"征收为内容的行政法律关系。当政府选择私法利用关系时，公营组织或社会资本被授予私权力，与利用人形成以"价金"收取为内容的民事法律关系[1]。比如城市垃圾处理就属于公用服务，靠大量的人力才能完成垃圾处理工作，各城市靠收取垃圾处理费完成该项公用服务。在2002年前，我国城市垃圾处理费属于行政事业性收费，属于规费，由环境卫生专业服务单位（街道环境卫生管理站或环境卫生监督管理所、区环境卫生管理所、环境卫生运输车队）收取，这些服务单位为公营组织，其收取的为规费，亦即采用行政公法模式。2002年财政部等四部委发文在将环卫体制改革为企业化运作后，垃圾清运企业收费属于经营性收费，属于价金[2]。但各地采用的方式各不相同：广州市仍由环境卫生专业服务单位承担，但采用经营性收费（价金）模式，此为典型的行政私法模式[3]；南京市在2004年改制后，采用由南京市市容管理局统一征收垃圾处理费，由改制后的社会资本环卫作业企业完成该项公用服务，双方通过作业合同核拨费用，此为政府向社会资本购买服务，社会资本不承担收费任务，属于公私合作下对社会资本的公法利用方式之变体。

那么，接下来的问题是该如何确定公用服务的公法利用关系——公权力属性呢？对公营组织而言，其提供服务的公法属性比较容易判断。只需要导入排除法，以公法利用方式排除私法利用方式。但是对于公私合作下社会资本提供服务的公权力属性判断则是难题。

政府对公营组织完成行政任务方式的选择，是公私合作的逻辑起点。就是说，行政公法象限和行政私法象限是公私合作的基础。在公私合作的领域，社会资本替代公营组织提供服务时，法律属性上具有继受性。相对人对公营

〔1〕 陈敏：《行政法总论》，台湾新学林出版股份有限公司，2011年，第654-655页。

〔2〕 国家发展计划委员会、财政部、建设部、国家环境保护总局《关于实行城市生活垃圾处理收费制度促进垃圾处理产业化的通知》，2002年6月7日发布，计价格〔2002〕872号。

〔3〕 广州市市容环境卫生局《关于印发〈广州市收取城市生活垃圾处理费实施细则〉的通知》，2002年10月29日发布，穗容环〔2002〕125号。

组织的义务就是对国库的义务,公私合作使社会资本取代公营组织,亦即取代国库,其法律后果是相对人对国库的义务转变为对社会资本的义务。

当公营组织以公法方式完成行政任务时(行政公法象限),已与相对人形成行政法律关系,社会资本取代公营组织后亦以公法方式完成行政任务,与相对人也形成行政法律关系。当公营组织以私法方式完成行政任务时(行政私法象限),社会资本代替公营组织后,与相对人形成民事法律关系。因此,公营组织与社会资本承担行政任务时,是否具有公法属性判断的标准是一样的。

第四章

公用事业收费权的来源：揭开公私合作契约“面纱”

第一节　收费权之解构

一、税费的征收

在农村型社会和城市型社会中，公共政策有很大区别。农村型社会的生活方式为以家庭中的小规模生产为核心的自给自足，而城市型社会的生活方式被彻底改变，工业化使普通市民成为无产者（无生产工具），一旦失业政府必须提供市民最低生活保障[1]。在城市型社会中，政府承担起公用事业的供给任务，形成给付行政。政府承担给付行政的供给能力仰赖于税收体系，包括税收征收和规费征收。在基础建设领域，各国政府的建设资金的来源主要为税收收入和使用费，但形成对“税”和“费”的不同偏好。依据各国政府对税和费依赖程度的不同，分别形成了以税收收入为主的“租税国”（如美国、日本、德国等）和使用费收入为主的“收费国”（如法国、意大利、葡萄牙、西班牙

〔1〕［日］松下圭一：《政策型思考与政治》，蒋杨译，社会科学文献出版社，2011年，第26页。

等）[1]。

税费一般通过征收取得，这里的征收系“行政征收”。学理上的“行政征收”是指行政机关或者法定授权的组织根据法律、法规的规定，向公民、法人或者其他组织无偿收取一定财物的行政行为，如征收通行费等[2]。在我国台湾地区，“征收”的概念在两个层面上使用：一是行政之损失补偿领域；二是用于公课之收取领域，公课包括租税、规费、受益费等[3]。我国大陆“征收”也是在两个层面上使用：一是指《立法法》意义上对“非国有财产的国有化”，如土地、房屋的征收；二是用于税和“费”的收取。本书的“行政征收”是指政府及公营组织向利用人征收税和“费”的情形，属于行政活动。

我国把政府和事业单位收取与公用事业相关的费用称为“行政事业性收费”，并纳入收支两条线管理。在我国大陆行政法学中，“行政事业性收费”的法律属性一直存在争议。对于税的管理我国已有立法，而对于“费”的管理一直很混乱。“行政事业性收费”在我国相关文件中均以“征收”表述，如云南省把所有预算外资金列入征收范畴。那么，这里的“征收”系行政征收，还是民事意义上的收取，存在争议。因此，行政事业性收费在实践中产生的法律后果在认识上并不统一。

在行政任务民营化下，公用事业领域的公私合作最终都指向利用人的金钱负担，公私合作就是围绕着利用人的金钱负担展开的。此时，社会资本取得向利用人收费的权力，那么社会资本的收费行为究竟是行政征收，还是民事收取活动，是一个悬而未决的法律问题。对此，德国行政法学以利用方式来区分。在公法利用关系中，所收取者为“规费”，属于行政征收范畴；在私法利用关系中，所收取者为“价金”，属于民事意义上的收取[4]。但在我国行政法学中，并没有把“规费”作为法律概念来对待，现在一般用“行政收费”表达。

二、规费、行政收费、税、价金

（一）规费的内涵

在公用事业领域，政府往往以征收规费方式提供有偿服务。依德国行政

〔1〕 美国联邦公路局：Public-Private Partners，http://www.fhwa.dot.gov/ipd/p3/faqs/index.htm#1。最后访问时间：2012年10月28日。

〔2〕 姜明安：《行政法与行政诉讼法》，北京大学出版社，1999年，第217，219页。

〔3〕 陈敏：《行政法总论》，台湾新学林出版社股份有限公司，2011年，第1177，266页。

〔4〕 陈敏：《行政法总论》，台湾新学林出版社股份有限公司，2011年，第1005页。

法学，“规费”被分为三种：行政规费、使用规费、特许规费[1]。在公共设施建设中，政府往往收取使用规费，本书研究的重点就是“使用规费”。为研究简便，下文简称“规费”，意指使用规费，如为其他规费，文中将专门指出。

规费是指国家对个别人在行政上之给付时，基于公权力，向受领给付者所收取，作为该项给付之报偿之金钱给付义务[2]。因此，规费为附公权力的国库收入，与税收一样，同为国家的财政工具。规费有以下特征：

从被征收主体上看，规费针对行政给付的受领者征收。受领者就是公用事业的利用人，规费只有在利用人利用公用事业时才实际发生，而利用人未受领给付时，不存在规费。

从来源上看，规费征收必须经法定程序才能收取。一般以法律、法规授权为必要。如黑龙江省人大授权政府收取供热工程建设配套费，经由法规授权。从使用上看，规费只有国家行政机关才能使用，非经特别授权，其他组织及个人无权使用。进入国库的规费收入与税收收入的法律地位是等同的。规费具有公权力属性，使用的主体具有专属性。未经法定程序授权，任何个人和组织的使用都构成违法，将受到刑法的制裁，如挪用公款罪、贪污罪。此外，规费具有专项性，任何一项规费的用途都是特定的。例如，教育附加费只能用于教育，白蚁预防费只能用于白蚁预防。

（二）规费与税的区别

税收收入和规费收入是政府支付基础设施建设成本的两种方式，是政府的财政工具。撇开征收主体不同，规费与税收有明显的区别：

其一，收取的动因不同。税无对待给付，系法定的国家权能。规费需以特定给付的存在为前提，无对待给付就无规费。

其二，反映的内容不同。税系法律规定之项目，为一般的征收，没有具体的目的。规费系用以反映给付之成本，该成本包括税收入和贷款，且不以营利为目的。

其三，适用的原则不同。税以社会公平为原则，规费以成本填补（费用涵盖）和等价为原则。

其四，总体是否可计算不同。税无直接对待给付，标准由法律设定，不存在依成本计算的问题。规费则是针对特定给付，基于成本分摊，是可计量的金

---

〔1〕 陈敏：《行政法总论》，台湾新学林出版股份有限公司，2011年，第266-267页。
〔2〕 陈敏：《行政法总论》，台湾新学林出版股份有限公司，2011年，第266页。

钱负担，具有可计量性，政府必须以建设成本为计算依据，不具有自由裁量的空间。

其五，是否附有期限不同。税除非因法律终止，否则不存在期限问题。规费则附有期限，只在特定时限内存在，一旦特定给付目的达成、期限届满或成本收回，就终止收取，如电力建设基金[1]。

其六，使用领域是否特定不同。税是对整个社会征收的，因而在使用上不考虑纳税人与使用上的关联性，因此税的使用不具有特定性，可以用于各种领域。规费只向特定的获益者征收，并依据其个人接受服务的数量来确定缴费金额，因此规费是特定的，必须专项使用。

（三）规费与价金

本书讨论的规费与价金主要涉及公用事业领域，不讨论其他领域的问题。在政府垄断下，公用事业提供方式无外乎两种：行政公法和行政私法。在行政公法方式下，服务成本以征收税收和规费方式收取，服务成本被公法化，收费权属于公权力；在行政私法方式下，服务成本以价金方式收取，收费权属于私权力。

给付行政是政府混合行政管理活动，为行政权力和民事权利相互作用形成复合型的法律关系。对此，不能因"高权行政"理论将民事部分剥离。规费征收最终归结到公共设施的"服务成本"问题，服务成本包括建设成本和管理（维护）成本，外在的表现为收费权。

规费跟价金最大区别在于：规费附有公权力，其收取和使用必须符合法定条件；而价金本身不附有公权力，其收取通过契约约定，但公用事业领域的收费实行政府管制，由政府定价。从形式上区分规费和价金最好的工具是税收：收费主体以公法手段完成行政任务时，其收取的费用是免税的，被称为"规费"；收费主体以私法手段完成行政任务时，其收取的费用是要纳税的，被称为"价金"。

（四）使用规费与特许规费

依我国台湾地区行政法学对规费的划分，规费分为三种：行政规费、使用规费、特许规费[2]。其中行政规费是为个人之利益或依个人之请求而从事一定行政行为之公法上对价。使用规费是在公法之使用关系内，对公共设施之利

〔1〕 财政部、电力工业部《电力建设基金征收使用监督管理办法》，财工字〔1996〕134号。

〔2〕 陈敏：《行政法总论》，台湾新学林出版股份有限公司，2011年，第266-267页。

用，以公权力课征之对价。特许规费是授予特许权利或行使特许权利之对价。

政府向利用人收取使用公共设施的费用为“使用规费”。如果以此概念衡量我国的政府收费，那么车辆通行费、机场建设费（现改为民航发展基金）、各种初装费、入网费、学杂费、垃圾处理费、特种（如重点工程）建设基金、附加（如教育）、统筹等均可以归入“使用规费”中。对于“行政规费”，本书不予研究。对于“特许规费”，本书研究在社会资本取得特许经营权后，向利用人收费的法律问题，但不涉及社会资本为取得特许经营而向政府支付的特许规费——特许经营费的问题。

在我国基础设施建设领域，政府的使用规费收入基本上取代税收收入，成为政府支付建设成本的主要来源。“使用规费”就是公法化的建设成本和养护成本，而税收收入主要用于支付沉淀成本，有意思的是有时政府以征收使用规费方式予以收回。这被认为是符合管制治理中“物有所值”原则。在公有制下，该原则被具体化为“国有资产必须保值增值”。根据“物有所值”原则，政府确立投入要有产出，形成给付行政的成本-收入之间呼应的内部市场。

（五）行政管理概念与法律概念对接

1.“行政事业性收费”概念的界分

我国行政法学界把政府收费行为定格在“行政事业性收费”这个管理性概念上，而“行政事业性收费”却不能概括出政府在给付行政领域的职能。虽然国务院《关于加强市县政府依法行政的决定（2008）》中将“行政收费”与行政许可、行政处罚、行政强制等行政权力等位，但并不意味着行政收费已经成为法律概念。

在2004年前，“行政收费”被分为“行政性收费”“事业性收费”和“经营性收费”三种类型：“行政性收费”是指国家机关、事业单位为加强社会、经济、技术管理所收取的费用，如基金、统筹等；“事业性收费”是指国家机关、事业单位为社会或个人提供特定服务所收取的费用，如工本费等[1]。

由于行政事业性收费与事业性收费很难区分。为此，在2004年后，我国把附公权力的收费统称为“行政事业性收费”，《财政部、国家发展改革委关于发布〈行政事业性收费项目审批管理暂行办法〉的通知》财综〔2004〕100号第

〔1〕 国家物价局、财政部《关于加强行政事业性收费管理的通知》，1988年6月3日发布，价涉字〔1988〕278号；福建省人民代表大会常委会《福建省行政事业性收费管理规定》，1987年10月10日发布；《内蒙古自治区收费管理暂行规定》，内蒙古自治区人民政府1990年4月16日发布。

三条规定："行政事业性收费（以下简称收费）是指国家机关、事业单位、代行政府职能的社会团体及其他组织根据法律、行政法规、地方性法规等有关规定，依照国务院规定程序批准，在向公民、法人提供特定服务的过程中，按照成本补偿和非营利原则向特定服务对象收取的费用。"其相对应的概念为"经营性收费"，不再区分行政事业性收费和事业性收费。因此，在公用事业收费领域，只存在两种收费：行政事业性收费和经营性收费。

2. "行政事业性收费"与"规费"的概念对接

"行政事业性收费"这个词的行政色彩很浓，用于描述行政事业单位的收费没有障碍。但在公私合作领域，当社会资本被赋予行政事业性收费权限的时候，再称"行政事业性收费"很难让人接受。因此，选择一个中性的术语表达更为恰当。"规费"就属于中性术语，称社会资本征收"规费"，不会直接与政府的行政活动联系起来。交通部早在1988年就将通行费定性为规费，这是一种中性表达，交通系统内部一直使用至今。

我国台湾地区对于公用事业的收费在学理上划分为"规费"和"价金"。通过跟台湾行政法学界对规费、价金的定义比较可以发现，大陆行政管理中的"行政事业性收费"一般以建设公共建设成本的回收为计费基础，对应行政法律概念就是"规费"，由公营组织或社会资本征收。"经营性收费"一般以运营和维持成本的费用为计费基础，对应的行政法律概念为"价金"，由公营组织或社会资本收取。

"行政事业性收费"和"经营性收费"是从行政管理角度进行的界定，是从外延上做的描述，目的在于将通行费纳入"收支两条线"管理，缴入国库，列入国家预算。可知，"行政事业性收费"附公权力，属于"规费"；"经营性收费"不附公权力，属于"价金"。

3. 政府收费引入"规费"概念的必要性

（1）有助于法律关系的认定

我国的政府收费以"行政事业性收费"作为法律概念，收费一般由事业单位完成。事业单位非行政机关，在我国一般被认为是民事主体，其与收费对象形成民事法律关系。事业性收费也被认为是平等主体之间的收费活动。这就引发主体地位、行为属性认定上的混乱。

"行政事业性收费"本身是个不确定的概念。行政性收费附有公权力，形成行政法律关系容易理解，但是事业性收费也是附有公权力的。如民航发展基金、公立学校的学费是典型的事业性收费，是以公权力方式做成决定并征收。事业性收费形成行政法律关系还是民事法律关系，对此，我国司法界是有争议的。

以我国的政府还贷公路收费为例。从1988年开始，我国出现政府还贷公路，其通行费内含多种用途：还贷款、收费公路养护费以及收费机构管理费[1]。公路的建、管、养的成本都包含在内。政府成立公营组织（公路管理机构）以公法方式完成公路建设任务，属于行政公法象限。依我国行政管理规定，政府还贷公路通行费被列入行政事业性收费序列。那么，公路管理机构收取行政事业性收费形成行政法律关系还是民事法律关系？对此，法院的司法认定不一。

在原告欧阳德诉被告永州市冷水滩区人民政府违法收取过桥费（以下简称"欧阳德案"）中，法院认为被告在免费期间向原告的运猪车收取通行费的具体行政行为违法，应予撤销[2]。类似的判决还有如2005年李刚诉上海市市政工程管理局违法征收案[3]。在这些案件中，法院认为公路管理机构基于通行费征收，形成行政法律关系，为行政争议，属于行政诉讼受案范围。

但在原告江苏省南京市江宁县东山镇副业公司诉被告江苏省南京机场高速公路管理处损害赔偿案（以下简称"南京机场高速公路赔偿案"）中，南京机场高速公路属于政府还贷公路，法院认为公路管理机构基于通行费的收取，双方订立民事合同，形成民事法律关系，为民事争议，属于民事诉讼受案范围[4]。

政府还贷公路的利用人缴纳通行费，为利用人向国库承担的公法义务，并非向公路管理机构承担的私法义务。利用人基于公法义务不可能产生民事契约。但在"南京机场高速公路赔偿案"中，法院却认为公路管理机构并非行政机关，属于事业单位，收取的为事业性收费，因此形成民事法律关系。显然，事业单位的法律地位及事业性收费的概念给司法造成困扰。如果以"规费"作为法律术语，就不存在法律上的障碍。

（2）有助于主体法律地位的定性

一般认为，"行政事业性收费"包括行政性收费和事业性收费，行政机关

---

〔1〕《交通部、财政部、国家物价局关于发布贷款修建高等级公路和大型公路桥梁、隧道收取车辆通行费规定》（1988年1月5日发布，〔1988〕交公路字28号）第10条规定："收取的通行费只许用于偿还贷款和收费公路、公路构造物的养护及收费机构、设施等正常开支，绝不允许挪作他用。"

〔2〕 湖南省永州市中级人民法院（1999）永中行初字第1号行政判决书。

〔3〕 "进津费"官司未了 清华博士又告上海收"进沪费"，https://news.sina.com.cn/s/2005-11-02/08227334073s.shtml。最后访问时间：2021年12月2日。

〔4〕 江苏省南京市中级人民法院（1999）宁民终字第573号民事判决书。

和事业单位都可以收取。这样的界定导致行政机关自己都很难区分清楚。

如原告常德市自来水公司诉被告常德市武陵区水利水电局行政处理决定案中,原告认为依照国家相关法律规定,不存在堤防维护费。但湖南省人民政府的规定列该费为事业性收费。原告据此认定双方为平等民事主体关系。原告的异议在于,既然双方为平等主体,被告却完全以行政决定方式单方面征收,被告程序错误,系滥用职权。法院认为堤防维护费系国务院决定征收的费用,但国务院未明确其属性。虽然湖南省政府将该费用确定为事业性收费,但是依据《湖南省行政事业性收费管理条例》系行政性收费,该条例认为行政性收费为行政机关依行政管理职权收取的费用,事业性收费为提供服务收取的费用,据此法院判决认定此系行政性收费[1]。本案中,法院衡量基准为:行政性收费权附公权力,而事业性收费为平等民事主体间收费。这样的界定与政府收费的内涵相去甚远。

4. 政府收费引入"规费"概念的可行性

"规费"在大陆交通领域的法律性文件中已经广泛适用,这些文件把车辆通行费、航道费等列为"规费"征收。除了交通领域使用该术语外,国务院仅在固定资产投资、土地管理领域的相关文件中用过该词[2]。如果把"规费"作为法律术语,那么其含义可以跟国外及我国台湾地区行政法对应衔接,同时比行政事业性收费更易于界分收费行为的法律属性。这是"规费"概念的优势所在,应当推广其使用范围。本书认为,应当以"规费"取代"行政收费",正在起草的《行政收费法》也应当改为《规费征收法》为妥。

如果行政法学中用"规费"概念取代"行政事业性收费"概念,有助于区别政府的违规收费行为。如在收费公路领域,除正常通行费外,有的交通部门还征收工程建设基金[3]。通行人在缴纳通行费的同时,被责令缴纳建设基金,该基金被用于偿付公路的建设成本。但是通行费本身就是为公路建设成本而收取,因此通行费和工程建设基金属于同种规费。政府无权以同样的理由在同一次通行中收取两笔规费,该行为构成重复征收,即利用人产生重复义务。可

〔1〕 湖南省常德市中级人民法院(1999)常行终字第31号行政判决书。

〔2〕《国务院关于固定资产投资项目试行资本金制度的通知》,1996年8月23日发布,国发〔1996〕35号。

〔3〕 江苏省财政厅、物价局、交通厅《关于调整车辆通行费征收标准的通知》(1996年6月12日发布,苏财综〔1996〕75号)规定收取的通行费"收入中20%为代省征收的省重点交通工程建设基金,另80%才用于偿还收费公路工程建设贷款本息和正常收费开支"。

知，征收工程建设基金不具有正当性。如果以行政事业性收费定性则无法区别出两者的差别，但根据规费的概念，就能区别出利用人是否在重复承担金钱义务。为此，本书以下采用“规费”与“价金”概念来对相关问题进行分析。

5. 规费向价金的转化

特殊的历史背景导致我国规费、价金不分。在计划经济体制下，我国基本把所有的收费都纳入规费的范畴，一切公用事业均由政府提供，政府收费都是公营组织承担，价金被公法化，政府收取的所有费用均可纳入规费。在实行市场经济后，被公法化的价金逐步从规费中分离出来，回复原本的民事属性，从而产生我国特有的现象：规费向价金转化。

如水利工程水费由水利部门作为行政事业性收费收取，纳入各级财政预算外资金专户管理，属于规费范畴〔1〕。但在1997年，《国务院关于印发〈水利产业政策〉的通知》规定，水利工程水费作为供水价格管理，将转为经营性收费，该规费由此转为价金〔2〕。

三、收费模式主导基础设施建设的变革

（一）政府的收费偏好

1. 公营组织收费权来源

公用事业的提供可以分成两部分：一是基础设施的建设；二是基础设施的营运。两者都需要成本，政府对前者通过征收规费方式取得建设资金，对于后者通过收取价金取得营运资金。公共设施基础建设资金本应由政府通过税收提供，但税收形成公共资金的高成本，导致政府形成收费的偏好。

秩序行政视野下，税收行政为“收”，给付行政为“支”。前者为税收、规费征收权，后者为财政资金支配权。从政府对资金运用的角度看，两者是一体化的。作为给付行政的行政主体同时享有这两项公权力，缺一不可。

20世纪20年代后，公用事业被收归国有，由政府承担。政府成为公用事业的提供者，由行政机关组成的政府是执法者，自身不可能生产公共产品。政府往往把原提供公用事业的社会资本国有化为公营组织或新设立公营组织，不以营利为目的地生产公共产品。此时政府可以选择公用事业的完成方式：

---

〔1〕 国务院《关于发布〈水利工程水费核订、计收和管理办法〉的通知》，1986年7月30日发布，国发〔1985〕94号。

〔2〕《财政部关于公路车辆通行费管理等有关政策问题的复函》，2000年8月24日发布，财规〔2000〕25号。

当政府决定公营组织以公法方式完成行政任务时，即行政公法象限下，公营组织自身无公权力，政府授权公营组织行使公权力，公营组织据此取得对利用人的规费征收权和财政资金支配权。当政府决定公营组织以私法方式完成行政任务时，即在私法模式下，公营组织取代社会资本提供公用事业时，自身不能产生私权力，只能由政府特许公营组织行使私权力，公营组织据此取得对利用人的价金收取权，与国库无关。可知，公营组织的收费权来源有两种方式：在行政公法象限，政府对公营组织赋予公权力，谓之"授权"；在行政私法象限，政府对公营组织赋予私权力，谓之"特许"。这两种方式也决定公私合作下社会资本收费权的来源。

2. 收费偏好的形成

从经济学角度看，在给付行政中有一个重要的概念是公共资金（基于税形成）的边际成本——1单位资金的社会成本，主要是指政府提供扭曲性的税收来获取建设资金时所导致的无谓损失[1]。发展中国家的税收的低效率和腐败，使得政府投资基础设施极其困难，并且影响各种形式的公共干预——特别是规制和竞争政策——的成本[2]。

公共资金的高成本意味着通过收费，而非用一般性税收来为固定资本和缴纳政府收入筹资更为有利[3]。因此在公共基础设施领域，以收费方式提供公共基础设施成为政府首选，这直接减轻政府的财政负担。

早期收费被定义为用来弥补运营和维持成本的费用，亦即一般意义上的"价金"。基础建设投资成本则由政府以税收财政收入来承担。但公共基础设施的投资形成大量的沉淀成本，无法直接收回，这导致政府局部预算不平衡[4]。为改变这种状况，在法律没有授权的情况下，政府开始尝试征收特别附加、基金等，亦即"规费"。规费被用来弥补建设成本，以维持项目或者产业性的局部预算平衡。

---

〔1〕［法］让-雅克·拉丰：《规制与发展》，聂辉华译，中国人民大学出版社，2009年，第4页。据世界银行计算，发达国家的无谓损失达0.3左右，就是说每次政府筹集1个会计单位需要花费纳税人1.3个单位。发展中国家的无谓损失明显超过1.0，就是说每次政府筹集1个会计单位需要花费纳税人2.0个单位。税收的无谓损失越大，政府实施一项计划的成本就越高。

〔2〕［法］让-雅克·拉丰：《规制与发展》，聂辉华译，中国人民大学出版社，2009年，第4页。

〔3〕［法］让-雅克·拉丰：《规制与发展》，聂辉华译，中国人民大学出版社，2009年，第13页。

〔4〕沉淀成本（sunken cost）又称沉没成本、沉落成本、沉入成本、旁置成本，意为已发生或承诺、无法回收的成本支出。沉淀成本是管理会计中的一个术语，主要用于项目的投资决策，与其对应的成本概念是新增成本。

公共基础设施建设需要成本，这些成本属于沉淀成本，形成政府财政负担。政府将这种沉淀成本按固定比例，分摊给公共基础设施的利用人，所征收的费用就是规费[1]。

以规费名义征收建设成本成了政府重要职能。之后，部分管理费（如铁路货运中的站台费、点装费）和维护费（如已被取消的公路养路费）也被纳入"规费"征收序列。这直接扩大政府的行政权力作用范围，因为法律并无相关授权。建设成本、管理或维护费成为公共基础设施专项费用，构成规费的主要部分，由政府征收。"分税制"使地方政府的筹资能力有限。地方政府转向融资领域和收费权转让。融资需要信用，于是我国首创收费权被作为信用资本予以质押。此时规费征收权也被允许质押，行政权力被转化为民事权利利用。传统的质押权显然无法容纳行政性的收费权，于是民事权利也被动扩张。

政府的收费偏好使行政权力和民事权利被无限放大。"新制度经济学"的结论指明，行政权力的增强和产业资本组织权利的扩大，都会使民众利益受损。但是在相对人的边际无谓损失的掩盖下，由于对单个的相对人来说可能在其承受范围内，即使其明知受损，但维权成本远远高于无谓损失，相对人也不会进行维权。相反，获益者会表示支持，即使明知收费是违法的。比如电信初装费征收因没有法律依据而被迫取消，但有人仍然认为如果没有电信行业的初装费政策，电信行业不会发展那么快[2]。虽然高速公路的收费有众多的问题，但是收费公路政策也被认为是我国公路建设飞速发展的成功原因之一[3]。

（二）以规费为重心的公用事业收费

1. 公用事业建设资金的来源

政府的收费偏好决定公营组织和社会资本在公用事业领域的活动以收费权为核心。规费是对建设成本的弥补，价金是对营运成本的支付。但在多数人的印象中，公用事业收费为价金。但事实上与此相反，我国的公用事业收费制度建构是以规费为重心而展开的。

国家为了完成行政任务，根据法律授权，可以以财政收入为目的的向民众强

---

〔1〕 对应的概念为我国台湾地区的"工程收益费"，是从受益者负担角度构建，由于其建设以税收为基础，工程使土地所有者构成特别收益，为保障公平，于是向其征收"工程收益费"。但大陆土地国有，不存在土地所有者受益的问题，所以大陆没有"工程受益费"。

〔2〕 参见刘晓峰：《中国电信今日辉煌　电话初装费功不可没》，载https://tech.sina.com.cn/it/t/75649.shtml。最后访问日期：2021年12月2日。

〔3〕 国际在线专稿：《翁孟勇谈公路收费问题：正研究逐步建低标准收费系统》，http://news.cri.cn/gb/27824/2011/01/18/4865s3127891.htm。最后访问时间：2012年7月22日。

制征收金钱。当国家的公营组织选择通过公法方式完成行政任务时，公用事业建设资金的来源主要有税和规费。这构成民众对国家的金钱负担，亦即公法义务。当国家公营组织采用私法方式或社会资本（国有企业）完成时，收费方式为价金，这是民众对国家的另一种金钱负担，亦即私法义务。

税在各国的概念和功能都一样。税收因其不需要直接给予报偿，公民依法纳税成为国家最主要的收入来源。以税收为国家运作财源基础的国家被称为“租税国家”。在公用事业领域，此为利用人对国家的公法层面上的金钱负担。

规费以国家提供特别公用事业为前提，所负担之金钱对待给付义务，以公权力课征，用以满足国家财政需求。因此，规费是民众对国家的另一项金钱负担，用以弥补国家提供特别给付的成本，国家以公权力方式征收。这也是利用人对国家公法层面上的金钱负担。

价金为正常服务的价格，即用来弥补运营和维持成本的费用，为营运成本或管理成本部分，不包括建设成本的部分。此系公营组织或公私合作下社会资本的私权力。这里的公营组织一般为国家机关（如铁道部）、事业单位（自来水厂），一般不以营利为目的，而以营利为例外。社会资本为国有企业（改制后的电力公司），所收价金以营利为目的。在我国公用事业领域，公营组织和社会资本都是由国家资本构成，所以形成的法律关系为国家与利用人之间的民事法律关系，即国家通过公营组织和社会资本以私权力方式收取。此为利用人对国家私法层面上的金钱负担。

2. 市场化进程下的收费模式

我国公用事业存在一种特有的现象：公共设施的利用人在承担“价金”外，还同时承担其他用于建设成本的“规费”。比如，市民或用水单位缴纳自来水水费时，供水公司还代为收取污水处理费、水资源费、城市公用事业附加费等规费。政府的公共建设是以规费征收为中心，用以收回税收支付下形成的沉淀成本或偿还贷款。在这个过程中，建设成本被“公法化”为规费。

例如，在铁路货物运输中，正常运价之外，铁道部还征收铁路建设基金、电气化附加费。在电信领域除经营企业正常通话费外，原邮电部、信息产业部还征收市话初装费、邮电附加费、移动电话入网费等政府性基金项目[1]。在航空

〔1〕 财政部、信息产业部《关于取消市话初装费和邮电附加费等政府性基金项目的通知》，2001年6月21日发布，财综（2001）44号。

领域，除机票外，民航总局还征收民航发展基金、旅游发展基金。政府在公共工程建设中，所有行政活动都是以基金、初装费、附加等规费的征收为核心，而价金属于政府对公用事业组织进行管制的对象。

在实践中，政府通过对规费和价金的组合，在我国形成三种不同的资金来源模式：纯规费、规费加价金、纯价金。公私合作建立在这三种收费模式基础之上，是利用人金钱承担对象从公营组织向社会资本的转移。因此，在公用事业建设制度上形成“规费为主，价金为辅”的建设模式。我国公用事业市场化是通过公私合作实现的，并形成三种类型的公共工程建设模式。

一是纯“规费”。该模式以规费作为建设成本支付来源。在此模式下，因没有可经营性内容，不存在管理成本价金支付的建设模式，一般只存在于公共用物的建设。由于公共用物无法产权化，其所有权不能转移，只能采用公法方式完成。此为公营组织以公法方式完成公用事业，收费权为行政权力，如基于公路车辆通行费形成的收费权。此时，公营组织的行政权力与利用人的民事权利相互作用，形成行政法律关系，为动态行政法律关系象限分布图3-10中的Ⅰ象限。该领域的公私合作比较特殊，社会资本基于授权取代公营组织成为规费的征收者，但其以营利为目的，取得政府主责的共同责任的收费权，与利用人形成行政法律关系，为动态行政法律关系象限分布图3-10中的Ⅱ象限。

二是“规费+价金”。该模式是以规费作为建设成本来源，以价金作为维护和管理成本来源的建设模式。在该模式下，公共设施的所有权可以移转给社会资本所有。规费由公营组织征收，价金由社会资本收取，是典型的公私合作完成公用事业。实践中规费一般由社会资本代征，社会资本代征规费在我国行政法中称为“行政委托”，我国台湾地区称之为“行政助手”。如航空乘客必须承担民航发展基金、旅游发展基金和机票价格，前两种为规费，后者为价金，形成两种不同法律属性的收费权。两项费用都由航空公司收取，规费为代征，航空公司收取不超过1%的代征费[1]。此时，政府的行政权力与社会资本的民事权利产生复合，政府的行政权力被附着于社会资本的民事权利，形成私权力。社会资本的私权力与利用人的民事权利相互作用，形成民事法律关系。但因其又代征规费，其收费权表现出社会资本主责的共同责任的特征，为动态

---

〔1〕 财政部《关于印发〈民航发展基金征收使用管理暂行办法〉的通知》，2012年3月21日发布，财综〔2012〕17号，第15条。

行政法律关系象限分布图3-10中的Ⅲ象限。

三是纯“价金”。该模式以价金作为经营公用事业的资金来源。政府行政权力的作用完全退出，不再征收规费。价金由社会资本收取，此为完全市场化的模式。社会资本的收费权为社会资本完全责任权利。如已被电信部门取消的初装费，在垄断的情况下，初装费有生存的空间，可以发挥补充基础建设资金来源的作用，但在市场竞争环境下，初装费会提高服务价格，使企业丧失竞争优势，特别是“入世”后面临的全球化竞争的压力，初装费被迫取消[1]。因此，在市场竞争环境下，规费没有存在空间。此时，社会资本与利用人形成民事法律关系，属于动态行政法律关系象限分布图3-10中的Ⅳ象限。

政府选择“规费为主，价金为辅”的建设模式，降低因税收的低效形成的公共资金高成本，推动了我国经济的高速发展。多数规费用于回收以税收收入形成的沉淀成本，在这个层面上，“国有资产保值增值原则”得以适用，创造性地形成行政的内部竞争，促使行政处于最好的状态。以规费征收为重心的建设模式，改变了传统“租税国家”以税收收入为重心的建设模式，属于我国公共设施建设领域的制度创新。

如在收费公路收费权转让中，转让价格必须高于政府投资。这里的政府投资除了贷款，主要是税收收入的投入。收费权转让遵循“现代公共行政”中的产量核算制度，即将行政活动视为产品，计算和确定其成本，用“物有所值”核算代替单纯记录性的收入核算控制制度。正是这些创新型的管理制度推动了我国公路建设的高速发展。但是由于对受让者即公路经营公司的收益采用年限法，没有固定化、公开化，导致公路经营公司产生暴利，利用人却无从制约，从而使转让收费权的收费公路丧失公益性。

目前，我国政府依靠规费的征收建设公共设施，再通过公私合作营运公共设施，这使我国建成世界上最强大的公共设施。我国已成为“收费国”，而非“租税国”。这印证了萨瓦斯的观点，政府不再直接提供服务，公众以高物价的方式间接为这些服务付费，而不是通过纳税方式直接支付[2]。这种方式的公益性必须重新考量。我国审计署指出，这种状况的实质是将政府提供公共产品的一部分责任，转嫁给社会和公众[3]。

---

〔1〕 安替：《初装费取消：中国电信早已准备好的入世牌》，《商务周刊》2001年第14期，第6-7页。

〔2〕［美］E. S. 萨瓦斯：《民营化与公私部门的伙伴关系》，周志忍等译，中国人民大学出版社，2002年，第131页。

〔3〕 审计署：《18个省市收费公路建设运营管理情况审计调查结果》，2008年2月27号。

此外，我国在公用事业领域"规费为主，价金为辅"的建设模式形成"一物二权，两种负担"。即同一项公用事业收费中，公权力与私权力并存，利用人形成公法和私法两种负担，难免会交叉。以电价为例，1992年以前的电价是不包含建设成本的，建设成本以税收收入承担，1992年后实行"一厂一价"，消费者支付的电价包含建设成本，同时消费者必须在电价外缴纳电力建设基金，每千瓦时用电量为两分钱，用于收回税收形成的沉淀成本[1]。那么，值得考虑的问题是，电力建设成本是否构成重复收取？

（三）收费权法律属性的定位

1. 收费权的法律属性

公共基础设施一般都由政府设立的公营组织提供。在免费的情况下，政府以税收收入承担行政任务，如补助。但大多数公共基础设施采用有偿方式提供，即政府采用"规费为主，价金为辅"的建设模式有偿提供公用事业。此时政府的收费权有两种形态。

（1）公权力

当政府决定以公法方式承担公共任务时，则收费主体基于法律授权，取得的收费权为公权力，一般存在于公共用物领域。此时，收费主体包括公营组织（如公路管理机构）与社会资本，其与利用人形成以"规费"征收为内容的行政法律关系。公营组织收费以公益性为目的，不以营利为目的。社会资本则以营利为目的行使收费权，但其收益一般采用固定收益法，收益率受严格限制。利用人的金钱负担为公法义务，该义务一般源自法律规定，为法定义务。

当政府选择公营组织承担行政任务时，形成行政公法象限，属于图3-8的Ⅰ象限。公营组织以公权力方式征收服务成本。此时，政府对该项行政任务属于政府垄断，不存在市场垄断的问题。在公私合作下，原本属于行政公法象限的行政任务进入市场化运作。此时政府应当将竞争者居于平等地位，让所有参与者都可以通过行政程序有机会公平竞争，任何一方都不得滥用市场支配地位，否则构成垄断。但是该项行政任务收费权的公法属性并没有发生改变，仍为公权力。此时，就收费权而言，社会资本属于委托代收，即行政法领域的行政委托，产生政府服务外包，属于图3-10中的Ⅰ象限。

以白蚁预防费为例。我国对于新建、扩建、改建、装饰房屋实行强制白蚁预防服务，建设项目开工前，建设单位应当与白蚁防治单位签订白蚁预防合

〔1〕［法］让-雅克·拉丰：《规制与发展》，聂辉华译，中国人民大学出版社，2009年，第13页。

同，白蚁预防包治期限不得低于15年[1]。房屋建设单位和个人（建房业者）必须缴纳白蚁预防费，该项费用并非发现白蚁后防治单位收取的费用，而是预收，即使没有白蚁也要缴纳，带有强制性。该费用由财政专管，属于规费，预防工作一般由建设部门下属的白蚁防治所承担并收取预防费。因此，对于白蚁的预防工作系公益性很强的公共行政服务，由政府部门以公法（行政）方式完成，建设部门成立公营组织（白蚁防治所）以公法方式（征收规费——白蚁预防费）完成，属于典型的"行政公法"模式，属于图3-8的Ⅰ象限。因此，白蚁预防业务为政府垄断业务。

在公私合作下，由社会资本承担白蚁预防服务，此时，当该社会资本承担白蚁预防费收取任务时，系代收白蚁预防费。社会资本承担白蚁预防服务，系政府的服务外包，由政府购买白蚁预防的工程服务。如果该组织系通过组织民营化实现改制，则其不能利用市场支配地位独家取得白蚁预防服务，而应当与其他竞争者公平竞争，通过招投标取得，否则构成市场垄断。

在原告湖州一亭白蚁防治服务有限公司诉被告湖州市白蚁防治研究所有限公司垄断纠纷案中，原告混淆白蚁预防费（规费）和白蚁治理费（价金）的区别[2]。原告可以就新建、扩建、改建、装饰房屋以外的房屋提供白蚁治理服务，收取价金。但新建、扩建、改建、装饰房屋的白蚁预防费系由国家征收，属于国库收入。后白蚁防治所进行改制，从公营组织改制为社会资本（即有限公司形式的被告）。被告经建设部门授权，向开发商征收预防费。被告就白蚁预防费的征收和白蚁预防服务与建设部门形成公私合作关系，并未改变白蚁预防费的规费属性。此时白蚁预防费仍由国家征收，被告只是代收，属于国库收入，而非被告的经营收入。被告与开发商订立服务合同系完成白蚁的预防服务。被告并没有独占强制预防服务以外的白蚁防治市场。被告收取白蚁预防费属于代为行使公权力，所收费用交给财政部门，白蚁防治费并非被告垄断市场的经营所得。

从动态行政法律关系来看，在公私合作下，白蚁预防费的征收形成的法律关系属于图3-10的Ⅰ象限，社会资本仅为行政助手。根据后文图5-1对政府管制职能的划分，Ⅰ象限为行政管制，Ⅱ象限为社会管制，而反垄断属于Ⅳ象限。因此，反垄断是公用事业私有化下政府的行政任务，本案属于行政管制，

---

〔1〕《城市房屋白蚁防治管理规定》（建设部1999年10月14日第72号令发布）第8条。

〔2〕 浙江省高级人民法院（2010）浙知终字第125号民事判决书。

并不涉及行政任务私有化,不在政府反垄断管制的象限内,就被告的代收白蚁防治费行为而言,不构成市场垄断。但是,就白蚁预防服务而言,被告基于通过改制形成的市场支配地位,未经招投标取得白蚁预防服务的独家经营权,属于市场垄断行为。

（2）私权力

如果政府决定以私法方式完成行政任务时,则收费权为私权力,一般存在于公用服务领域。收费单位可能是公营组织(如铁道部、自来水厂),也可能是公私合作后的社会资本(这里是指公司化的国有企业、合资企业或私人公司)。收费单位与利用人形成以“价金”收取为内容的民事法律关系。如果收费单位为公营组织,则不以营利为目的。如果收费单位为社会资本,则以营利为目的。

利用人的金钱负担为私法义务,该价金的费率由政府确定。在价金中,可能包含建设成本,也可能不包含建设成本。对于通过规费征收基础设施基金建成的公用服务业,不需要再通过规费征收来获取基础设施的建设资金,如我国的电信行业。

2. 实证分析:公路通行费定性的制度性错位及矫正

公路属于典型的公共用物。我国的收费公路包括政府还贷公路和经营性公路。目前,我国的政策性规定将通行费界定为双重属性,政府还贷公路为行政事业性收费、经营性收费。那么,这样的划分是否正确呢?

（1）公路管理机构的规费征收权

我国公路收费始于1984年国务院提出的“贷款修路、收费还贷”政策,最初依该政策修建的公路被称为“政府还贷公路”。1988年,交通部颁发的《中华人民共和国公路管理条例实施细则》第十条规定:“各级公路主管部门和其授权的公路管理机构应当认真履行下列各项管理职责:……(六)负责通行费、养路费、过渡费等规费的征收和使用管理等。”该规章明确了政府还贷公路车辆通行费的法律属性为“规费”,其收取手段为行政征收,所收费用缴入国库。因此,经授权的公路管理机构(属于公营组织)收费权的法律属性为“规费征收权”,与缴费人(公路利用人)形成行政法律关系。

（2）现行政策对公路经营公司收费权的定位——价金收取权

从1994年开始,我国收费公路开始民营化,出现经营性公路,其通行费内含建设成本、收费公路养护费以及公路经营公司(属于社会资本)的管理成本和利润。此时,由于公路产权无法明晰,其所有权属于国家不能转移,政府与公路经营公司只能通过公私合作方式实现收费公路民营化。那么此时，公路经营公司收费为规费还是价金？

1997年原国家计委发文认为，国内外经济组织依法经批准经营公路时收用车辆通行费，属经营性收费行为，是公路运输价格的重要组成部分，而不属行政事业性收费[1]。该文件确定经营性公路的收费属于价金，而非规费。公路管理机构并非经济组织，其为管理公路并非经营公路，因此，该文件并未改变政府还贷公路通行费的规费属性。

2000年财政部发文进一步明确通行费的法律属性：通行费由公营组织（公路管理机构）收取时，被列为行政性收费，不交税，属于规费；通行费由社会资本（公路经营公司）收取时，被列为经营性收费，要交税，属于价金[2]。此时，同一种收费活动产生双重属性。产生的问题是，利用人都在收费公路上通行而缴费，为何会有规费和价金两种不同性质的通行费呢？公路管理机构与公路经营公司收费权的法律属性为何不同？

（3）公路经营公司的收费权源自政府授权

公路属于公用事业。公用事业一般具有自然垄断属性，对于特定需付费使用的公用事业，政府通过行政授权与行政特许来保障收费主体的垄断地位。因此，公用事业的收费权源自政府的两种行为：行政授权与行政特许。基于行政授权，收费主体取得公权力，所收费用在法律上一般称为“规费”，其与公用事业利用人形成行政法律关系。基于行政特许，收费主体取得私权力，所收费用在法律上一般称为“价金”，其与公用事业利用人形成民事法律关系。可知，规费征收权属于公权力，价金收取权属于私权力。规费征收不以营利为目的，所以免税。价金收取以营利为目的，需要纳税。交通运输部对政府还贷公路的通行费就是按以上规则确定其法律属性的。但在我国行政管理中，规费被称为“行政事业性收费”，价金被称为“经营性收费”。

对政府还贷公路而言，公路管理机构的收费权是依授权而取得的公权力。在我国行政管理上，政府还贷公路的通行费被列入“行政事业性收费”，进而成为政府财政收入的一部分。因此，政府还贷公路的通行费，系公路利用人向国库承担的公法义务，是被国家征收的金钱负担。

---

〔1〕国家计委《关于公路、桥梁、隧道收取车辆通行费有关问题的复函》，1997年10月31日发布，计价管〔1997〕2070号。

〔2〕《财政部关于公路车辆通行费管理等有关政策问题的复函》，2000年8月24日发布，财规〔2000〕25号。

公路经营公司是民营化后产生的收费主体，那么经营性公路收费权在民营化后其法律属性是否已经发生变化，是否从公权力转换为私权力了呢？

首先，公路属于公共用物，其所有权不能转移。1994年6月7日交通部《关于加强公路设施产权交易管理的紧急通知》规定："公路设施的所有权不得进行交易。"可知，公路不能经营。在民营化下，公路经营公司投资兴建的公路所有权仍然归属于国家。由于公路经营公司对公路不拥有所有权，公路经营公司基于公路投资并未取得向利用人收费的私权力。对公路经营公司而言，公路利用人并不存在私法义务。基于经营性公路的国家所有权，利用人仍然对国家承担公法义务。因此，公路经营公司向利用人收费只可能是基于公权力，而不是通过私权力。公权力唯一来源是政府的行政授权。

其次，《收费公路管理条例》（以下简称《条例》）第七条规定："收费公路的经营管理者，经依法批准有权向通行收费公路的车辆收取车辆通行费。"该条为公路管理机构和公路经营公司行使收费权的共同法律依据，从法条规定看两者取得收费权的方式是一致的。公路管理机构系经政府授权而取得规费征收权，因此公路经营公司根据该条规定也是依行政授权而取得规费征收权，而非依行政特许取得价金收取权。公路经营公司据此行使公权力，而非私权力。该《条例》同时规定收费公路的期限、价格等都必须经过省级人民政府的批准，因此省级人民政府是收费权的授出者。

公路民营化并没有改变公路收费权的法律属性。公路管理机构与公路经营公司均依行政授权而取得规费征收权，而非经行政特许的价金收取权。公路经营公司依政府行政授权取得的是代行国库收费权能，同时经授权取得财政资金支配权。公路经营公司与利用人之间为行政征收法律关系，民营化没有改变利用人对国库的公法义务。因此，通行费只有单一的法律属性，只是规费，而非价金。

公路经营公司系依授权取得规费征收权，并非特许经营，这意味着公路经营公司必须受公法规范的制约。例如，行政公开原则等公法原则将得以适用，使公路经营公司的收益透明化。这有助于消除民众对公路经营公司"暴利"的误解，从而保障经营性公路的公益性。

（4）公路经营公司收费权的制度性错位

公路属于公共用物，其所有权属于国家不能转让，更不能经营。公路收费权的产生只为偿还贷款或投资，并无财产权之内容。公路民营化后，公路经营公司的收费权经省级人民政府的授权而取得，属于公权力。从行政管理角度看，为经授权取得的行政事业性收费。例如，我国台湾地区的“民营公用事业监督条例”并未把公路作为可以经营之事业，私人参与公路建设的收益被限定为投资总额的8%。这可以视为严格管制下的制度设置。

但在我国大陆，通过民营化建设的经营性收费公路却被列入纯经营性项目[1]。财政部将公路经营公司收取通行费定位为经营性收费。这使收费权从行政授权下的规费征收权，转向经行政特许下的价金收取权。公权力被转化为私权力，利用人对公路的公法利用关系被转化为私法利用关系。即把利用人对国库承担的公法义务，转化为对公路管理机构或公路经营公司承担的私法义务，并认为公路经营公司与利用人形成民事法律关系。

任何一条收费公路开通收费，必须经过省级人民政府的授权，并在收费公路入口处明示。将公路经营公司的通行费定性为经营性收费，而经营性收费属于私权力，私权力只能通过行政特许取得。这与省级人民政府的行政授权相矛盾。

财政部将公路通行费定位为经营性收费，这使公路成为纯经营性项目。财政部的定性成为公路经营公司获取利润、政府获得税收的法理基础。同时，这意味着公路经营公司脱离行政公开等公法原则的制约，而适用“私法自治”原则，使得公路经营公司的“暴利”成为合法收入。为使公路经营公司能够经营，必须使公路经营公司对公路拥有“财产权”，否则其经营无从谈起。比如在1994年交通部颁发的《高速公路公司会计核算办法》中，就把公路及构筑物归入公路经营公司的营业用固定资产。这属于民营化下的“私有化”方式，使公路所有权在一定期限内被转让给公路经营公司。即通过“私有化”模式实现公路的市场化运作，但这与《公路法》规定的公路之公益性相矛盾。

公路经营公司所谓的“经营”，也只有以收费权进行质押的融资活动。这意味着公路通行费承担私权力下的资本运作功能，严重脱离公路收费权的公权力属性。这一切都使收费公路营运成本增加，进而使利用人形成高负担，最终使经营性公路丧失公益性，为民众诟病。

（5）经营性公路的公益性保障

政府还贷公路的收费方式决定了公私合作后社会资本的收费方式。公用事业公有制及公共用物的经济属性，决定了公路必须采用公法利用方式，政府没有选择权。政府无权选择以私法利用方式提供，否则公路就丧失公益性。

---

〔1〕 孙洁：《PPP管理模式对城市公共财政的影响》，《财政研究》2004年第10期，第22-24页。

公路经营公司经政府行政授权取得规费征收权，属于德国行政法上的“私人行政”。米丸恒治认为：“通行费是对使用公路而言的使用费，而不是作为服务之对价的私法上的费用。因此，对使用者而言，征收通行费属于高权行为。为了能让民间事业者进行高权行为，有必要向私人授予（原译文为‘委托’）行政权限。”〔1〕因此，收取车辆通行费的社会资本为规费征收权的被授权组织，该项收费权为高权行为下的公权力。该项收费权为政府主责的共同责任的复合权，属于动态行政法律关系象限分布图3-10的Ⅱ象限。

经营性公路的公益性要靠制度设置来保障。经营性公路在公私合作下必须采用授权模式，给社会资本授权的目的，在于使其接受公法规范的制约。比如，公法中的公开原则、公平原则、公正原则应当适用于该社会资本。但在目前制度性错位前提下，公路经营公司受私法自治原则的保护。国内有学者要求公开公路经营公司账目，但遭到拒绝，公路经营公司拒绝的理由为公路经营公司为社会资本，经营账目属于商业秘密。这是典型的“行政遁入私法”的表现。

公路经营公司通过规费征收收回成本并获取约定额度的利润后，公路的“出资人权益”已经移转为缴费利用人，公路经营公司不再享有收益权，其获取的利润均属不当得利。因此，社会资本的收费行为系附条件的行政行为，而非附期限的行政行为。

但我国的经营性公路的通行费已经被私法化为价金，并以收费期限为终止要件。政府没有进行“物有所值”的衡量，也不对其收益额度进行控制，这导致政府把附条件的行政行为转化为附期限的民事行为，明显与公路管理的法律属性相左。由于没有固定收益率的条件限制，公路经营公司的暴利不难想象，进而使收费公路政策产生公信力危机〔2〕。只有恢复经营性公路通行费的规费属性，才能扭转公路经营公司的暴利状态，进而降低社会成本。

公路经营公司仍然应当遵循“成本填补原则”，其收益必须控制在一定范围之内。如我国台湾地区把总体利润控制为建设总额的8%，成本利润收回后停止收费。但大陆在制度设计上以保障社会资本收益为主，而不做“物有所值”的考量。该种方式增加了公共用物利用人的负担，丧失了公益性。

---

〔1〕［日］米丸恒治：《私人行政——法的统制的比较研究》，洪英，王丹红，凌维慈译，中国人民大学出版社，2010年，第208页。

〔2〕刘道勤：《收费公路政策陷入严重的公信力危机》，《中国物流与交通》2011年第3期，第118-119页。

对此，唯一可以解释的是，我国公路准许经营应当被视为放松管制措施。放松管制让我国的高速公路体系飞速发展，但其产生的高收费成为利用人的唯一选择。同时，由于公路的所有权属于国家，任何以公路资产作为融资的活动都会成为政府的负担。目前，公路建设的高负债成为地方政府沉重的负担，该负担最终将转由该区域内的民众承担。社会资本及相关的政府官员组成的利益集团是唯一的获利者，公用事业的自然属性垄断让民众不得不成为这种高价服务的“购买者”，这将导致社会危机。

（6）公共用物公益性保障的制度矫正

政府允许社会资本以营利为目的经营公路、桥梁，导致公路建设领域相关法律关系的混乱。为保障公路的公益性，公路建设原本必须通过授权的公法利用方式完成，公法利用方式不包含经营性的内容。实践中，为使公路用于经营，必须把公路作为可经营的资产交由社会资本控制，这与公路的国家所有权相矛盾。同时，在手段上采用私法利用方式——特许经营，这与公路作为公共用物的公法利用方式相冲突。如果公路系可经营性项目，国家最初就没有必要设立公营组织（公路管理机构）以公法利用方式（征收规费）提供公路建设服务，可以直接设立社会资本（国有企业）以私法利用方式（收取价金）提供公路建设服务。地方政府热衷于把政府还贷公路通过经营权转让交由公路经营公司经营的目的在于增加税收，因为政府还贷公路的通行费是免税之规费，而经营性公路的通行费是纳税之价金。

上述状况的成因与行政法理论的欠缺直接相关。公用事业的收费权有两种形态：公权力和私权力。在公法利用方式下，收费主体通过政府的行政授权享有公权力，与利用人形成行政法律关系；在私法利用方式下，收费主体通过政府的特许经营，与利用人形成民事法律关系。公路的公共用物属性决定政府必须采用公法利用方式，此时公路经营公司的收费权属于公权力，这意味着政府必须向公路经营公司进行行政授权。但公路经营公司作为社会资本，受传统行政法学行政主体理论的限制，私人不能成为被授权的对象。政府“只能借用”行政“特许”授予社会资本收费权，行政法学理论的欠缺导致政府行为的异变。这为地方政府把公路作为“创收工具”打开方便之门。

比如在政府还贷公路的收费权转让中，政府还贷公路的通行费属于公法利用方式下免税的规费。有的地方政府通过国资委设立交通控股公司，再把公路管理机构掌管的政府还贷公路收费权，经“特许”转让给交通控股公司，此时公法利用方式下的规费被转化为私法利用方式下的价金。价金是要纳税的，地方政府从中既获取税收，又通过交通控股公司获取以延长年限为计算基准的通行费收益。这些都是利用人的负担，与收费权转让前相比，利用人增加了税收及延长年限的负担。利用人被增加的负担都源自政府对利用方式的转化。

为矫正人们的错误观念，恢复公路的公益性，需要行政法学理论的创新。本书认为，在给付行政领域，行政法学应当建立类似于德国行政法“私人行政”制度，政府向可以参与公用事业建设任务的社会资本进行授权，并将其纳入公法原则的制约之下。

四、规费征收权的合法性考量

政府的公共设施是由特定数量的利用人缴费建成，如果把利用人看成“投资人”，那么这些利用人都是公共设施的真正“出资人”，属于公共设施的“股东”，应当产生对公共设施的权益。如果收费填补成本后就停收，那么“股东”的缴费为公共利益，被国家征收，具有正当性。规费变成不必返还的“集资款”。

（一）规费征收决定的法律属性

规费为利用人对公共事业的对待给付，系政府为回收建设成本而收取的费用。规费征收决定系政府以规范性文件做成之具体行政行为，具有可诉性。

1.“被公法化”的民事权利

成本核算，本为建设单位的计价基础，成本加上利润构成交易的价格，是价格的组成部分。通过交易价格收回成本，是建设单位的基本民事权利。规费是对特定公共设施建设成本的弥补，收取建设成本应当是民事权利。

在公共基础设施领域，政府是公共工程的实际出资人，最初都是依靠税收形成的财政资金来完成基础设施建设。如20世纪90年代政府才开始在铁路货运领域征收铁路建设基金，此前完全依赖税收[1]。那时不存在收费权的问题，但税收投入却成为沉淀成本，表现为政府投资没有效益。除了税收形成的沉淀成本，公共工程仍需要大量的建设资金，这些资金往往来自政府向银行的贷款，地方政府设立融资平台完成项目融资，银行贷款也构成建设成本。

为收回税收收入形成的沉淀成本或以贷款取代税收投入筹集新建工程的资金，创造效益，我国政府最初以公共建设成本名义征收规费，如附加费、基金

---

〔1〕［法］让-雅克·拉丰：《规制与发展》，聂辉华译，中国人民大学出版社，2009年，第13页。

等。这使得政府成为建设单位,实践中往往由政府设立临时机构——"建设指挥部",承担建设单位的义务。政府的税收收入的投资被计入成本,通过规费征收予以收回,被称为"盘活资产"。

规费的本质为成本的分摊。在以纯"规费"作为建设成本支付来源的工程中,规费实质上就是建设成本的分摊金。如公路通行费、过桥费等,"贷款修路,收费还贷"这个政治口号就是对这个过程的概括。再如养路费就是养护成本分摊金(已改为"燃油附加税")。同时管理成本也被以规费名义征收,如对于民航发展基金前身机场建设费的使用,相关文件规定由中国民航局留50%,其他拨付机场偿还建设成本等用途。当收取主体为政府时,该项"权利"被"公法化"。因建设成本"被公法化",收费权转变为公营组织的公权力。

2. "被抽象化"的规费征收决定

规费一般以基金、初装费、附加费等名义由公营组织征收。这里的公营组织一般为建设主管机关及其下属单位,如铁道部、原邮电部、信息产业部、交通部门等,这些主管机关同时又是价金的管制机构,与发改委、财政部门、物价部门等一起共同行使管制权力。这可以看出,我国的管制机构实行职能上的横向分权。

规费一般以建设资金名义征收。有以建设项目整体需求为基础,以固定比例(如铁路建设基金为3%)或固定金额方式(如民航发展基金、初装费等)征收,也有根据国家规定的固定价格以期限为基础(如车辆通行费)征收。

规费征收决定一般以规范性文件做成,那么其属于具体行政行为还是抽象行政行为?这应当以对象的特定性和是否可以统计作为具体行政行为为界定标准,当行政决定针对多个或群体,并非某一特定的主体,且政府以规范性文件的形式发布,具有抽象行政行为的外表,但由于其针对的对象可以统计,因此该决定属于具体行政行为[1]。这意味着当对象特定且可统计时,即使外观上以规范性文件形式做成的,也为具体行政行为。该观点揭开"被抽象化"具体行政行为的"面纱",使其仍然归入具体行政行为。这保证相对人的权利得以救济,避免行政机关以"抽象行政行为"掩盖具体行政行为进而逃避司法审查。

规费征收必须遵循成本填补原则,就特定区域的基础设施而言,规费征收的对象特定且可统计,只有针对特定的公共设施才能计算出具体的建设成本,

---

〔1〕叶必丰:《行政法与行政诉讼法》,高等教育出版社,2007年,第139-140页。

在费率确定的情况下，被征收对象是可统计的。因此，规费是针对特定对象征收，属于可诉的具体行政行为。在实践中，规费中的建设成本"被抽象化"，导致规费也产生抽象化的属性，但这并不能改变规费征收决定属于具体行政行为的法律属性。

3. 规费征收决定的构成要件

（1）对象特定

规费系因利用人享受国家特别之个别服务而承担之公法义务。因此，规费的征收是以利用人接受给付为前提，就是说，以利用人的实际使用公用事业（设施）为前提。这种使用为具体的行为，而非抽象意义上的使用。就如车辆通行费必须上路才缴纳，车子停在车库是不会产生通行费的，这就是"使用者付费"原则的根本含义。

就国家提供的个别服务而言，利用人是特定的，其承载的数量也是有限的。是否成为利用人，完全取决于民众的自身选择，可知"利用人"是一个特定"符号"。在这个"符号"下，利用人可以是任意一个公民、法人，但不能据此否定"利用人"的特定性。因此，规费必须以正在使用公共设施的实际利用人为征收对象，没有实际利用的主体不能成为规费征收的对象。就是说，规费的征收对象是特定的，只能向实际使用公共设施的利用人征收。

规费征收涉及利用人的金钱负担，必须以具体明确的建设成本为收费上限。政府将建设成本抽象化，就是把利用人的特定义务转化为一般义务，不再具有特殊性，即被抽象化为法定义务。此时建设成本成为"符号"，只要是在该"符号"下的利用人，必须缴纳规费，而不问其是否有公共设施真实使用行为之发生，利用人成为"名义上的使用者"。这已经脱离规费是"使用者负担"的本质。利用人有实际使用才有负担，而非名义上使用的负担，这侵害了利用人的基本权利，增加了其负担。依据法律保留原则，没有法律规定，行政机关无权以符号化的建设成本将"实际使用者负担"转为"名义上使用者的负担"。即"被抽象化"规费征收决定把向特定对象征收的规费转变为针对不特定对象征收之规费，产生了抽象行政行为之法律效果。

下文以原养路费的征收为例解析。1987年国务院发布的《中华人民共和国公路管理条例》第十八条规定："拥有车辆的单位和个人，必须按照国家规定，向公路养护部门缴纳养路费。"原公路养路费以车辆持有者为征收对象，但是否必须上路征收没有明确。但实践中把"车辆持有者"界定为"利用人"，必须按年度缴纳固定金额的通行费，没有考虑其是否使用。这就把使用人的特定义务转化为一般义务。由于“持有车辆者”未必会上路成为道路“利用人”，只有在行驶的车辆持有者才符合“利用人”这个符号。这导致养路费完全脱离养护成本，进而以持有车辆人为基础，采用成本平摊方式让其承担费用，即使车主未利用公路也必须缴纳。在原告徐涛诉被告南京市交通局不服行政收费案中，法院认定即使原告车辆被盗，原告作为车主仍然被要求承担该项缴费义务，这严重违反了“使用者负担”原则[1]。实践中，相关部门把养路费的“利用人”改为了“车主”，改变了规费附含的内容，其征收对象被普遍化。对于车主来说，多用少用一个样，这就产生严重的不公平。养路费具有税收的特征，后被改为“燃油附加税”。

此外，某些城市车辆通行费实行年票制，与养路费产生同样“偷换概念”的法律效果。年票的价格不能排除车辆没有使用的情形，因而把征收对象非特定化，车辆通行费被政府以平摊方式成为车主的普遍化负担，而不以使用为前提，这违反了“使用者付费”原则。

上述两个事例可以反证，如果某项规费之征收对象无法特定化的时候，征收该项规费就产生违法性。

（2）对象的可统计性

政府作为建设单位，其投入的建设成本是可以计量的。政府对规费的征收应以建设成本为限额，特定公共设施的建设成本是固定的，因此规费征收的总体收入也是固定金额。利用人作为个体承担的规费是建设成本的分摊金，在总额确定的情况下，利用人的总数是确定的。当政府采用比例方法计算作为征收标准时，只是把利用人转为某种形态用固定单位表示的符号。例如，货物运输价格以每单位重量为基准，而不是以主体为对象。当政府以期限作为计费标准时，规费的征收必须严格遵循“成本填补原则”，即成本收回后不得继续征收。综上可知，特定公用设施的利用人也是可以计算的。

规费为具体的对待给付，征收标准的制定和征收行为的实施，只是“利用人”在被特定化时不可分割的组成部分，而就某项具体的公用事业收费决定应属于具体行政行为。以公路建设领域为例，高速公路的收费标准可以由政府统一制定，但某条高速公路是否收费的决定为具体行政行为。假设该高速公路为某一区域的唯一通道的时候，某区的居民数量是确定的，那么该区域内的所有居民均为利用人，可以特定化，有权对政府的收费决定直接起诉。

---

〔1〕 顾大松，孙村中：《行政诉讼典型案例精析》，东南大学出版社，2004年，第68页。

这就能解释城市贷款道路车辆通行费（俗称“进城费”）的违法性。当某一城市对所有的通道均设闸收取通行费的时候，产生“孤岛”效应，即必须“坐收费之船”才能进入，否则别无通路。该规费征收对象不具有特定性，产生税收之效果。因此，城市贷款道路车辆通行费已完全脱离建设成本，系税收性质的征收行为，应当受法律保留原则的严格制约。在法律未授权的情况下，具有违法性，应当废止，如上海、天津已经停止征收〔1〕。或者通过制定法律，纳入法定权力序列。比如，城市制定收取拥堵费，应当通过法律设定。

（二）“被抽象化”征收决定的合法性判断

1. 规费征收权的设定

规费征收直接以利用人的金钱负担为基础。有学者认为民众有选择是否接受公用事业的自由，提出规费可以区分为“任意性规费”和“必要性规费”。但在国家垄断领域，民众为“被”服务的对象，特别在城市化进程下，政府垄断公共服务，民众只能选择城市政府的“独家”服务。因此，民众基本权利的保护更为重要。

依法行政要求政府不得限制民众的基本权利，必须遵循法律优先原则和法律保留原则。前者为法律对行政主体的绝对控制力，但对于后者而言，行政主体只有在得到法律准许的情况下才能实施相应的行为〔2〕。

从1980年到1999年的20年间，法律总共设定了92项收费项目，但绝大部分法律没有对收费依据、收费资金管理与使用、收费责任做出规定〔3〕。实践中政府收“费”的“合法性”源自国务院各部委、省级政府的审批，并以政策管

---

〔1〕 如天津市市政公路管理局发布《关于停止征收天津市贷款道路建设车辆通行费的公告》（2009年12月31日发布），决定天津市贷款道路建设车辆通行费从2010年1月1日起停止征收；上海市城乡建设和交通委员会发布《关于本市贷款道路建设车辆通行费退费相关事宜的通告》（2012年1月21日发布），决定上海市贷款道路建设车辆通行费自2012年1月1日起停止征收。

〔2〕 叶必丰：《行政法与行政诉讼法》，高等教育出版社，2007年，第42-45页。

〔3〕 王成栋，葛波蔚，满学惠：《行政收费的法治进路——对中国现行法律涉及收费规范的整理及分析》，《行政法学研究》2002年第3期，第34-43页。

制[1]。在规费设定过程中，利用人处于被动地位，没有异议的空间，也没有救济途径，只能被动接受政府的收费。

所有的政府收费均被纳入"收支两条线"政策的管理之下。"费"的设定依据多为政策（行政法上称为"一般规范性文件"），而非法律，一般以上级机关的批示为依据。如财政部《关于印发〈民航发展基金征收使用管理暂行办法〉的通知》称民航发展基金系经"国务院有关批示要求"征收，直白表明征收民航发展基金没有法律依据。在实施上规费本应列入专款专用，但民航发展基金的用途却具有综合性，只有税收才有这样的功能，就是说民航发展基金取代了税收。

2. 建设成本之行为属性的转变

由税收收入和贷款形成的建设成本是具体的、可计量的、总量限于成本回收的，有明确的终止期限，是政府的财政工具。规费针对的对象是特定的，是由建设成本明确化、固定化决定的，即建设成本是具体的。

但在实践中，建设成本"被公法化"后，还存在也"被抽象化"的情形。建设成本"被抽象化"是指政府征收规费的标准没有具体的成本依据，规费的计量脱离具体工程项目的建设成本，导致建设成本成为政府征收规费的笼统理由，被"符号化"。建设成本"被抽象化"导致政府的规费征收决定"被抽象化"，使征收决定具有"抽象行政行为"的外形。规费已经脱离具体建设成本，建设成本只成为政府征收规费的抽象理由，而无法具体计量。

例如，民航发展基金从性质和用途看处于混合状态，从性质上看分为向乘客征收的规费和向航空公司征收的管制性规费，从用途上看又分为弥补机场建设成本及补贴和管理等成本[2]。这导致成本处于无法计量状态，而行政管理

〔1〕行政事业性收费的政策性及行政法规依据有：国务院《关于加强预算外资金管理的通知》（1986年4月13日发布，国发〔1986〕44号），国家物价局、财政部《关于加强行政事业性收费管理的通知》（1988年6月3日发布，价涉字〔1988〕278号），中共中央办公厅、国务院办公厅《关于转发财政部〈关于对行政性收费、罚没收入实行预算管理的规定〉的通知》（1993年10月9日发布，中办发〔1993〕19号），国务院《关于加强预算外资金管理的决定》（1996年7月6日发布，国发〔1996〕29号），中共中央国务院《关于治理向企业乱收费乱罚款和各种摊派等问题的决定》（1997年7月7日发布），监察部等5部委《关于2000年落实"收支两条线"规定工作的实施意见》（2000年4月6日发布，监发〔2000〕3号），《违反行政事业性收费和罚没收入收支两条线管理规定行政处分暂行规定》（2000年2月1日发布，国务院令281号），国务院办公厅转发财政部《关于深化收支两条线改革进一步加强财政管理意见的通知》（2001年12月10日发布，国办发〔2001〕93号）等。

〔2〕《财政部关于印发〈民航发展基金征收使用管理暂行办法〉的通知》（2012年4月17日发布，财综〔2012〕17号）第六、七、二十三条。

费用纳入民航发展基金的用途，使民航发展基金的法律属性更加复杂化。由于民航发展基金的用途具有多功能综合性，其征收的性质和用途之间无法建立关联。显然，多用途的民航发展基金没有具体的正当理由。只有税收才能承担这种综合性任务，民航发展基金明显“税收化”。

“被抽象化”的建设成本改变了规费的法律形态，“抽象化”模糊了具体建设项目，规费脱离具体的建设成本，并面向不特定的对象征收。这使得本属于具体行政行为的规费“被抽象化”，政府从具体的执行者转变为“立法者”。无须具体项目存在，政府可以自行“创设”公共设施的规费而实施征收，规费征收决定被“纳入”抽象行政行为序列。这导致规费法律属性的转化。

3. 规费征收决定合法性的衡量基准

规费征收权源自规费征收决定，包括未“被抽象化”和“被抽象化”两种形态，下文分别展开分析。

（1）未“被抽象化”之规费征收决定

未“被抽象化”规费征收决定的合法性以“成本填补原则”为衡量基准。“成本填补原则”是指为特定事项收费必须以成本为限，成本收回后不得继续收费。这包括两方面含义：一方面费用逾越禁止作为上限；另一方面亦意味着行政开支尽可能地由规费收入抵消填补作为控制下限，而不至于使其成为社会整体承担的负担[1]。

规费征收的正当性可以从以下三方面判断。首先，政府在理性支配下的规费征收应当遵循“成本填补原则”，以收回税收收入投资或偿还贷款形成的建设成本为目的。其次，以建设成本为上限，以规费征收作为其填补成本的唯一来源为例，如不得以税收重新弥补成本，进而将建设成本转为全社会负担。以我国公共基础设施产生的巨额债务为例，部分地方政府已经无法还本付息，如果以税收填补，则造成全社会负担，违反“成本填补原则”。再次，规费征收不以营利为目的，仅仅是政府达成政策目标的财政手段，不能增加利用人负担。满足上述三方面的规费征收才具有正当性。

目前，“成本填补原则”在我国仅为公共用物学术上分析工具，尚未成为公共行政领域的法定原则，并不具有法律效力。但该原则提供了一个正当性衡量的视角。

以政府还贷公路为例，贷款金额是确定的。政府为偿还贷款收取车辆通

---

〔1〕 朱海齐：《论行政规费》，《中国行政管理》2001年第2期，第21-22页。

行费具有正当性，其收费以贷款额为限。收费一旦达到贷款额及利息，政府应当停止收费。此后，政府继续收费就不具有正当性。《收费公路管理条例》明确规定偿还贷款后应当停止收费，因此《条例》的规定符合“成本填补原则”。

对于以具体建设成本为基础的规费，应当遵循“成本填补原则”，以收回税收收入投资和偿还贷款为目的，以建设成本为限制，不以营利为目的。规费仅仅是政府达成政策目标的财政手段，不能增加利用人负担，此时征收规费具有正当性和合法性。

（2）“被抽象化”规费征收决定

“被抽象化”规费征收决定应当遵循法律保留原则。“被抽象化”的建设成本使规费具有税收的特征，则跟税收无本质区别。该项负担已经不具有特定性，建设成本的“抽象化”使规费丧失本身应有的特殊性，因此除非法律明确界定为规费才可以征收，否则就不具有正当性。因此，“被抽象化”规费征收决定应当遵循法律保留原则。实践中有众多的违规设定规费的情形。比如，政府设定不附期限的规费征收，或有标准被一般化、对象被普遍化而脱离个别服务的规费征收，再有不以建设成本为计量而成为民众的一般负担等情形。这些情形都使规费“税收化”，均不具有合法性。

（3）“被抽象化”规费征收决定的司法审查

政府决定某项公用事业征收规费的时候，依据“成本填补原则”，必须明确征收对象和征收的额度。就是说，政府在做成规费决定的时候，对规费征收对象及建设成本的特定性应当承担举证责任。为防止政府滥用规费征收权，法律有必要设置该行政程序，一旦涉诉，政府必须对此承担举证责任，而不是由原告举证或法院认定。

建设成本“被抽象化”后，依据“被抽象化”的建设成本做成的规费征收决定也“被抽象化”，此时的规费征收决定已经成为“被抽象化”的具体行政行为。那么，该行为是否具有抽象行政行为之效果呢？

依我国《行政诉讼法》规定，抽象行政行为不可诉。对于以行政规范性文件做成的具体行政行为，如果从形式上认定其产生抽象行政行为之法律效果，这将导致利用人投诉“无门”。在对象特定或对象可以统计的情况下，以行政规范性文件形式做成的行政行为，仍应当认定为具体行政行为。

但这里不同的是，对于“被抽象化”规费征收决定，政府意图把原属具体行政行为的征收决定，通过行政规范性文件转为抽象行政行为。该行为从形式上改变了原具体行政行为的法律属性。此时，对“被抽象化”规费征收决定应当采用法律保留原则严格审查。在法律没有授权征收规费的情况下，政府无权将原本属于具体行政行为的规费征收决定“抽象化”，利用人仍可以突破“抽象行政行为”之“面纱”，要求政府的规费征收决定接受司法审查。

4. 规费征收决定合法性判断的实证解析

（1）公路收费“统贷统还”制度的合法性判断

在收费公路领域，最初车辆通行费是以单个工程（即某一条高速公路）为计价单位，就是以单个工程的建设成本为收费总额的确定基准。但是由于各个工程车流量不同，导致区域性的收支不均或难以分割，于是政府采取统一计算成本和统一还款的模式，此为“统贷统还”之政策。该政策实际上是运用管制行政中的“交叉补贴”，即以效益好的收费公路补助效益差的收费公路。该政策的正当性是建立在收费总额不超过总建设成本的基础之上。即在效益好的公路收费到期之前，用该公路的还贷盈余去补贴效益差的公路，而不是延长收费到期公路的收费期限，以此补贴效益差的公路。

国务院准许采用“统贷统还”制度是为平衡各政府还贷公路偿贷能力的差异，是交通部门内部对规费收入的平衡方式。亦即收费单位与贷款单位之间的财务平衡，不能外部化而指向利用人。国务院的《收费公路管理条例》（2004年9月13日颁布，国务院第417号令）第三十七条明确规定政府还贷公路贷款还清就必须终止收费，并没有准许收费单位可以延长收费期限。延长已到期的公路的收费期限本身具有违法性，此方式增加了利用人的负担，影响到利用人的利益。“统贷统还”政策不具备修改行政法规规定的效力。另外，延长已到期的收费公路的期限导致建设成本“被抽象化”，不再以建设成本为规费征收依据。因此，延长已到期的收费公路期限的征收决定具有“立法性”，并给利用人创设新的负担，应当严格受到法律保留原则的限制。在法律没有规定的前提下，政府单方面决定延长公路的收费期限不具有合法性。

（2）公路收费“年票制”的合法性判断

在原告珠海市市民孙农、周润凡诉被告广东省物价局、广东省交通厅请求撤销珠海市政府车辆通行费年票制一案中，两被告共同做成的《关于珠海市继续试行车辆通行费年票制有关问题的复函》系产生外部效力的内部审批行为，珠海市政府以此向珠海市民证明其实行年票制的合法性，可以反复适用，属于典型的抽象行政行为[1]。但值得思考的是，珠海市人民政府决定采用年票

[1] 广州市中院（2012）穗中法行初字第21号行政裁定书。

制的规费征收决定是否为抽象行政行为，其合法性该如何判断？

依前文之观点，珠海市人民政府对于某一公路或桥梁的规费征收决定属于具体行政行为，年票制产生向名义使用者提前征收通行费之法律效果，实行年票制使规费征收对象从实际使用者转换为名义使用者，即转变为针对不特定对象征收之规费，产生抽象行政行为之法律效果。我国公路法、收费公路管理条例对于车辆通行费实行实用实收制，即根据实际行驶里程按统一价格向实际使用者征收，法律、法规均未规定车辆通行费可以向名义使用者提前征收。珠海市政府必须证明其有法律授权可以向名义使用者提前征收车辆通行费，而实行年票制本身的决定针对的是珠海市市民，是可以统计的对象。因此，该决定为具体行政行为。所以本案原告应当以珠海市政府为被告，请求法院审查年票制征收决定的合法性而不是针对被告的复函起诉。

（三）规费：被征收的“集资款”？

在政府没有税收收入投入的情况下，所有权归政府的公共设施是由特定数量的利用人缴费建成。如果有部分税收收入投入的情况下，剩余部分由特定数量的利用人缴纳的规费建成。那么，政府为何能取得基于规费建成的公共设施所有权？利用人是否对此享有权益？

1. “非税非价”的规费

在“租税国家”理念下的公共基础建设领域，政府建设成本有两种来源：一为公法方式，即通过征税，当政府用税收收入作为建设成本来源，符合政府的职能，具有完全的合法性，此时收税为政府的行政权力；另外一种为私法方式，即政府通过把建设成本纳入“价金”，通过收取价金的方式来收回建设成本，政府作为民事主体，其收取价金也具有合法性，此时收取建设成本为政府的民事权利。规费被视为特种用途而存在。

但是我国政府并没有囿于上述方式，而是独创“规费为主，价金为辅”的建设模式。显然，我国的做法是走第三条道路，政府把建设成本“公法化”，将其单列为“规费”向利用人征收。该模式的生成有其政治经济上的考量。

一为遵循“物有所值”原则。“物有所值”原则要求政府的投入必须有产出。在公用事业公有制下，我国把这个原则具体化为“国有资产保值增值原则”，目的在于形成行政的内部竞争，促使行政处于最好的状态。即政府税收收入投资主要面向效益好的项目，地方政府必须通过竞争取得中央政府的投资。这类似于美国的联邦财政补贴制度，联邦补贴是联邦政府附条件的资助，地方政府必须遵守特定条件来争取联邦的资助，这成为迫使地方政府间形成改善自身条件的竞争[1]。

二为政企分离。在计划经济背景下，我国政企不分，政府的行政职能与经济职能混为一体，由此形成高昂的行政成本，并导致经济生产的低效率。为改变这种状态，我国政府创造性地把建设成本纳入规费征收，而经营管理成本市场化为价金，从而实现行政职能与经济职能的分离。

上述因素导致“规费”成为一种“非税非价”的第三态，但可以肯定的是我国规费主要源自“建设成本”。

政府通过规费征收，取代利用人享有规费的相关权益，即取得由规费建成的公共设施所有权。利用人的规费权益被政府取代，构成对利用人权益的直接剥夺，构成对利用人权益的征收。在不超出建设成本并符合公共利益的情况下，政府的行为具有正当性。因此，法律必须设定政府的规费征收权，政府必须依法征收规费，政府的法外征收不具有正当性。

2. 规费的本质：不必返还的“集资款”

（1）被征收的“投资款”

如果把利用人看成“投资人”，那么这些利用人都是公共设施的真正“出资人”，属于公共设施的“股东”，应当享有对公共设施的权益。基于建设成本收取的规费具有特定性，因此可以通过建设成本来计算利用人缴费产生的“权益”。利用人缴纳规费系其利用公共设施的法定义务。但是通过缴费，利用人应也取得“权益”，因为利用人通过缴费成了该公共设施的“实际投资人”。如果收费填补成本后就停收，那么“股东”的缴费是公共利益，而被国家征收，具有正当性，规费变成不必返还的“集资款”。

以收费公路为例，政府还贷公路是以偿还银行贷款的数额为上限的，政府通过征收通行费偿还。在无其他费用的情况下，按一定的收费标准缴纳这部分贷款的利用人是可计算的。以现在的科技手段，通行费的票据上都记录有车牌号，车牌是缴费者（利用人，实际为车主）的符号。因此，通行费的票据就是利用人具体“权益”的载体。

撇开公路建设的土地成本，就公路路面及附属设施而言，公路建设成本可以被“股份化”。由于公路的贷款额是特定的，其长度是特定的，据此可以计算出通行费的征收标准。那么，根据该标准随机通过该路段的车辆就被特定化，按其车型、载重等要素可以计算出其缴费的金额。再根据该缴费金额，

---

〔1〕 朱迪·弗里曼：《合作治理与新行政法》，毕洪海，陈标冲译，商务印书馆，2010年，第507页。

除以贷款额度，就可以计算出该次缴费在贷款额度中的比重。这样就得到该车的此次通行费在该路段的“权益”。假设贷款额为100万，那么利用人每缴纳1元，就产生一百万分之一的“单位权益”——“股权”，贷款额为“总股本”。某次通行费的金额为100元，那么该次通行费的“权益”为万分之一，就是说利用人持有该公路建设成本形成的“总股本”的100“股”。当利用人缴纳通行费的总额达到100万元的时候，所有缴费利用人的缴费金额就构成贷款总额，偿还了该公路的建设成本。就是说，通过贷款形成的建设成本被分摊到具体化的实际缴费利用人，该建设成本就是投资额。此时，实际缴费利用人成了该公路的实际出资人。其他征收规费的公共设施都可以用此方法计算缴费人的权益。

（2）被征收的“权益”

对于非公共设施而言，通常遵循“谁出资建设，谁取得所有权”的原则。

在公共设施建设中，按照“谁出资，谁受益”原则，出资人有权享有相关权益。如果该公共设施的土地使用成本等相关费用全部计入建设成本，可以通过规费征收收回的话，那么这些实际出资人通过缴纳规费形成的“权益”就取得了该公共设施的“所有权”，基于该“所有权”产生的收益应当归出资人享有。

但是在公用事业公有制下，利用人缴纳的规费是被政府征收的，政府通过征收，取得这些规费建成公共设施的财产所有权。这时，利用人缴纳的规费产生的“权益”被政府取得。因此，规费就是政府不必偿还的“集资款”，与税收产生同等法律效果。

在公共用物领域，一般采用纯规费模式建设。以收费公路为例，在政府还贷公路上，规费征收额度达到贷款额度后，如果该公路不再继续收费，那么实际缴费利用人的“权益”就被转化为公共利益，政府的征收行为具有正当性。但是如果政府决定继续收费，那么实际投资人的“权益”就产生收益。对这部分收益，政府在没有法律规定的情形下是无权征收的，这些收益应当归实际缴费的利用人。因此，在贷款已经还清的情况下，政府继续收费的行为将加重利用人的负担，不具有正当性，其行为的合法性也需重新考量。虽然法律没有明确禁止政府可以利用以规费建设的设施去营利，但是从政府行为动机是谋求公共利益角度看，政府的这种行为应当受到法律的限制。在经营性公路中，公路经营公司对公路并不拥有所有权，公路经营公司建成公路后，对其投资产生的公路资产及相关权益被政府征收，政府仅授予其规费征收权，用以收回投资额和收益。因此公路经营公司不能把公路作为经营性资产用于营利，其收益必须是事先约定的固定金额，即采用固定回报率。公路经营公司收取的通行费仅限于偿付其投资额及约定的利润。在利润额固定的情况下（如我国台湾地区约定为8%），一旦投资额和固定利润收回，公路经营公司的收费权能因条件成就而终结。即使没有达到约定的期限，收费也应当终止。公路经营公司的经营目的已经达到，应当解散。如果继续收费，就产生"权益"，该项"权益"应当由政府征收。由于通行费是为建设成本而征收，因公路经营公司无建设任务，其没有正当理由获取该项收益，此收费构成其不当得利。但在以年限为基准计算的情况下，公路经营公司的获利成为不可控的"暗箱"，产生民间俗称的"暴利"，而为民众诟病。

在公用服务领域，对于收取价金的公用事业，一般情况下其基础建设成本是分摊在价金中收取，利用人的使用费中已经支付了基础设施的建设成本。一旦政府允许经营者采用规费征收获取建设成本，那么经营者的建设成本就有双重来源。由于价格受政府控制，通过价金收取建设成本周期很长，而规费成为其获取建设成本的"快速通道"，如"初装费""入网费"，等等。政府利用"初装费""入网费"建成的基础设施，相当于由利用人集资建成，利用人为实际"投资人"。经营者并非投资人，原本不应当享有"权益"，但是实践中经营者却因政府特许，享有该项"权益"，即经营者通过利用人的投资赚利用人的钱，违反公平原则。因此，政府不断在取消经营者的"初装费""入网费"等不公平的收费行为。

五、收费权质押

（一）收费权质押的概说

1994年我国实行分税制改革后，"非但没有解决（地方政府）制度外收支问题，反而更进一步推动地方政府加倍努力在制度外寻求补充资源。与此同时，市场经济的不断发展为政府提供多元化的收入来源渠道"[1]。收费权质押就是其中的一种。

预算法禁止政府举债，担保法禁止政府信用担保，公有制下国有固定资产不得设定抵押。这两大法律规范像套在政府头上的两大枷锁，禁止地方政府搞经营活动。但是法律挡不住地方政府的经济建设冲动。为筹集建设资金，

---

〔1〕 李冬妍：《"制度外"政府收支：内外之辨与预算管理》，《财贸经济》2011年第6期，第17-23页。

地方政府开始利用源自事业单位违规贷款的收费权质押作为融资工具。

在这样的背景下，收费权质押成为地方政府融资的最重要手段。“根据担保法和贷款通则的有关规定，县级以上地方人民政府交通主管部门不具有出质人和借款人的条件。”[1]于是收费权质押引发种种法律问题。

（二）收费权质押的“非法出生”

在我国《预算法》和“收支两条线”政策的财政体制下，虽然执行收费事务的事业单位（以下简称“收费单位”）对所收费用没有处置权，但是这些费用在交给财政部门前，均在该收费单位的账户里。这些资金原本属于国库里的国有财产，依据民事规则，收费单位是保管人，国家对资金的利用有严格的财政制度的限制，但对这些单位的账号开在哪家银行，主管单位一般不予过问。

担保法和贷款通则的限定使这些收费单位无法取得信用贷款和担保贷款。这些收费单位有大量的现金流，是银行的优质客户。银行“加大服务和创新力度，成为各行全面抢占优质竞争性客户市场的重要手段，并出现一种新的担保贷款——收费权质押担保贷款”[2]。银行在收费单位授信不足的情况下，给这些客户冒险贷款，只为从其他银行争夺客户资源，取得综合效益。可知，收费权质押源自银行间不正当竞争的创新。

对这些临时性资金的使用并非政府监控的死角，政府完全有手段制止这种违法行为。但在税收收入不足，“拨改贷”款项也难以满足政府资金需要，而在预算法严禁政府举债的情况下，地方政府也有贷款的需求。于是，地方政府及其财政部门默认这些收费事业单位违法质押行为，导致收费权质押在全国范围内得到推广。1999年4月国务院批复公路收费权可以质押，这标志着在国家层面正式承认收费权质押[3]。最高人民法院的司法解释也认可收费权质押的合法性[4]。公用事业收费权质押的标的为未来的现金流，该现金流是基于公权力而设定，是由政府决定公用事业利用人对国家承担的公法义务和私法义务。因此，收费权质押的本质为政府信用，当公私合作下社会资本为国有企业时，这一本质不会发生变化。

---

〔1〕 林伊亘：《对公路收费权质押贷款担保的探讨》，《交通财会》1999年第7期，第35-36页。

〔2〕 农行湖北省分行营业部质押信贷调研组：《关于我行收费权质押信贷业务的调查报告》，《湖北农村金融研究》2003年第2期，第53-55页。

〔3〕《国务院关于收费公路项目贷款担保问题的批复》，1999年4月26日发布，国函〔1999〕28号。

〔4〕《最高人民法院关于适用〈中华人民共和国担保法〉若干问题的解释》，第九十七条。

（三）收费权质押的法律属性

收费权质押系我国独有的担保制度，关于其法律属性的认定学说上观点各异。

1. 物权说

王利明教授认为"比较法上没有单独的收费权质押的规定"。虽然"收费权是因行政许可而产生，即通过国家的特许而享有权利"，但因"实践中能够将收费权质押，说明其并非公法上的权利，而应当具有私法上的属性"。他认为"收费权质押是一种新类型的物权"，"作为一种具有一定财产价值的权利（以下简称价值论）"，"具有可转让性"，债务人不履行债务时，可以对"收费权进行拍卖、变卖"实现质权（以下简称"实现论"）[1]。据此，收费权可以作为质押的标的。根据其提出的观点，本书称为"物权说"。

2. 债权说

程啸认为收费权属于债权[2]。权利质押的实现，一般称为"变现"，是从过去存在的价值积累到现在存在的价值，而非从现在到将来的价值。后者具有不确定性，且很难评估，没有债权人会接受这样的担保物。收费权唯一有价值的是未来的现金流，故此李富成也认为"其所谓'收费权'实质上是未来债权，相应的收费权质押应为未来债权质押"[3]。

从上可知，在公用事业领域，收费权的"物权说"和"债权说"均没有注意到收费权本身的法律属性有两种形态：规费征收权和价金收取权。这涉及利用人对国家的公法义务和私法义务。此时，银行成为给付行政的一方主体。

（四）收费权质押的解构

当以规费征收权质押时，出质人为公营组织。当以价金收取权质押时，出质人为社会资本。银行分别与两类不同法律主体的出质人形成收费权质押关系。

1. 公营组织出质人

（1）规费征收权质押为行政公法活动

当公营组织以规费征收权做质押时，公营组织成为出质人。这里的公营组织包括政府、有权征收规费的事业单位，如学校的学费。规费征收权为典型

---

〔1〕 王利明：《收费权质押的若干问题探讨》，《法学杂志》2007年第2期，第39-46页。

〔2〕 程啸：《物权法·担保物权》，中国法制出版社，2005年版，第473页。

〔3〕 李富成：《公共基础设施收费权的法律定性》，《法学》2006年第2期，第82-89页。

的行政权力，而质押为典型的民事活动。那么产生的问题是，为何规费征收权可以质押？

对于上述问题的解答，不能从秩序行政角度理解“行政权力”。给付行政的行政权力主要有两项：税费征收权和财政资金支配权。税收属于政府专属权，一般禁止其他主体行使。政府依法享有规费征收权，而政府下的公营组织可以依授权取得规费征收权。公营组织以征收规费方式提供公用事业属于“行政公法”。当规费征收权被用于质押时，政府以未来的规费征收收入作为质押物，向银行获取贷款，取得建设资金。此时，规费征收权成为公营组织的融资工具。

银行为社会资本，出质人为公营组织，此时双方属于政府完全责任象限下的公私合作。银行成为政府的“行政助手”。当公营组织以贷款资金建成公共设施开始收费后，政府用征收规费形成的财政资金偿还。银行被授予财政资金的支配权，可以获取利息。因此，规费征收权的质押属于行政公法活动。

（2）正当性的判断

政府还贷公路中利用人必须缴纳规费才能使用，政府选择公法方式属于其自由裁量权的范畴，那么公营组织收费权质押行为的正当性怎么判断？

依《公路法》第六十条规定，对于政府还贷公路按照收费偿还贷款、集资款的原则确定收费期限。此时，收费的总额不能超过贷款总额，这里的贷款总额就是建设成本中的贷款部分，税收资金的投入不能通过规费收回，税收投入在这里被禁止计入贷款总额。这里的建设成本以银行贷款计算。就是说，本条确立“成本填补原则”，即贷款收回后不得继续征收。“成本填补原则”是政府贷款决定正当性的衡量基准。

在法律没有规定公营组织可以征收规费的情况下，政府在选择时必须坚持“成本填补原则”，不能用于营利为目的的利用，此时就能满足正当性的要求。

当政府采用收费权质押时，往往由政府自行决定。政府下设的公营组织将收费权质押，必须取得政府的“行政授权”。该项“授权”内含一项行政允诺，一旦公营组织还款不能，政府将承担还款责任。因此，包括政府在内的公营组织与银行签订的贷款合同均为行政公法行为，属于政府信用担保。如1999年长春绕城高速由吉林省交通厅作为借款人向国家开发银行贷款，以收费权作为质押，并承诺不能偿付时，以吉林省交通厅规费和“费改税”后的财政拨款作为补充资金来源[1]。这里的财政拨款就是政府信用的来源。

由于规费征收权属于行政权力,规费征收权质押属于行政公法活动,属于政府自由裁量权的领域,因此我国现有的法律、行政法规均无收费权质押的规定。此时银行成为"行政助手",不对第三方产生制约力。银行贷款是财政资金的暂时性替代,政府用规费征收形成特定的财政资金予以偿还。

对于规费征收权而言,国务院的批复设定收费权可以质押,属于政策文件的确认。如果规费征收权是民事权利,就不需要中央政府的政策性确认。这进一步说明规费征收权质押属于行政任务完成的方式,政府有选择行政行为完成方式的自由。就是说,这里的"质押"已是行政行为的完成方式,而非民事活动中的权利质押,仅仅是借用"质押"名称而已。

担保法针对的是民事权利质押,因此规费征收权质押不适用担保法,而受行政法律规范约束。

(3)司法难题

对于规费的管理,我国实行"收支两条线"政策,规费征收一般由省级以上人民政府负责审批设定,而规费收入作为财政资金由财政部门统管。

财政资金由财政部门控制,在我国具有"司法豁免权"的地位。一旦公营组织的规费征收不足以偿还贷款,法院无权执行政府的财政资金。就是说,规费征收权被披上"防弹衣",不具有可流转性,无法拍卖、变卖。如广东省就规定:"车辆通行费属财政性资金,各贷款商业银行不得以任何理由扣押。"[2]即使公营组织作为质押人不能还款,银行也无权取代公营组织成为规费征收权主体,只有公营组织才有规费征收的权能。比如银行无权占领公路收费站,直接收费还贷。

这与民事质押完全不同,民事质押的标的必须具有流转性,质押权的实现仰赖于司法机关拍卖、变卖质押物。规费征收权不具有流转性,这表明司法系统无权执行政府的财政资金。

如果法院查封收费单位的账号,把款项直接用于还贷,这是违反"收支两条线"政策的。如果查封资金返回收费单位的账户,那就等于是政府财政拨款,没有实际意义。法院的两难表明,最高法院的司法解释"被架空"了。有

---

〔1〕 姜占平:《关于公路建设项目申请银行贷款的体会》,《吉林交通科技》2001年第3期,第45-47页。

〔2〕 广东省财政厅等三部门《广东省非经营性收费公路车辆通行费"收支两条线"管理办法》(2001年12月19日发布,粤财综〔2001〕117号)第十条。

人认为“虽然这规定不能在法理上找到合理的依据，只是最高法院综合国情，着眼于便利实践的角度对质押权进行权宜之计的补充”[1]。

事实上，最高人民法院的司法解释不适用于规费征收权的质押行为。规费征收权质押属于行政公法行为，最高人民法院的司法解释仅是针对民事活动做出的规定，不能适用。

一旦政府还款不能，银行只能提起国家赔偿诉讼，以敦促政府兑现信用承诺，这样相关的法律关系就理顺了。地方政府还款不能往往形成政府债务。到2010年，我国已经有地方债务10.7万亿元，用于高速公路建设的债务余额为1.1万亿元，其中政府负有偿还责任的债务754.02亿元，占6.75%。政府负有担保责任的债务7 809.63亿元，占69.93%[2]。这些债务多数为规费征收权质押形成的债务。对此，银行只能通过国家赔偿诉讼解决相关纠纷。

2. 社会资本出质人

当社会资本为出质人时，社会资本以价金为质押标的。这是典型的民事活动，完全适用担保法和最高人民法院的相关规定。

但是，当社会资本系经授权而取得规费征收权时，社会资本无权将收费权质押。规费征收权授予社会资本仅以收回投资为目的，并未授权社会资本可以用作融资工具。一旦允许社会资本将收费权质押，那么社会资本将有权以利用人的未来负担做担保，此为其个人私利。如果还款不能，表面上看由社会资本承担责任，但最终将由政府承担责任，进而该负担将会通过政府转嫁给利用人，而社会资本从中获益。此构成收费权之滥用，法律应当严格禁止。

我国地方政府却将规费征收权改为特许下的价金收取权，这为社会资本滥用收费权提供便利，社会资本以此为融资工具增加了利用人的利息负担。最终结果是利用人被高收费，形成高负担。当社会资本为国有企业的时候，收费权质押形成的金融风险，仍得由政府承担，最终还是要由民众税收支付。但这却让少数人受益，形成社会不公。

---

〔1〕 陈成建:《以权利为标的债之担保形式——权利抵押与权利质押》,《法律适用》2004年第4期，第36-38页。

〔2〕 审计署《全国地方政府性债务审计结果》(《审计结果公告》2011年第35号)第三条第三项:高速公路、普通高校和医院债务中，政府负有担保责任的债务7 809.63亿元，占69.93%，而政府负有偿还责任的债务占754.02亿元，占6.75%。

第二节　公私合作下收费制度的建构基础

一、公私合作的行政选择权

（一）政府公共投资的困难

公共资金的高成本，使以税收收入作为建设资金来源的建设模式捉襟见肘。政府垄断下公用事业由公营组织提供，虽然可以采用行政私法的方式，但是无法实现市场化的竞争。税收形成沉淀资本，造成财政资金的重大缺口。我国实行“分税制”更使地方政府的财政能力有限，进而政府公共投资出现极大的困难。

国家通过设立国有化的社会资本，将建设成本与营运成本相分离实现市场化。这在公共行政上的表达为“政企分离”，民事法律上的表达就是“所有权与使用权”的分离，而行政法上表达为“规费为主，价金为辅”的建设模式，从而通过公私合作实现公用事业的市场化运作。

（二）选择公私合作的决定者

政府公共投资出现困难时，可以考虑公私合作，让社会资本承担公共基础设施的建设成本，并允诺其一定的收费年限，以收回投资，并有所营利。那么，这种选择由谁来决定？该选择衡量的基准是什么？对此经济学家们观点不一。

一是附有管理职责的行政机关决定说。根据俘获理论，附有管理职责的行政机关会被它所服务的经济行业俘获。因此，私人利益及公众利益都可能影响到管制官员的政治寿命及行政机关的预算。管制的外部信号理论认为行政机关试图最小化一些冲突性批评，这些冲突性批评是通过来自它所处的经济与社会环境中的信号来表现的，行政机关为了纾解政治压力，才接受公私合作[1]。附有管理职责的行政机关在其所采取的管制行为方面具有很大的自由，因此起主导作用的是附有管理职责的行政机关[2]。

二是立法机关决定说。该说认为是立法机关而不是行政机关起主导作

〔1〕［美］W.基普·维斯库斯等:《反垄断与管制经济学》，陈甬军，覃福晓译，中国人民大学出版社，2010年，第42页。

〔2〕 Richard B. Stewart. The Reformation of American Administrative Law. Harvard Law Review, Vol.88，No.8（1975），pp.1669-1813.

用[1]。因为立法机关掌握着预算和任命管制机构的领导人，并对官员的自由裁量权进行严格的限制，且公私合作影响到重大公共利益的变化，因此公私合作必须由立法机关决定。

三是综合模式的构建。对于公私合作，实际的结果可能不能用任何简单的、单一的模式进行概括。行政机关就是否选择公私合作没有单方面的决定权，立法机关也没有。实际影响因素无疑随着特定环境的改变而改变。不同行业、不同规模的企业所适用的管制法规有差别。没有一个单一的管制目标指导着管制行为[2]。因此，公私合作有可能是基于法规授权或由行政机关自行选择。

在我国，公用事业公有制下的公私合作完全取决于政府的行政决定。

二、公私合作机制的生成

（一）理性选择下的动因

在没有交易成本的状态下，无论是利用市场还是利用层级组织来规范行为，其经济结果都应一样，这被称为“科斯定理”（Coase Theorem）[3]。“市场失灵”需要政府管制，交易成本理论指出层级组织（政府或产业资本组织）的存在就是为了降低交易成本。如果采用政府管制，政府必须有更充分的理由和论证，方能使民众信赖政府管制的正当性和合法性（legitimacy）。由于政府先天独占、缺乏竞争，并可能受利益政治、官僚自肥及扩张政策影响等原因，导致政府“管制失灵”[4]。因此，政府管制与市场自治相比，政府管制并没有天然的优势。

在管制和市场之间进行选择时，取决于政府管制和市场规制两者间的交易成本孰高孰低。“交易成本”成为“层级组织”（hierarchy）与“市场”这两个制度间选择的分析工具[5]。亦即交易成本决定了行政任务的完成方式的选择。

---

〔1〕 See Barry R. Weingast, Mark J. Moran. Bureaucratic Discretion or Congressional Control: Regulatory Policy Making by the Federal Trade Commission. Journal of Political Economy, Vol.91, No.5 (1983), pp.765-800.

〔2〕［美］W.基普·维斯库斯等：《反垄断与管制经济学》，陈甬军，覃福晓等译，中国人民大学出版社，2010年，第41-43页。

〔3〕 Ronald H. Coase. The Problem of Social Cost Revisited. Journal of Law and Economics, Vol.15, No.2 (1972), pp.427-437.

〔4〕 张其禄：《管制行政：理论与经验分析》，台湾商鼎文化出版社，2006年，第94，204-205页。

〔5〕 张其禄：《管制行政：理论与经验分析》，台湾商鼎文化出版社，2006年，第94-95页。

因此，科斯（Ronald H. Coase）提出的"交易成本"是公私合作的经济基础和正当性理由，公私合作就是为了降低交易成本。

交易成本解开了政府管制的缺陷。"政府失灵"是因为多重多层委托代理关系中，民众很难监督行政当局，以致产业资本组织能战胜成本分散的民众。政治的不确定性导致管制变迁，即管制政策的不稳定性[1]。

这些管制成本意味着民众必须支付更高的价格成本，方能够购买到相同的产品或服务。已有的管制制度设置把民众排斥在管制者与被管制者交易之外，民众承担官僚体制的额外交易成本，最终使政府管制丧失公益性。民众无力通过行政程序或救济手段消除这些管制，民众的负担必须由政府取消管制才能解除。管制成本成为政府管制所面临的最为严重的"治理"问题。

由于政府管制无法克服自身的"治理"问题，公私合作成为政府的次优选择。公私合作的情形一般存在于可以收费的公用事业领域中，如公路、铁路、电信、邮政等。无法直接向民众收费的领域很少会有产业资本组织参与，基本不存在公私合作的情形。除非政府购买，即服务外包。一般情况下，只有被政府收归国有的领域或本由政府提供的领域，才有公私合作的可能。

由此可知，降低交易成本是政府选择公私合作的合法、正当理由。

（二）现实的动因

政府明显有自身利益，政府在选择私有化的成因时，其动机是"私有化下的私人资本能向政府的统治者提供足够的私人利益，统治者才会接受私有化"，亦即"委托人在私有化状态下的福利大于委托人在公有产权下的福利"[2]。这就反证政府在公营组织和社会资本间选择公共基础设施提供者时的动机：效率不是最重要的考虑因素，关键在于社会资本更能满足统治者的自身利益。

在公有制下，公司化的国有企业比国营工厂对统治者更有激励，居于政治上优势地位的政府官员可以通过多种方式参股直接进入利益分配，而这是国营工厂这个公营组织所无法提供的。于是"公营组织"（国营工厂）被改制为"社会资本"（国有企业）。

股份制改革及国有企业上市创造性地运用了"公司的股权激励机制"，政府官员与国有企业领导之间在身份上是互通的。周黎安认为，在这种激励机

---

〔1〕 张其禄：《管制行政：理论与经验分析》，台湾商鼎文化出版社，2006年，第109-110，203页。

〔2〕［法］让-雅克·拉丰：《规制与发展》，聂辉华译，中国人民大学出版社，2009年，第47、61页。

制下地方政府官员身份有双重性：经济参与人和政治参与人[1]。部分地方政府的官员及关系人甚至直接成了国有企业的股东。政府官员从国有企业可以合法地获取私人利益——超过社会一般水平的福利，同时又保留公务员的身份——其政治上的待遇。这明显是以民间资本取代国有资本私有化下的企业所无法提供的，而私有化会导致身份的割裂而丧失其政治地位。

进而国有企业与民营企业在资源利用上明显有冲突，掌控政治资源的国有企业显然在市场上更有优势，形成强大的国有产业利益。政府利益与国有产业利益在公有制背景下实现一体化。在公有制语境下，公私合作的“公方”为政府，“私方”通常是指国有企业。“地方政府官员同时处于两种竞争之中，既有为地区的经济产出和税收而竞争，同时又为各自的政治晋升而竞争。这种竞争可以简称为‘混合竞争’。”[2]地方政府官员的“混合竞争”策略往往是通过国有企业来实现的，就是说地方政府官员的“混合竞争”策略是公私合作的现实动因。

地方官员施行的这种“混合竞争”策略在一定程度上推动了本区域内的经济发展。与私有制下的“国有化无效率”的分析结论相反的是，国家公有制下政府与国有企业的公私合作却成为高效率的来源，地方官员的“混合竞争”策略成为推动当地经济发展的动力。就是说，在特定行政区域内，公有制下的政府与国有企业的公私合作也能产生私有制下私有化的高效率。但一旦跳出行政区域，地方政府官员又成为本行政区域经济的保护者，就产生区域间的地方保护主义和重复建设问题。对此，一方面要加强区域间的经济一体化合作，另一方面区域内共同的上一级人民政府或中央政府要加强资源配置的管制，适时调整激励政策，防止地方政府的盲目竞争与攀比，并把区域间是否有重复建设纳入项目初期评估报告和官员政绩考核的一项否决性标准。

作为私方的社会资本，通过公私合作，利用其优势地位获取最大利润，成为国有企业的根本任务。我国政府的经济政策显然是为国有产业利益服务。特别是在公共基础设施领域，市场竞争的主体往往是国有企业，一般私人企业往往连参与的机会都没有。于是民间资本日益沦陷为拥有项目的国有企业的“分包商”，通过层层分包、转包，私人企业往往成为最后一环，即实际工程

〔1〕 周黎安：《晋升博弈中政府官员的激励与合作——兼论我国地方保护主义和重复建设问题长期存在的原因》，《经济研究》2004年第6期，第33-40页。

〔2〕 周黎安：《晋升博弈中政府官员的激励与合作——兼论我国地方保护主义和重复建设问题长期存在的原因》，《经济研究》2004年第6期，第33-40页。

的承担者,而真正的获利者通过分包、转包获取管理费,成为完全的“食利阶层”。

显然,公有制下的公私合作与其说是为了降低交易成本,不如说是一种政治性的选择。用拉丰的观点,这是政府与产业的“合谋”〔1〕。正是这样的“合谋”,恰恰在一定范围内提升了效率,降低了行政成本,极大地推动了当地公有制市场经济的发展。但这样的“合谋”也造成区域间经济竞争和区域间经济不合作,消除“合谋”的负面影响得仰赖政府自身对官员激励机制的进一步完善。

三、公私合作的正当性

(一)走向福斯多夫的反面

在“服务行政”的创立者德国福斯多夫看来:“公行政能否将生存照顾之责摆脱,并交给社会团体?这在可预见的将来都会是不可能的。”他认为,“在一战后,许多公营事业为了胜任经营需求而采用私法的公司形态。这种发展趋势并非妥善,因为如此一来公行政之任务便会置于经济利益之后,所以禁止将公行政的任务以私法方式达成,系合于社会正义的”〔2〕。可知,在福斯多夫的世界里,实行由公营组织承担公用事业——即国家公有制是唯一的选择,现代国家采用的国有化社会资本承担公用事业是其批评的对象。

在基于国家承担“生存照顾”之义务的理念影响下,在20世纪30年代经济危机后,多数国家把产业资本组织逐出这些收费的公用事业领域。公用事业实行公有制,由政府提供并从价格等要素方面实施管制,形成所谓“福利国家”,但很快政府出现财政困难和低效。于是从20世纪70年代开始,英、美等国开始采用私有化方式,德国、日本等国采用公私合作的方式,把行政任务交由私人承担。这完全走向福斯多夫“生存照顾”的反面,那么公私合作、私有化的正当性在哪里呢?

(二)控制交易成本

政府完成行政任务的资金源自国库,而国库资金源自民众缴纳的税收、规费等。政府完成行政任务意味着国库资本的投入。此时,行政任务的投入资本可以划分为两部分:一为建设成本;二为行政管理成本。当项目确定后,建

---

〔1〕[法]让-雅克·拉丰:《规制与发展》,聂辉华译,中国人民大学出版社,2009年,第15-16页。
〔2〕陈新民:《公法学札记》,中国政法大学出版社,2001年,第77-80页。

设成本是相对确定的金额，行政管理成本却处于不确定状态。影响管理成本的因素包括：1. 政治的不确定性带来的交易成本，政治组织的分权式结构设计使政治组织有极高的交易成本。2. 多重与多层委托代理关系形成的代理人成本。3. 代理人间的推诿（shirking）形成矛盾冲突，导致交易成本增加。4. 对代理人资讯欠缺造成"逆向选择"和"道德危机"，导致无法监控和课责，形成交易成本。5. 政治承诺与信用（commitment and credibility）随着政治互动难以兑现，衍生出更高的交易成本[1]。

在政府承担行政任务的情况下，行政管理成本的不确定性导致相对人负担无法预期地增加，最终使行政任务丧失公益性。公私合作的假设前提是私人（民间产业资本组织）的管理成本低于政府行政管理成本，把行政任务交由私人（民间产业资本组织）将减轻国库的财政负担。特别是以下情况中，出现公私合作的必要性：立法者授予行政机关越来越多的责任，而且不断提出诸如物有所值与风险评估等分析性要求，但同时拒绝给予它们实施与执行任务的充足资源[2]。

公私合作意在使管理成本可控。这就产生了行政任务交由私人完成的正当性理由。私人参与行政任务的契机是政府出现财政困难，在公营组织内部存在高昂的交易成本。政府出现财政困难在情理之中，在金融资本不能再持续提供资金的情况下，政府才会选择私人介入。此时政府成为资本的需方，私人成为资本的供方。如果私人仅提供金钱，不参与管理，则行政任务承担者没有发生转移。如果私人负责管理，则构成行政任务承担者的转移。在前一种情形中，行政管理成本无从降低。在后一种情形中，管理成本由私人负担。这时才产生政府管理与私人管理中交易成本的可比性。

（三）公私合作的政治风险

在政府与产业合谋的情况下，管理成本永远是失真的。在我国公用事业公有制背景下，公私合作的正当性理由应该是源自"国有资产的保值增值"政治性原则。在该原则下，政府与民间资本进行"公私合作"，会给官员带来政治风险。这是我国民间资本公用事业领域一直萎靡的主要原因。此外，政府本身控制着国有企业，政府与国有企业间的公私合作，为行政权力的扩张提供

---

〔1〕 Laffont, Tirole. The Politics of Government Decision Making: Regulatory Institutions. The Journal of Law, Economics and Organization, Vol.12, No.4（1991）, pp.94-110.

〔2〕［美］朱迪·弗里曼：《合作治理与新行政法》，毕洪海，陈标冲译，商务印书馆，2010年，第114页。

了最好的平台。

一旦民营资本介入，就在事实上“排斥”地方官员权力的介入，地方官员与民营资本之间的利益交易存在风险，由此形成政治“壁垒”。中央政府出台的众多文件载明民间资本可以进入某些领域，但是这些领域都由国有资产控制，私人资本进入后，政府官员不仅直接面临法律风险，也面临政治风险，所以中央的政策得不到实施，被称为“玻璃门”。更为重要的是，私有化下的民营企业无法提供类似于官员的政治待遇，这是民营资本无法进入公用事业的“政治壁垒”。因此，民间资本必须借“国有企业”的壳才能真正实现“公私合作”——国有企业与民间资本的合作。但在法律上这是两个社会资本之间的交易，并非政府与民间资本语境下的公私合作。只有建立对地方官员政绩考核的新标准和新的激励措施，以此降低地方官员的政治风险，并避免地方官员与民营企业的合谋，才能消除“政治壁垒”。

（四）我国公有制下公私合作的特殊性

我国公有制下的公私合作有其特殊的一面，国外的公私合作的相关理论不可以直接套用，两者的内核完全不一样。比如，解除管制在我国是国有资本从公营组织形态转化为国有化的社会资本形态。这是“中国式”民营化，而非私有化。

美国所倡导的企业与政府的连接，在我国计划经济时代早就实践过了，不过我国当时是“企业政府化”。现在我国的公私合作政策与美国“政府公司化”相反，我国是主张“政企分开”，这与美国在20世纪30年代到70年代的公有制保障形式相似。因此，公有制与私有制下，语境不同，类似的词语含义完全不同。不变的是公私合作契约的功能，各国纷纷将契约视为“权力（利）”的来源。不同的是，英美法系国家对公权力的救济止于契约，而大陆法系国家把契约中的公权力仔细地挑出来，仍然适用公法救济。

四、公私合作的纽带——利用人对国家的义务

（一）金钱负担的转移

公用事业是建立在行政成本基础之上的，而利用人是行政成本的最终承担者。在公营组织提供服务的情形下，行政成本是用财政资金支付的，主要是税收收入和规费收入。但税收收入形成公共资金的高成本，这使公营组织低效率提供公用事业产生高昂的行政成本。征收用于专项工程建设的规费及公私合作下社会资本收取的价金，成为有效的降低行政成本的手段。我国创造

性地建立了“规费为主，价金为辅”的建设模式，同时通过公私合作实现了公有制下的计划经济向市场经济转变。这样的制度设置以向民众征收规费汇集建设资本为核心，既保障基础设施建设成本的来源，又保证市场化的竞争，提高效率，推动我国经济迅猛发展。

从利用人角度，公私合作实质上是金钱负担的转移。从表面上看，利用人是向社会资本承担义务。社会资本取得规费征收权，使利用人对国库的公法义务转变为对社会资本的公法义务。价金从公营组织转向社会资本，则是利用人对国库的私法义务转变为对社会资本的私法义务。但事实上这仅是错觉，公私合作仅为政府与社会资本的“内部行为”，而非社会资本权能的外部化。在公用事业公有制下，公私合作没有改变的是，利用人对社会资本的公法义务和私法义务仍为利用人对国家的义务，只是承担主体发生了变化。因此，公私合作下的社会资本是继受公营组织的权能，公营组织产生的行政公法和行政私法是公私合作的起点。利用人金钱负担的转移成为公私合作的纽带。

（二）利用人金钱负担的解构——行政成本

1. 利益集团的推动

我国公共基础设施的利用人有两种法律性质的金钱负担，作为私法义务的“价金”和作为公法义务的“规费”。公共基础设施的建设、管理需要成本，不管公共基础设施的承担主体是公营组织还是社会资本，这些费用最终由利用人承担。传统行政法视政府为公共利益的代表者，学者在研究的过程中往往剔除私利的存在。但是事实上，政府除了以公共利益为目的的行政外，还有在政府内部权力关系中优胜者的私利存在。这些优胜者往往是私人主体，包括其官员的个人私利。掩盖在公共利益背后的私利是推动行政活动的真正动力，而行政违法行为的产生，往往与政府关联的私人主体的私利有关。

公共选择理论揭示“私人主体是公共政策、控制政治过程以及以公众为代价追求私人收益的‘始作俑者’”[1]。这些“私利”相对于政府的行政权力而言，是民事权利。但相对于利用人而言，这些“私利”却是行政权力，因为这些“私利”主导着行政权力。从动态行政法律关系角度，可以把这些多元利益主体之间的权力关系解析出来。因此，行政法学研究必须正视这些利益的存在。法律对于政府权力的控制，必须以政府背后的利益集团为对象，相关制度设置应当以防止利益集团操控为核心。

---

〔1〕［美］朱迪·弗里曼：《合作治理与新行政法》，毕洪海，陈标冲译，商务印书馆，2010年，第349页。

2. “第三方政府”的存在

公共基础设施领域的利益需求者，包括个体和组织。但个体利益是通过其所在的组织表达出来的。该组织的意志代表着优势者的利益需求，优势者利用行政权力表达其意志，通过行政决策制定规则，进而控制利用人的民事权利。给付行政中多元利益主体的需求，最终转化为相对人的金钱负担。这些利益都是通过政府的行政活动才能实现，因此属于行政成本。

这里的需求主体包括三类：政府代表的官僚机构和官员、社会资本代表的产业、金融部门。上述三方的组合体为“第三方政府”，政府与另外两方之间形成公用事业的联合网络[1]。这三方利益都是掩盖在行政权力下的私利——优胜者的私权力，该项私权力往往以行政权力为载体，这才是真正的“行政权力”，而传统行政法却把前一部分忽视了。动态行政法律关系可以连接各方利益，可以解析多元利益下的权力关系。对政府行使行政权力的制约必须考虑这些要素。这些“私利”构成行使行政权力的服务成本，最终要通过行政权力的设定转由相对人承担。

3. 行政成本的构成

（1）产业的利益需求

公有制下的市场竞争主要发生在国有企业之间，国有企业掌控国有资本，是市场经济的主导力量。政府国有企业的管理人员均为国家任命的代理人，因此掌握政治地位的官员，同时也掌控着国有企业。他们的私人收益取决于企业的规模，而非利润[2]。其私利通过与国有企业之间的合作得以实现，由此产生高效运作。我国公用事业领域的公私合作是政府与国有企业的合作，而不是政府与民间资本的合作。根据管制俘虏理论，产业是最大的游说者和私利输出者，这导致管理成本增加。

（2）官僚机构的高成本

政府是一个非人格化的机构，其行政任务的完成依赖于由特定人员构成的集体机构。各机构和人员之间存在多层委托代理关系（principal-agent relations）下的网状关系，形成复杂的政治（行政）组织。政治（行政）组织的分权设计、多重多层委托，即复杂的“委托-代理关系”是公部门与私部门之

[1]［美］莱斯特·M.萨拉蒙：《公共服务的伙伴——现代福利国家中政府与非营利组织的关系》，田凯译，商务印书馆，2008年。

[2]［法］让-雅克·拉丰：《规制与发展》，聂辉华译，中国人民大学出版社，2009年，第14页。

间存在的最大差异。“政治交易成本”理论认为政治（行政）过程比经济关系的交易成本更高[1]。代理关系中存在的监管失控的问题，一是事前（exante）失控，即“逆向选择”（adverse selection）问题，委托人因资讯欠缺找不到适当的代理人，而不具备条件的人得以有机会争取，造成“劣币驱逐良币”的现象。二是事后（expost）失控，即“道德危机”（moral hazard）问题，因委托人资讯不足，使代理人有机会规避（shrink）其责任而牟取私利[2]。这将使政府管制付出更高昂的管制成本。

“地方性公共工程该由地方收入维持，地方政府管理收入固然有弊端，但是这种弊端若与管理和花费一个大帝国收入时所发生的弊病相比，实在是算不了什么。”[3]可知，官僚机构的成本包括管理成本和官员的腐败成本。公共资金的高成本表明官僚机构的管理成本非常高，而我国的公共设施建设则绕开了税收高成本的难题。“规费为主，价金为辅”的建设模式降低了行政成本，推动了经济的发展。但该模式下，部分规费征收的合法性有存疑，这将导致社会矛盾，也导致行政成本增加。治理腐败的高成本表明，给付行政领域没有完美的制度，只有残缺的利益分配机制。

（3）金融机构的利息

公共基础设施工程需要大量的沉淀成本，政府的税收收入不足以支付，银行贷款成为主要来源。我国各个地方政府都建立了融资平台，为公共基础设施工程融资。融资成本就是利息支付，如果项目运作不当，就构成地方政府沉重的财政负担。承担基础设施建设任务的行政机关多数负有巨额债务，比如我国铁道部。这些债务和利息是政府基于公权力选择形成的制度性损益，最终转为利用人的负担。

（三）金钱负担对象的转移

当公共基础设施由公营组织完成时，政府必须通过“预算”管制实现收支平衡。当公共基础设施通过公私合作交由社会资本完成时，政府必须实施价格管制以保障公益性。公私合作模式不同，决定行政任务相对人的金钱负担承担对象不同，亦即收费主体的变化导致收费权的移转。在收费权移转的过

---

〔1〕 Douglass C. North. Institutions, Institutional Change and Economic Performance. Cambridge: Cambridge University Press, 1990, p.18.

〔2〕 Moe. The New Economics of Organization. American Journal of Political Science. Vol.6, No.4 (1984), pp.213-253.

〔3〕［英］亚当·斯密：《国富论》，文熙，牟善季，谢士新译，武汉大学出版社，2010年，第36页。

程中,相对人的金钱负担较原来是否有增加,这种增加的正当性如何考量?这成为政府在选择公私合作时必须考量的要素。

在特定项目中,根据"科斯理论",如果仅考虑建设成本,不包括管理成本,行政任务由政府或社会资本承担产生的经济效果是一样的。这里的政府是指政府设立的公营组织。在行政任务由政府设立的公营组织承担的情形下,如果以财政资金不能用于经营,即不能获取利润来衡量,再假定政府管理是正常管理,理性官僚管理成本(即没有额外因素导致交易成本增加的情况下)是确定的。这时行政任务的总成本是可以计算的,即建设成本加上行政管理成本。这构成行政任务完成时行政任务相对人对国库必须承担的金钱负担。在行政任务由社会资本承担的情形下,社会资本是以营利为目的的。这时行政任务完成的总成本包括建设成本、行政成本和社会资本的营利。

如果假设社会资本的管理成本,低于不以营利为目的的公营组织的管理成本能成立,则社会资本的管理成本和营利的总和应当低于政府行政管理成本。只有在这种情况下,公私合作才产生正当性。因此,政府必须提供足够的事实证明,才能认定社会资本管理效率高于政府管理,这样相对人的负担才能降低。

我国通过公私合作(这里主要指政府与国有企业),实现公用事业的市场化运作,取得了举世瞩目的建设成就。但由于建设资金主要源自银行贷款,随之而来的是巨额的债务,据审计署统计,截至2010年,我国交通领域的债务近2.4万亿元,公路建设领域占有很大比重[1]。这些建设公用事业的债务最终将由利用人承担,利用人的负担并未因政府与社会资本的公私合作而减轻。

从资金流动上看,公私合作的最终结果是把本应流入政府财政的资金流向社会资本(产业资本组织)。在这个过程中,社会资本可以获利,而国家获取了税收。因此,公私合作实际上是把本属于国库的收费权能继受给社会资本,而利用人对政府财政的金钱负担并没有改变。就是说,利用人的义务仍为其对国家的义务,而非对社会资本的义务。

在公用事业领域,即使在价金征收的情况下,社会资本与利用人也不存在合同关系,而是利用人与国家的合同关系。因此,公私合作不会改变义务的属性,而社会资本也无须征得相对人的同意。

---

〔1〕 审计署:《全国地方政府性债务审计结果》,《审计结果公告》2011年第35号。

第三节　公私合作契约——收费权的来源

一、公私合作契约的理论基础

（一）社会契约

社会关系是一种交换关系，而决定交换的是参与交换的主体权力的相互作用。“强力”是卢梭用来解释权力、权利、义务关系的基本元素。卢梭认为，人们服从于合法的权力，而非强力[1]。对强力的屈从，是人们的必要选择。但“强力并不构成权利，而人们只是对合法的权力才有服从的义务”[2]。可知，在卢梭眼里，权利是合法的权力。权利观念的形成，即用法律约束强力，使人类社会进入文明时代。

“社会秩序乃是为其他一切权利提供了基础的一项神圣权利。然而这些权利绝不是出于自然，而是建立在约定之上的。”[3]这种约定就是社会契约，构成社会秩序基础的关系是权力关系。卢梭笔下的社会公约是“共同体”国家与“结合者”人民之间的力量结合[4]。“共同体”国家行使权力进行统治，“结合者”人民享有权利进行制约。权力就是现代社会中国家被保留的、被法律限定的强力，这构成人民的义务。人民的强力也被国家法律限制，法律所允许的部分就是权利。卢梭据此认为：权力和权利都源自法律的预设，而非社会契约的约定；契约只是权力（利）载体，所以滥用权力（利）就构成违法，而非违约。

（二）关系性契约

麦克尼尔的《新社会契约论》对抽象的社会契约进行了具体化。他认为契约的初始根源为“劳动的专业化和交换、选择性、未来意识，根植在并且交互作用于社会”，并将契约界定为“是有关规划将来交换的过程的当事人之间的各种关系”[5]。他把契约划分为个别性契约和关系性契约。个别性契约只是

---

〔1〕［法］卢梭：《社会契约论》（第3版），何兆武译，商务印书馆，2003年，第9页。

〔2〕［法］卢梭：《社会契约论》（第3版），何兆武译，商务印书馆，2003年，第10页。

〔3〕［法］卢梭：《社会契约论》（第3版），何兆武译，商务印书馆，2003年，第4-5页。

〔4〕［法］卢梭：《社会契约论》（第3版），何兆武译，商务印书馆，2003年，第20-21页。

〔5〕［美］麦克尼尔：《新社会契约论——关于现代契约关系的探讨》，雷喜宁，潘勤译，中国政法大学出版社，1994年，第4页。

一种单纯的物品(包括服务)交换关系。但现实社会中的契约涉及种种关系,并认为现代社会已经脱离原始共同体契约,成为高度复杂、专业化的现代契约关系社会。因此,麦克尼尔用社会学中的"关系"概念,把卢梭探讨的政治层面的社会契约拉回到社会现实。

契约本身意味着参与者在交换过程中运用权力产生相互依赖。麦克尼尔进一步认为,"动态性质"将个别性契约与关系性契约区别开来:在个别性交易中,依赖性的相对平衡是静态现象,参与者拥有单方面的权力,交换过程中的权力关系是固定的(这在法律关系中表述为"权利、义务是对等的"),但这是一种假定。在关系性契约中,权力关系处于变动中,参与者通过等级结构形成命令权力,双方又通过交换过程运用这些权力,这种权力是现代契约关系的一个支配性特征,即动态性[1]。因此,个别性契约无法展示现代社会的复杂性。

比如,传统法理学认为契约存在于平等主体之间,这些主体被作为民事行为来对待。民法一般把契约(合同)界定为当事人要约与承诺形成的合意,其核心是民事权利与民事义务,并把契约界定为双方行为[2]。如我国《合同法》第二条就将合同定义为"平等主体间设立、变更、终止民事权利义务关系的协议"。民事权利义务关系就是民事法律关系,被认为是社会关系经民法调整后的产物[3]。这样,任何一个民事法律关系就被简化为直接参与主体之间的关系。于是,传统契约被认为是一种单纯的物品交换关系,亦即这里的民事契约属于个别性契约。因此,双方主体间的行为成为契约的标志,这里只有纯粹的民事权利之间的相互作用,其他因素如公权力的作用等被排除在外,不再是民事法律关系的研究对象,跟行政法领域一样,形成"纯粹化私权利"理念。

麦克尼尔批判了传统上以纯粹的契约双方的"法律"因素为取向的契约定义,他认为这样的考虑把一些特定的关系排斥在外,而这些特定的关系本身也应该构成契约的一部分[4]。比如我国"家电下乡"政策下,买卖合同双方交易合同只考虑双方的权利义务关系,而忽略背后的政府行政权力的安排与作用。

---

〔1〕[美]麦克尼尔:《新社会契约论——关于现代契约关系的探讨》,雷喜宁,潘勤译,中国政法大学出版社,1994年,第31-32页。

〔2〕 唐德华等:《合同法及司法解释新编教程(上)》,人民法院出版社,2004年,第26页。

〔3〕 彭万林:《民法学》,中国政法大学出版社,1994年,第42页。

〔4〕[美]麦克尼尔:《新社会契约论——关于现代契约关系的探讨》,雷喜宁,潘勤译,中国政法大学出版社,1994年,第5页。

麦克尼尔把契约的订立双方称为“规划者”，把基于要约承诺形成的合同关系的主体称为“承诺规划者”。任何主体都是在关系网络中共同做出决定[1]。他认为，由于“承诺规划者”是置身于社会关系网当中的，导致交易发生的还有一系列“非承诺规划者”的期待，包括“习俗、身份、习惯和其他为人所内化的东西，等级结构的命令，以及由包括市场在内的任何现实状况的动力所创造的期待”，这种期待往往是契约签订的决定性背景或动因，“承诺规划者总是由非承诺规划者相伴随”[2]。例如“家电下乡”中政府的政策推动是决定因素，即“承诺规划者”商家与消费者总是由“非承诺规划者”政府相伴随。再如，在房屋买卖契约中，政府的登记行为也是交易必不可少的部分。

麦克尼尔提到的“关系”并非简单的人际关系，而是一种权力分配规则体系，与我国以人际关系为核心的“关系网”有本质区别。“关系网”是以“找熟人便于为自己谋取最大利益”为前提假设，这是一种权力分配信仰。麦克尼尔所指的“关系”则是指个别性契约所适用的法律原则（如契约自由原则）在与其他规范性原则的冲突下，当事人权力分配如何与关系的其余部分相适应问题[3]。

麦克尼尔创造性地把权力关系要素导入契约，认为“契约中激发人欲望的领域就是契约团结和权力”[4]。他指出了交换发生之前的现状中存在的权力与交换过程中产生的权力变迁，认为个别性契约是把交换发生前的权力现状当作给定的来接受。关系性契约把权力视为具有相互性，并认为权力在交换过程中会不断变动[5]。这实际上就是权力关系的斗争过程。麦克尼尔提到的“‘非规划者’的期待”，就是权力关系结构中优势者的意思表达。麦克尼尔提到的“‘非规划者’的期待”规则化后，最终会演变成为权力或权利。这是持“纯粹化私权利”理念下研究契约的法学家不会去关注的领域，但这却是契约背后动态的权力交互过程。

---

〔1〕［美］朱迪·弗里曼：《合作治理与新行政法》，毕洪海，陈标冲译，商务印书馆，2010年，第489页。

〔2〕［美］麦克尼尔：《新社会契约论——关于现代契约关系的探讨》，雷喜宁，潘勤译，中国政法大学出版社，1994年，第8页。

〔3〕［美］麦克尼尔：《新社会契约论——关于现代契约关系的探讨》，雷喜宁，潘勤译，中国政法大学出版社，1994年，第79页。

〔4〕［美］麦克尼尔：《新社会契约论——关于现代契约关系的探讨》，雷喜宁，潘勤译，中国政法大学出版社，1994年，第83页。

〔5〕［美］麦克尼尔：《新社会契约论——关于现代契约关系的探讨》，雷喜宁，潘勤译，中国政法大学出版社，1994年，第79页。

事实上，麦克尼尔笔下的“关系”揭开了契约的“面纱”，契约就是权力关系的斗争过程。麦克尼尔进而指出行政法是相关主体通过“相互性和权力变迁的努力的产物”[1]。这表明他的关系性契约可以归入公法与私法交叉领域，为解析该领域的法律关系提供一个非常好的视角。但麦克尼尔是个典型的自由主义者，他极端藐视科层体系规则下的权力介入契约，称之为“虚伪的官僚主义”。但他也认为科层体系规则下的权力对关系性契约法的意义是巨大的，这赋予官僚机构很大的权力[2]。

社会是一个网络，主体并非被隔绝的实体。比如当某一主体与“行政机关”打交道时，该主体是在参与一系列的关系，包括内在于行政机关的相关关系以及行政机关与其他实体形成的关系[3]。麦克尼尔把契约主体之间的关系置于社会关系的整个网络中，“一切契约都必须在社会关系中才有实质的意义”[4]。他把法律规范与社会规范结合在一起，把契约从“纯粹化私权利”理念中解脱出来，并把参与主体的权力作为契约的组成要素。但麦克尼尔最大的缺陷是，没有把契约中权力和权利的相互作用表达出来。受契约自由的影响，他的分析最终意图是把官僚机构的权力排斥在契约之外。但他对契约中官僚机构权力的合法性划分值得关注。契约中合法的权力是为了完成工作，但是为了官僚机构的利益行使权力就是非法的[5]。

本书认为，契约是权力与权利相互作用的场域，是一种动态的社会关系。如把契约置于法律层面，则个别性契约则形成静态的民事法律关系，而关系性契约则形成动态法律关系，当有公法主体介入的时候，这些法律关系不局限于权利作用下的民事法律关系，还包括权力作用下的行政法律关系。这种复合性很好地解释了前文所阐述的传统静态行政法律关系与动态法律关系的区别。

---

〔1〕［美］麦克尼尔：《新社会契约论——关于现代契约关系的探讨》，雷喜宁，潘勤译，中国政法大学出版社，1994年，第77页。

〔2〕［美］麦克尼尔：《新社会契约论——关于现代契约关系的探讨》，雷喜宁，潘勤译，中国政法大学出版社，1994年，第71页。

〔3〕［美］朱迪·弗里曼：《合作治理与新行政法》，毕洪海，陈标冲译，商务印书馆，2010年，第353页。

〔4〕 季卫东：《关系契约论的启示（代译序）》，［美］麦克尼尔：《新社会契约论——关于现代契约关系的探讨》，雷喜宁，潘勤译，中国政法大学出版社，1994年，第9页。

〔5〕［美］麦克尼尔：《新社会契约论——关于现代契约关系的探讨》，雷喜宁，潘勤译，中国政法大学出版社，1994年，第71页。

（三）公私合作契约的功能

1. 政府治理工具

麦克尼尔认为，为了满足一定类型交易的经济合理性需求，法律形态中才出现关系性契约。因此，关系性契约完全可以适用“物有所值”原则。同时，他还强调相互性和团结，反对彻底的利己主义行为合理性假设。因此，在整体经济合理性得到实现的状态下，其中各项具体的交易并不一定都是成本最低的合理行为，而是最经济的行为[1]。这跟“科斯定理”的结论一样。可知，“物有所值”原则下的关系性契约让双方选择最经济的行为，麦克尼尔从契约的经济功能角度证明契约具有管制功能。如国家税务总局与一些公司签订的税收遵从合作协议，就是典型的公私合作契约。

上述结论与实践相吻合，公私合作契约已经成为政府重要的管制工具。政府签订“公私合作契约”的目的就是要对社会资本实施管制。由于政府愈来愈倾向于通过契约机制来完成各项职能，进而形成“契约国家”理念，契约逐步成为行政管理的工具。

2. 公私合作契约的规范功能

行政过程中的协商使权力与权利在契约这个平台上实现融合而非对立。在法律缺位的情况下，契约成为政府有效的治理策略。在法律有规定的情况下，法律成为协商的策略，是双方的底线，协议往往在法律的边界达成。这就是公私合作契约所具备的协商治理功能。

这种现象被我国行政法学界称为“软法之治”，姜明安教授认为“软法一般是共同体内所有成员自愿达成的契约”[2]。被列入软法领域的契约已经具有规范的功能，这里的契约构成要素包括：管制者的存在、它的独立性以及非腐败水平所代表的制度质量。因此，公私合作契约形成于政府与社会资本（或个人）之间。软法使政府的权能扩大到刚性法律所无法触及的领域。从这个层面上，那些认为契约的协商方式是“政府的撤退”或是“国家在治理中的角色的重新配置”的观点都有片面性[3]。

---

〔1〕 季卫东：《关系契约论的启示（代译序）》，[美]麦克尼尔：《新社会契约论——关于现代契约关系的探讨》，雷喜宁，潘勤译，中国政法大学出版社，1994年，第10页。

〔2〕 姜明安：《软法的兴起与软法之治》，《中国法学》2006年第2期，第25-36页。

〔3〕 [美]朱迪·弗里曼：《合作治理与新行政法》，毕洪海，陈标冲译，商务印书馆，2010年，第497页。

（四）公私合作契约的生存空间

1. 行政权力的“刚性”与“柔性”

在社会管制领域，公私合作契约的导入使政府与被管制对象可以就管制标准进行协商，这与传统行政法下的行政权力的强制性相悖。

传统行政法下行政权力内含的强制力是不容许协商的，由此生成在行政诉讼中不得调解的原则，这体现了行政权力的“刚性”。“刚性”的行政权力忽视了行政活动本有的、生动的过程，只注重行政行为的结果。

但在行政执法实践中，为使相对人接受行政处理并避免诉讼或保证结案率，行政主体与相对人在法律幅度内协商最终的处理决定是很常见的，有时行政主体为了解决问题甚至会突破法律的幅度范围。这又使行政权力具有某种程度的“柔性”。因此，行政权力具有某种程度的弹性，这使行政管理存在契约治理的空间，该空间使公私合作契约得以生存。

2. 两极化的“契约观”：游走在戴雪和迈耶之间

认为作为政府治理工具的公私合作契约私法至上的戴雪和认为公法至上的迈耶，对契约的态度完全不同，进而形成两种对立的“契约观”：“纯粹化私权利”和“高权行政”。麦克尼尔则强调实践中不存在脱离权力的契约，事实上他将通过权力关系“纯粹化私权利”和“高权行政”两种契约观连接起来，这使公私合作契约成为权力的载体。

（1）戴雪的“纯粹化私权利”

戴雪的“私法范式的宪政观”是以权力来源标准来划分公法与私法的界限。如果权力源于成文法的规定，就属于公法领域，可适用司法审查。如果权力源于私法，如合同，那么就属于私法领域，排除公法适用[1]。这导致公权力被契约掩盖，凡是契约下的行为均属于私法范畴。即使契约内含公权力，也必须适用私法救济。戴雪把私法推向极致，将契约下权力转变为“纯粹化私权利”。我国政府采购法就是受戴雪的私法范式的宪政观影响的产物，政府采购合同被认为是民事契约，政府是权利主体，而非权力的行使者，但强制招标程序本身系政府权力的运用，这是民事契约无法涵盖的内容。

传统民法学中的民事契约为理想状态下的个别性契约，从建立学说研究的参照系角度看是极为重要的，但是如果醉心于“纯粹化私权利”理念而忽视其他因素（公权力因素）的存在，只是简单地考虑合同双方民事权利与民事权

---

〔1〕［新西兰］迈克尔·塔格特：《行政法的范围》，金自宁译，中国人民大学出版社，2006年，第34页。

利的相互作用，将会使契约理论僵化。这并没有反映生活的本来面貌，实践中契约总是权力与权利的连接。对契约中权力关系的研究，在国家公有制下讨论相关的法律问题显得特别有意义。

比如在我国土地国有背景下，土地使用权与房屋所有权都不是纯粹的“私权利”，而是权力与权利的共同作用形成的复合权。在任何一项土地使用权的转让或房屋所有权转让中，双方订立的合同都内含权利与权力的相互作用。如把土地使用权与房屋所有权视为纯粹的“私权利”，将无法解释双方在合同订立过程中受权力因素的制约。最典型的是政府控制房价，对房价的调控本质上是一种管制行政，要求买卖双方必须遵守。这种价格管制本身就是房产买卖契约内含的权力，这是“纯粹化私权利”理念下的私法自治所无法解释的。

（2）迈耶的“高权行政”

同样，传统行政法学中的“高权行政”理念也无助于了解契约的本质。迈耶将公权力与私权利做了严格的区分，并把公权力因素作为区别公法与私法的界限，在大陆法系产生“行政契约”“行政合同”的概念。与戴雪的“纯粹化私权利”相反，“高权行政”理念下，契约内的公权力仍属于公权力，并不因契约而改变。

一般认为，契约本属于民事领域，但行政法学者认为存在一种“行政契约”，其与民事契约的区别在于法律效果不同：以行政法法律效果为标的者，为行政契约；以私法之法律效果为标的者，为民事契约。他们认为不存在“混合契约”，凡在契约中有公法性质之权利义务时，不论私法性质之权利义务之比重如何，应以其整体为公法之契约[1]，进而把契约的私法因素剔除在行政法之外。

如果用此观点审视行政补助的话，那么结论应该跟“二阶段理论”完全不同。行政补助系以行政决定做成，该决定为典型的公权力，应视为政府对受补助人享受特别贷款的一种特许。经政府审查同意补助之后，特许生效，受补助人以特许取得受补助之民事权利。依前述行政契约理论，该行政补助契约以公法性质的权力为基础，应当是行政契约才对[2]。但“二阶段理论”却在剔除公权力部分后，将该契约定位为民事契约。这应当是机械地运用法律的僵化

〔1〕 陈敏：《行政法总论》，台湾新学林出版股份有限公司，2011年，第559-561页。

〔2〕 陈敏：《行政法总论》，台湾新学林出版股份有限公司，2011年，第662-664页。

思维形成的偏见。

(3)麦克尼尔的"糅合"

戴雪的"纯粹化私权利"和迈耶的"高权行政"都属于麦克尼尔笔下的个别性契约。个别性契约的假设只是纯粹的学术推演，无法解释纠纷形成的成因及寻求解决的路径，进而形成"法律无用论"。传统的契约观把契约止于"合意"，只能局限于固定契约双方的权利义务，进而无法解析现代契约在履行过程中所具有的管制功能。

但麦克尼尔对契约的定义提醒我们，契约重在"交换"和"过程"，包含时间维的扩张、当事人的相互依存性、在承诺和期待的基础上进行的规划非一次结算性等因素[1]。他把权力导入契约这一理念可以对契约的管制功能有新的解释，契约除了交互性的权利作用，还有权力因素的存在，而权力往往起决定性作用。

当然，本书无意否定传统契约领域的研究方式，只是想指出在有公法主体及公权力介入的情况下，传统法学的契约研究在契约形态多样性和多功能方面存在严重缺陷，只有置于关系性契约视角下，以动态的权力与权利的相互作用为视角，才有可能真正理解契约的本质。

麦克尼尔的"关系性契约"观不失为打开公私交叉领域法律问题的钥匙。本书以此为基础，对给付行政领域中公私合作契约下的收费权的法律属性展开分析。

二、公私合作契约对权力运作的影响

麦考莱宣布了契约的死亡，因为美国契约的实业活动60%～75%是基于非契约关系[2]。麦克尼尔的"关系性契约"论一定程度上让契约起死回生，但其关注的劳动关系及企业关系已经被法律规则取代，他无非是把法律规则作为外部规则导入到契约内部规则中。契约真正"复活"的领域却是在麦克尼尔持否定态度的公法领域。公私合作契约的存在证明政府已经把契约作为治理工具，这与私法意义下的"契约"有天壤之别。

契约从具体到抽象，被赋予多种形态。民事契约一般没有公法主体参与，

---

〔1〕 季卫东:《关系契约论的启示(代译序)》,[美]麦克尼尔:《新社会契约论——关于现代契约关系的探讨》,雷喜宁,潘勤译,中国政法大学出版社,1994年,第3页。

〔2〕 季卫东:《关系契约论的启示(代译序)》,[美]麦克尼尔:《新社会契约论——关于现代契约关系的探讨》,雷喜宁,潘勤译,中国政法大学出版社,1994年,第1页。

可以称为“私法契约”。对于有公法主体作为其中签约主体的契约，可以称为“公法契约”。在德国学说中，若一契约由公法之给付与私法之对待给付组成，认为应定性为公法契约[1]。

公私合作契约属于典型的“公法契约”。麦克尼尔的“关系性契约”在社会契约和民事契约之间架起相互连接的桥梁，为研究公法契约提供一个视角。因为在公法契约中，“权力关系”起到核心作用。

由于契约被作为治理手段来对待，于是一个管制规则就可以看作管制者和被管制企业之间的一份契约[2]。公私合作下的公私合作契约属于“公法契约”。基于公私合作契约，社会资本取代公营组织的公用事业职能。

契约的治理功能使政府的行政权力运作方式开始发生变化。其一，政府的行政权力不再直接控制公用事业，政府不再与公用事业的利用人发生法律上的直接联系。其二，政府的行政权力以社会资本的民事权利为作用对象，不再以官僚系统内部的“命令–控制”手段制约社会资本，而是采用公私合作契约所约定的手段。其三，政府自身受公私合作契约限制，其法律手段被限定在契约之内，政府“自我”约束行政权的作用范围，将成为公私合作契约得以履行的基础，否则社会资本的介入就丧失意义。因此，公私合作下的公私合作契约，被要求承载诸如公正、理性和责任性等公法规范，形成特定情境行政活动。

契约是规则的来源，订约是“个人在行使有限的立法权”[3]。当把“个人”转换为“政府”会得出结论：契约是政府在行使立法权。在“契约式”管制下，政府协议在某种意义上与法律是等价的[4]。这种政府协议被定性为“法规命令”，而非仅属两者之间谈判订立的签约，被管制的对象也被包括在内。

三、公私合作契约的形式

（一）虚拟契约

基于收费权的授权和特许，公私合作契约渗透了明显的“权力关系”。但在实践中，公私合作契约的这一核心特征可能在无意中被根深蒂固的私法契

〔1〕 江嘉琪：《公私法混合契约初探——德国法之观察》，台湾《中原财经法学》2002年第9期，第63-112页。

〔2〕［法］让-雅克·拉丰：《规制与发展》，聂辉华译，中国人民大学出版社，2009年，第171页。

〔3〕［英］卡罗尔·哈洛，理查德·罗林斯：《法律与行政（上卷）》，杨伟东，李凌波，石红心译，商务印书馆，2004年，第403页。

〔4〕［美］朱迪·弗里曼：《合作治理与新行政法》，毕洪海，陈标冲译，商务印书馆，2010年，第2-3页。

约观念“冲销”。也正是基于此,公私合作契约被称为“虚拟契约”。虚拟契约是指涉及描摹一系列的制度安排,这些安排并非真正的合同[1]。对此,可以从两方面理解。

一是公私合作契约的成立在形式上不以书面合同为要件。一般情况下,公私合作契约由行政机关与社会资本双方签订。但实践中,公私合作契约并非以一份单独的双方签署的书面合同文本为限,而是由一系列行政决定书、内部文件,甚至是行政规范性文件构成的庞杂文书体系。例如,行政授权(或特许)决定书(俗称“政府批文”)、合同文本等。其中,行政授权(或特许)决定书是公私合作契约的基础。在有的情况下,即使没有双方签署的合同文本,这种基础文件也会形成事实上的契约关系。比如,在原告大庆市振富房地产开发有限公司(以下简称“原告”)与被告大庆市人民政府(以下简称“被告”)债务纠纷案(以下简称“振富案”)中,为完成锅炉房建设,被告以优惠政策吸引原告的投资,双方形成合意,但并未订立书面的完整合同,被告为兑现优惠政策,采取一系列向利用人收费的行政决定[2]。这些行政决定形成的文件,构成了事实上存在公私合作契约的核心内容。此为被告采取的制度安排,享受供暖服务的利用人必须接受。也因此,行政机关与利用人之间虽无契约之签订,但却形成“虚拟契约”关系。

二是利用人在公私合作契约签订过程中被虚拟化。行政机关和社会资本在协商过程中,不特定的利用人的利益是由行政机关代表的。利用人是基于行政机关在制度上的预设接受公用事业服务的。公私合作契约是行政机关制度预设的一部分,是行政机关的制度性安排,利用人无从选择。比如,在社会资本的选择上,利用人无从选择,只能被动接受行政机关的安排。行政机关通过制度建构,把利用人纳入公私合作契约。在社会资本与利用人之间,行政机关的授权或特许使公私合作契约效力及于利用人。由于利用人具有不特定性,利用人与社会资本之间的服务契约往往被“票据”或“凭证”替代,不需要有书面合同。可知,社会资本与利用人的法律关系,也被涵摄在公私合作契约之中,为虚拟契约之一部分。

---

〔1〕[英]卡罗尔·哈洛,理查德·罗林斯:《法律与行政(上卷)》,杨伟东,李凌波,石红心译,商务印书馆第,2004年,第406页。

〔2〕 最高人民法院(2006)民一终字第47号民事裁定书,《最高人民法院公报》2007年第4期。

（二）行政命令式的“批复”

在国家公有制下，我国公用事业有自身的特色，公私合作有自身的特殊性。公用事业从公营组织转移给社会资本是通过“企业改制”“政企分开”实现的，实际上就是把政府下属的国营工厂或事业单位改制为公司化国有企业的过程。但这些国企往往依政府行政级别而设置，同级政府往往有相应的国有企业。政府与国有企业一般不会以契约形式建立公私合作关系，政府往往将其视为“下级”。因此，政府与国有企业之间的公私合作契约往往以“批复”方式做成。如南京三桥和过江隧道建设中，政府与社会资本的公私合作都以批复方式做成，该批复构成虚拟契约的一部分。在严格意义上，批复并非契约，但在我国目前的经济体制下，政府与国有企业的公私合作并非依“契约精神”建构，而是以行政命令方式做成。对此，我国仍需要进一步深化改革，在政府与国有企业之间建立契约关系，才能真正使公用事业走向市场化。

四、公私合作契约的类型

（一）内部效力契约

政府与社会资本签订契约，不对第三方发生法律效力，只在政府与社会资本之间发生效力。

1. 服务契约

对于无法收费的公用事业，其建设所需的资金由行政机关承担筹措任务。此时，行政机关与社会资本签订的公私合作契约，不对利用人发生法律效力，只在行政机关与社会资本之间发生效力。本书称之为“内部效力契约”。

该类契约是基于社会资本（或个人）为行政机关提供服务，而行政机关通过税收或规费征收形成的收入向社会资本支付酬劳，社会资本成为行政机关的行政助手，一般表现为行政机关向社会资本“购买”服务或工程实物。比如，行政机关的服务外包合同、BT项目建设合同等。以奖励引荐人的招商引资方式为典型的行政机关服务外包，行政机关与引荐人就招商引资奖励形成合意，引资成功即由行政机关向引荐人支付奖金，这可以视为行政机关“购买”引荐人的服务。在基础建设领域，BT项目由社会资本垫资施工，最后由行政机关向社会资本支付相关费用，这可以视为行政机关“购买”社会资本承建的工程实物。

当行政机关或公营组织自己完成某项行政任务时，其资金来源为财政预算资金。公用事业领域的财政资金往往来自专项资金，该专项资金用于支付行政机关或公营组织完成该项行政任务时的行政成本，亦即本书所称“财政资金支配权”。该权力一般只有国家机关或公营组织才能行使。在公私合作下，当行政机关向社会资本“购买”服务或工程实物时，其资金来源为行政机关向利用人征收税或规费形成的财政专项资金，社会资本自身不具备使用预算内财政资金的权能。通过“购买”行为，该项预算内的财政资金被行政机关授予社会资本支配并使用。行政机关基于“购买”公用事业资产或服务产生的“付款行为”并非平等主体之间的对等交易。受法律规范的制约，行政机关的资金一般为专项资金，其来源是特定的，行政机关对该项资金的筹措只能源自特定项目的税收或规费征收；资金金额、支付方式也是特定的，必须经过法定的行政程序，如强制招投标等。社会资本必须仰赖行政机关的财政资金，一旦行政机关支付不能，社会资本必须等待行政机关采取行政措施解决。对此类争议，即使社会资本胜诉向法院申请执行，法院也无权从行政机关的财政账户中直接扣划款项，该类契约的救济受到公法规范的限制。因此，行政机关的“付款行为”显然不同于私法意义上的“购买”活动，属于公法活动。

基于行政机关资金来源和支付方式的特殊性，社会资本此时可以视为被行政机关授予“财政资金支配权”。该项权力源自行政机关的授权，该类公私合作契约为“授权契约”。因此，对于该类契约，行政机关与社会资本形成的纠纷为行政争议，应当纳入《行政诉讼法》调整范畴。但目前，行政机关在公用事业领域的“购买”活动被纳入《政府采购法》调整，该法第四十三条将该类公法活动纳入《合同法》调整范畴，归入民事合同，形成的争议被适用于民事救济。这与行政机关的“购买”活动法律属性不符。

在动态行政法律关系视野下，该类契约属于政府完全责任的公私合作契约，可以归入“行政助手”。

2. 管制性契约

在美国，朱迪·弗里曼归纳的“公私合作契约”，系“管制性契约”，也不对第三方发生法律效力。管制性契约是指政府通过协议让私人主体承诺遵守或接受约定，意在让私人主体“自我管制”，使私人主体在行使民事权利时更符合社会公共利益[1]。对于管制性契约，其要义在于容许社会资本分享标准设定权或行政机关的执行权。这时，社会资本是否被授特权则是关注的要点。

从社会资本角度看，管制性契约的订立，是社会资本变被动遵守强制性规

〔1〕［美］朱迪·弗里曼：《合作治理与新行政法》，毕洪海，陈标冲译，商务印书馆，2010年，第494页。

定为承诺遵守自己“参与制定”的规则。这与强制社会资本执行相反，管制性契约意在使社会资本会更自觉地遵守自己“参与制定”的规则，两者所产生的社会效果是完全不一样的。

当然，在规则制定过程中，政府是否会被社会资本俘虏则是必须加以关注的。因为此时政府的行政权力有自由裁量的空间，可以在最好效果和最差效果之间选择。社会资本有相当大的自由度，一般会选择最差效果的条件。政府能做的可能是迫使社会资本在最差的效果上更进一步，以此换来社会资本的自行遵守，以降低执法成本。此时，可能违反承诺后的最高额度处罚是必要的附加条件，以迫使社会资本遵守。虽然对外有改变公法标准的嫌疑，但是从“物有所值”角度看，“公私合作契约”有助于降低服务成本。

我国计重收费中加重收费的管制就产生此种效果，政府与货物运输经营者之间建立的是管制性契约关系。

（二）外部效力契约

对于可以收费的公用事业，行政机关直接赋予社会资本收费权，社会资本投资公用事业以获取收费权为核心目标。公私合作契约中的收费权将三方主体紧密地联系在一起，行政机关是收费权的授出者，社会资本是收费权的执行者，利用人是收费权的承受者。虽然多数情况下，利用人不会直接参与公私合作契约的签订，但是该契约却直接影响到利用人的权益。行政机关与社会资本签订公私合作契约的同时对利用人产生约束力。这意味着行政机关与社会资本签订的公私合作契约具有外部效力，本书称之为“外部效力契约”。公私合作契约的外部效力源自行政机关的行政行为，依据其收费权来源的不同，可以分为两种形态。

1. 授权契约

对于公共用物，在政府垄断下，行政机关通过税收或规费征收方式筹措建设资金。征税为国家专属权，由行政机关征收。规费一般授权公营组织征收，对利用人而言，此为公法利用方式。在公私合作下，社会资本经行政机关授权取得向利用人征收规费的权力。同时，社会资本所收规费原本应当缴入财政，但行政机关授予其直接支配的权力，社会资本据此取得“财政资金支配权”。此时，社会资本与行政机关基于行政授权形成行政法律关系。

由于公共用物的所有权仍然归属于国家，社会资本经授权取得规费征收权，利用人公法义务的履行对象从公营组织转为社会资本，但此时利用人仍向国家承担公法义务，社会资本只是继受了公营组织的规费征收权能。因此，利用人与社会资本形成行政法律关系。

因此，该类契约是以行政机关向社会资本授予规费征收权及财政资金支配权为核心，利用人对国家的公法义务继受给社会资本。社会资本基于投资，仅取得单纯的规费征收权，并无其他权能存在。本书将该类公私合作契约称为“授权契约”。该类型契约一般适用于公共用物建设。在BTO模式下，公共用物的资产所有权不发生转移，社会资本基于政府的行政授权取得规费征收权，公共用物的利用具有非敌对性，其资产无法用于经营，社会资本的收益单纯依赖规费征收，该模式下的公私合作契约为授权契约。

对于公共用物，在公营组织承担时，其征收规费不以营利为目的，但社会资本征收规费却以营利为目的。跟公营组织承担相比，利用人的负担增加了社会资本的利润部分。此时，行政机关对社会资本的营利应有严格的限制，应当把社会资本的投资总额与收益关联起来，采用固定收益率。比如，我国台湾地区把民间资本参与公路建设的总体利润控制为建设总额的8%，成本利润收回后停止收费。

2. 特许契约

由于公用服务业的资产所有权可以阶段性转移给社会资本，行政机关可以选私法利用方式完成，此为特许经营。在公私合作下，社会资本取得特许经营权。社会资本的价金收取权包含在公用事业的特许经营权之中，由于社会资本对利用人的价金收取权源自行政特许，因此社会资本与行政机关形成行政法律关系。

社会资本经行政机关特许，可以阶段性取得其投资形成的公用服务业资产所有权，社会资本通过对公用服务资产的营运收回成本并获取收益。利用人对国家的私法义务基于资产所有权的转移，完全转移给了社会资本，不再是国家义务。因此，利用人与社会资本形成民事法律关系。

因此，该类契约是以行政机关向社会资本授予价金收取权为核心，利用人对国家的私法义务转移给社会资本。社会资本基于投资，可以取得阶段性资产所有权。社会资本在经营期间，可以行使所有权的全部权能。本书将该类公私合作契约称为“特许契约”。该类契约一般适用公用服务。在BOT模式下，公用事业的资产所有权发生转移，社会资本基于该项资产的经营获取收益，其收费权内含在政府授予的特许经营权之中。因此，该模式下的公私合作契约为特许契约。

原公营组织收取价金不以营利为目的，社会资本却以营利为目的。对于社会资本的收费，行政机关主要实施价格管制，其收益属于私法自治领域，行政机关无权干预。

3. 外部效力契约的特性

（1）行政主体的“约定职责”

在秩序行政领域，传统行政法确立了职权法定原则。根据依法行政原理，行政主体在做出行政行为时，须以法律、法规或规章为依据，才能为利用人设定行政法义务[1]，由此确立了“职权法定原则”。依据该原则，任何行政职权的来源与行使都必须具有明确的法定依据，否则越权无效，实施主体必须承担相关责任[2]。可知，行政主体不存在与行政利用人约定自身应当履行职责的情形。

但在给付行政领域，对于公用事业是否民营化，完全取决于行政机关审时度势的选择。对此，法律不可能做出规定，公用事业民营化属于行政机关自由裁量领域。社会资本介入公用事业，不是源自法律、法规的授权，而是行政机关选择的结果。在公用事业民营化下，行政机关与社会资本权能间的配置，完全仰赖于双方的协商。此时，行政机关的职责源自双方的约定，该约定以授予社会资本收费权能为核心。权能的授予表现为行政机关向社会资本做出的行政允诺，而该行政允诺通过行政授权和行政特许做出。因此，行政授权和行政特许构成行政机关向社会资本的行政允诺。

行政允诺属于行政机关与社会资本之间的“约定职责”。社会资本权能的实现，完全仰赖于行政主体对行政允诺的履行。一旦行政机关不兑现行政允诺，社会资本的权能就完全丧失。只有当“约定职责”之不履行产生与“法定职责”之不履行有同等法律效果时，“约定职责”才真正对行政机关产生约束力。

因此，公私合作契约产生行政机关的“约定职责”，该项“约定职责”构成行政允诺。在不违背法律的前提下，“约定职责”对行政机关产生拘束力，一旦不履行，应当认定为违法。行政机关应当兑现行政允诺，否则就侵害了社会资本的信赖保护利益。

（2）社会资本的“准公法”属性

在给付行政领域，当政府采用公私合作模式完成公用事业时，政府与社会

---

〔1〕 陈敏：《行政法总论》，台湾新学林出版股份有限公司，2011年，第688页。

〔2〕 周佑勇：《行政法专论》，中国人民大学出版社，2010年，第81页。

资本往往签订公私合作契约。政府授予社会资本某项权能,使之对利用人产生约束力,这使契约产生外部效力。社会资本对利用人的效力并非源自契约本身,而是政府通过契约的约定授予社会资本的权能。

当公用事业采用公法利用方式完成时,此时社会资本通过公私合作契约取得公权力。当公用事业采用社会资本方式完成时,此时社会资本通过公私合作契约取得私权力。社会资本以政府授予的两种权力对利用人产生制约,因此社会资本取代政府设立的公营组织对利用人发生效力。因此,社会资本成为"准公营组织",公私合作契约形成三方主体之间的多重法律关系。

但这给政府权力的运作带来极大的挑战。卡罗尔·哈洛称之为"当代政府的合法性危机",因为传统的"契约观"将契约限定为双极关系,"这一限制给新的政府权力下放模式带来了问题,因为这种新的模式,是以作为买方的公共组织、公民或消费者和服务供应方的私人公司之间的三角关系为特征"[1]。因此,公私合作下的公私合作契约正在改变行政权力运作的方式。形成于公私"二分法"两极化的"契约观"无法解析公私合作契约的管制功能,这使传统行政法对行政合同的研究走入"死胡同"。对此,需要从全新的视角来审视公私合作下的公私合作契约。

4. 外部效力契约的成立

政府融资是一个复杂的过程。在我国现阶段制度背景下,"外部效力契约"的成立可以分为两个阶段。

(1)赋权阶段

政府与社会资本签订契约合作协议,双方就公用事业的具体事项达成一致,这在实践中是一个极为复杂的过程。政府并非单一主体,而是多元主体。社会资本虽为单一主体,但往往是根据项目设立,其投资关系形成复杂的背景法律关系。

一般情况下,在我国现阶段的公私合作中,合作一方为地方政府,合作另一方为社会资本(国企)。双方就合作项目的收费权共同向省级人民政府(或国务院及各部委)提出申请,进而省级以上人民政府做出批准决定,双方合作契约正式生效。社会资本取得的收费权往往具有垄断性,这种垄断性建立在政府相应的行政行为基础之上,比如行政审批、征地拆迁、优惠政策等。政府

---

〔1〕[英]卡罗尔·哈洛,理查德·罗林斯等:《法律与行政(上卷)》,杨伟东,李凌波,石红心译,商务印书馆,2004年,第280页。

往往以行政允诺的方式约定其应当完成的行政行为，这构成约定的职责。这种约定的职责往往记载在公私合作契约或政府的相关文件上，公私合作的四个象限均存在行政允诺。一旦不履行，则构成行政不作为。

公私合作的所有复杂活动最终指向一项内容——如何取得省级以上人民政府的收费权批文。这实际上是省级以上人民政府向社会资本赋权的过程：地方政府及省级以上人民政府就赋权形成一系列文件；社会资本根据省级以上人民政府批文及跟地方政府的契约承担公用事业的基础设施建设的具体事务。

这时，该赋权的法律后果实际上是社会资本取代原公营组织的收费主体地位。公私合作协议的双方主体为地方政府与社会资本，社会资本的收费权源自省级以上人民政府的赋权行为。公私合作并未改变利用人向国家承担的义务，利用人与社会资本之间并无契约存在。例如，在“南京机场高速公路赔偿案”中，因原告缴纳通行费是其对国家承担公法义务，被告机场高速公路管理处只是依职权征收通行费，被告与原告双方并无合同关系存在，并非契约关系。

（2）生效阶段

当社会资本取得省级以上人民政府或特定的政府部门的收费权核准文件后，公私合作契约产生外部效力。项目建成后社会资本依据核准文件授予的收费权向利用人收费，用以收回其投资及实现营利。

社会资本与利用人形成费用收缴关系。利用人没有特殊理由，在享受公用事业时，不得拒绝缴费，否则构成违法。在公私合作模式下，社会资本从形式上取代了国库，利用人对国库承担的公法义务和私法义务由社会资本继受，但并非取代，利用人对国库的义务并没有改变。

五、揭开外部效力契约的面纱

公用事业在政府垄断下的“行政公法”模式和“行政私法”模式是公私合作的逻辑起点。只有厘清公私合作前的公营组织权能的取得方式，才能真正了解外部效力契约的内涵。

（一）公营组织权能的取得

1. 行政公法下的行政授权行为

在秩序行政领域，行政授权系行政权力的转移。因给付行政领域的行政权力有特定的含义，其核心行政权力包括税收、规费征收权和财政资金支配权两项权能。所以,给付行政领域的行政授权也有特定的含义,因为税收是税务机关的专属权力,因此给付行政领域的行政授权主要是指规费征收权的授予和财政资金支配权的转移。在行政公法象限中,这是指政府把规费征收权和财政资金支配权授予公营组织,使公营组织可以直接使用规费收入形成的资金(在我国现阶段,公营组织的财政资金支配权受收支两条线的管制)。

在给付行政领域,政府一般会设立专门的公营组织(公营造物或事业单位)来提供公用事业,公营组织并非行政机关,其在设立时并无公权力,亦即公营组织在设立时无规费征收权和使用该资金的权利,其支出主要源自财政拨款。通过授权,使公营组织具备使用财政资金的权能,成为独立的核算单位,不再仰赖财政拨款。其公权力的取得是政府根据国家法律规定进行的授权。行政法学中的授权理论就是在该领域产生的,因为这些公用事业组织并非原生的官僚系统组成部分,其行政权力无法依职权取得,只能建立“新规则”——行政授权。

公营组织依据政府授权取得对利用人收费的行政权力。但是该公营组织是政府为公用事业而设立,相对于行政机关,本身也为“社会资本”。相对于政府,公营组织的收费权为“民事权利”,政府不能随意剥夺。因此其取得的收费权为复合权,属于动态行政法律关系的复合权一。

如自来水厂以规费方式提供垄断供水服务时,就是政府设立的公务机构,而非行政机关,属于公营组织。该项收费权属于行政权力,遵循公法规则,其收费权源自政府的授权。在我国,其所收费用被纳入政府“收支两条线”财政政策管制,但政府没有法定理由不能占用这些资金,只能由自来水厂自行使用。

政府对公营组织的授权以虚拟契约方式完成时,公法契约为行政授权行为的载体。就是说政府与公营组织之间存在着以授予公权力为目的的公法契约,公法契约具有设定和配置公权力的功能,相关的法律及文件为授权行为的组成部分。这时的契约完全是拟制的契约,类似于税收是基于公民与国家之间服务契约而存在一样。

但授权行为也有以书面化的专门契约完成的,如行政协定。依我国台湾地区的行政契约理论,行政主体间或行政机关间就行政事务或职权事项各为“同方向”之意思表示属于“行政协定”,而把“反方向”之意思表示属于“行政契约"[1]。授权行为就是政府与公营组织"同方向"的意思表示。公法主体间的"行政协定"就是前文所称"行政公法"的表现形式。行政协定以公权力的配置为核心,由公法主体系统内部权力与权力的相互作用而形成约定,内容是政治、经济方面的相互协作。

行政协定有两种形态:一为纵向契约,如美国联邦政府与州政府签订的联邦补贴协议;二为横向契约,如长三角区域经济一体化协议,区域内人民政府或职能部门签订的合作协议被称为"行政协议"[2]。

从动态法律关系角度观察,不管是上述何种形态契约,公法主体间通过契约处理的标的均为行政权力的让渡。例如,《长三角地区道路交通运输一体化发展议定书》设立协调委员会,该委员会系区域间的运输管制机构,根据签约各方的授权,取得制定区域间运输事务标准权、运输联盟的组建权等[3]。

在公法利用关系中,公营组织通过行政授权取得公权力,该项公权力使公营组织有权征收规费,并拥有使用规费收入的权能。利用人则是基于法律规定承担公法义务,这是利用人对国库的公法义务。此时,政府强制性提供公用事业,利用人不享有向国家的请求权。利用人不享受公权利,只承担公法义务。可知,在给付行政下,行政授权的本质是使公营组织取得规费征收权和财政资金支配权。公营组织有权使用财政资金,该财政资金源自利用人向国库承担的公法义务。

2. 行政私法下的行政特许行为

在20世纪20年代到70年代之间,公用事业组织被国有化后,形成公营组织。这些公营组织在事实上取代了社会资本形成对公用事业的垄断,取得了原本属于社会资本的私权力,这就是行政私法。

与社会资本不同的是,当时设立公营组织不以营利为目的。这样的组织至今仍然存在,如城市里的公交公司。政府赋予这些公营组织以公用事业的

---

〔1〕 陈敏:《行政法总论》,台湾新学林出版股份有限公司,2011年,第605页。

〔2〕 叶必丰:《我国区域经济一体化背景下的行政协议》,《法学研究》2006年第2期,第57-69页。

〔3〕 "5. 建立运政管理协作机制:(1)在客运、货运法规信息建设等各个业务层面建立类似于运政稽查方面的联席会议制度;(2)在运政执法、行业标准、场站建设、系统技术等方面制订共同标准;(3)加快长三角地区道路运输发展规划的编制工作;(4)根据新实施的《道路运输条例》,共同研究地方性配套法规和文件的修订工作,使三省市执法标准和尺度趋于统一;(5)在各城市开展快速货运的基础上,年内启动区域快速客运公司和货运联盟的组建工作;(6)加强对长三角道路运输一体化发展成果及前景的宣传。"(转引自中国公路网:《构建长三角道路运输一体化发展》,http: //www.chinahighway.com/news/2004/85916.php,最后访问时间:2012年8月26日)

职能，政府以发放许可证的方式授予公营组织垄断经营的私权力，排斥社会资本的介入，这在法律上构成行政特许。特许的法律后果是使公营组织可以直接支配价金，该项价金为利用人对国库的私法义务。

“行政私法”中公营组织的私权力通过行政特许取得，公营组织得以以“社会资本”方式提供公用事业。如当政府选择私法利用方式时，自来水厂通过私权力进行垄断经营，并遵循私法规则提供供水服务，收取价金，此时其收费权源自政府的行政特许[1]。

在私法利用方式下，利用人与提供公用事业的公营组织形成民事法律关系。利用人有权利请求政府提供普遍的服务，产生利用人的“公权利”，国家没有法律依据不得拒绝提供。就是说，行政私法是以满足民众的“公权利”为核心的公用事业活动。

利用人的“公权利”可以分为法律预设形成和政府行政决定形成两种。当公权利为法律预设时，此为法律预设的特许，由政府及其相关部门执行。当公权利由政府行政决定形成时，政府往往特许公营组织以私法利用方式提供，而民众的公权利转由公营组织实现。

如在行政补助贷款中，相关法律规定为利用人预先设定享受补助的条件，法律赋予其取得补助的资格，此为法律预设的特许，这形成利用人的公权利。当利用人满足条件提出申请被核准后，进而签署私法契约，该契约为法律预设特许的载体，利用人实现公权利。利用人实现公权力的前提是公营组织的“担保”，此时的担保是一项法律特许的私权力，负责行政补贴的公营组织依据法律预设取得担保权后，才能进行补助贷款[2]。这是典型的政府以私法形式完成行政任务，形成民事法律关系。法律的预设并没有以生成公权力为目的，不可能形成行政法律关系。行政机关对申请受理审查，是补助的必经阶段，系尚未成熟的行为，不能作为独立的行政行为来对待，还需要其他的行为补充完成，如款项受领、还款等。如因行政机关在审查中之过错，未能完成补助之行为，则公民可以以私法救济手段，要求行政机关完备受理程序，实现公民的公权利。利用人签订的贷款合同系法律预设特许的载体，而非行政特许形成。政府只是法律预设的代办人，而非决定者。“二阶段论”混淆了法律预设下的特许和政府决定下的行政特许。因此，“二阶段论”使行政补贴被人为地产生双

〔1〕 陈敏:《行政法总论》,台湾新学林出版股份有限公司,2011年,第655页。
〔2〕 陈敏:《行政法总论》,台湾新学林出版股份有限公司,2011年,第655页。

重目的，否定行政补贴目的单一性，把简单的问题复杂化。用“二阶段论”解释行政补贴的学者，没有注意到法律预设特许和行政特许的区别。

在行政私法领域中，行政特许的对象为公营组织而非利用人。政府与公营组织基于特许形成行政法律关系，但被视为内部行政法律关系。在私法利用关系中，政府的特许行为的效力及于利用人，利用人基于行政特许的约束向公营组织承担私法义务，这是利用人向国库承担私法义务。政府以私法方式提供公用事业，利用人享有向国家的请求权，以此维护自己的权益。可知，在给付行政下，行政特许的本质是使公营组织有权使用财政资金，该资金源自利用人向国库承担私法义务。

3. 公营组织的权限来源

当政府通过公营组织达成特定的行政目的时，该行政目的决定行政行为的方式，即法律已经预设特定目的的行政行为方式：当某项行政任务以配置公权力为目的时，政府必须采用行政授权的方式完成；当某项行政任务以设定私权力为目的时，政府必须采用行政特许的方式完成。行政授权与行政特许不能交叉使用，私权力无法授权，公权力无法特许。

（二）公私合作下收费权的移转

各国公用事业领域的民营化一般通过三种路径实现：一是把公营组织通过“公司化”直接改造为社会资本；二是把新公共设施交由国有化社会资本承担，这里的国有化社会资本被称为项目公司，通常要求国有控股在50%以上；三是把国有社会资本直接私有化或由民间资本设立的社会资本直接承担新公共设施的建设任务。这三种路径中，除私有化外均属于公私合作。公私合作本质上是公用事业从公营组织向社会资本的转移，社会资本取代公营组织成为公用事业的提供者。

三种类型的外部效力契约都指向一个问题：收费权。外部效力契约本质上是收费权从公营组织向社会资本移转的契约，这种移转是对社会资本的解禁行为，改变了公用事业由公营组织垄断的局面。在国家公有制下，我国通常把提供公用事业的公营组织改造为国有化社会资本（国有企业）或交由国有企业来承担，是公用事业市场化的进程。对此政府与社会资本不用征得利用人的同意。

（三）复合权的生成

1. 公私合作下收费权的三种模式

公营组织垄断提供公用事业时，利用人的金钱负担有两种性质：公法义务下的规费和私法义务下的价金。同时,根据国家公共设施建设模式的不同,形成三种营运模式:纯规费模式、规费加价金模式、纯价金模式。

在公私合作模式下,社会资本取代公营组织形成三种营运模式,社会资本的收费权对应也有三种形态:在纯规费模式下,社会资本以规费作为收入来源;在规费加价金模式下,社会资本代国家征收规费并缴入国库,价金为其收入来源;在纯价金模式下,价金为其收入来源。可知,社会资本的收入来源也只有两种形态:规费与价金。因此,公营组织承担公用事业的利用方式是公私合作制度建构的基础,社会资本收费权的法律属性与政府对公营组织的利用方式设定有关。

公私合作下的社会资本收费权也有两种属性:规费征收权和价金收取权;前者为公权力,后者为私权力。当社会资本取得规费征收权后,其取代公营组织有权使用财政资金。价金则完全脱离国库,社会资本使用价金与国库无关,转变为税收向国库承担义务。

那么,社会资本的这些权能从何而来呢?这必须将其置于给付行政的动态行政法律关系中才能阐明。公私合作是政府、社会资本、利用人三方构成的多元法律关系。依据动态行政法律关系,社会资本的收费权是政府的行政权力与社会资本的民事权利相互作用的产物。此时社会资本相对于政府来说是民事权利,相对于利用人来说却是公权力或私权力。公私合作系政府的行政权力与社会资本的民事权利的相互作用,产生对利用人的收费权。因此,社会资本的收费权为复合权。在不同的象限具有不同的属性及不同的内容,与图3-10的复合权类型相对应。

2. 公私合作下复合权的解构

(1)复合权三

此为特许契约内含复合权的形态之一,是社会资本提供公用事业下的规费加价金模式,此时社会资本代国家征收规费并交给国家,同时收取代征费,而以价金作为主要的收入来源。此为私法利用方式。

该契约下的收费权为图3-10的复合权三,系在民事权利的基础上附加行政权力,而这是社会资本的附带义务。

(2)复合权二

此为授权契约内含的复合权,是社会资本提供公用事业下的纯规费模式。在纯规费模式下,社会资本通过投资建成公共设施,国家因此授权其通过规费征收的方式收回成本和利润,同时还授权其取得财政资金支配权。规费原本只能是成本填补，不能获取利润。但社会资本经授权，可以获取合理的利润。该契约下的收费权表现为规费征收权和财政资金支配权。

对于社会资本来说，投资并通过收费收回成本原本属于民事权利，但因其是通过规费征收占有财政资金为手段收回成本和获取利润，继受了利用人对国家的公法义务，具备社会资本原本不具有的权能，形成图3-10的复合权二。社会资本基于授权取得规费征收权和财政资金支配权，系公权力。这在德国行政法上被称为“私人行政”，此为公法利用方式。

（3）复合权四

此为特许契约的另一种复合权形态，是社会资本提供公用事业下的纯价金模式。此时，社会资本通过价金作为收入的来源。在该协议约定中政府完全退出，转化为反垄断的管制。此后，政府在收费上的作用力为零，社会资本的收费完全脱离国库。但如果政府不宣布退出，社会资本的收费权就会受到干预，因此社会资本的收费权仍为复合权，属于图3-10的复合权四。此为私法利用方式。

（四）社会资本收费权能的来源

1. 外部效力契约的特殊性

外部效力契约包含三种形态的复合权。这表明收费权的法律属性并不取决于外部效力契约本身，也非政府与社会资本的随意设定，而是由契约背后的因素决定。外部效力契约只是复合权形成的媒介和载体，只有揭开契约的“面纱”，才能厘清社会资本收费权能的来源。

外部效力契约是针对第三方发生的法律效力。就该类契约的外部效力而言，契约只是使社会资本与利用人之间建立法律关系的媒介。因此，外部效力契约本身已非独立的行为，仅仅是使社会资本取得权能并产生外部效力的中间过程。这是传统契约理论没有关注的内容。

我国台湾地区的行政契约理论认为：“契约之当事人，原则上并不得以双方之协议使第三人受有负担。行政契约如干涉及第三人之权利，自应有第三人之同意。”[1]这意味着行政契约不具备外部效力，与外部效力契约完全不同。公用事业领域的外部效力契约以向社会资本行政授权或行政特许为目的，此为设立公法法律关系。就契约本身而言，外部效力契约可以视为行政契约。但与行政契约无外部效力不同的是，外部效力契约为第三人设定了负担，也不

〔1〕 陈敏：《行政法总论》，台湾新学林出版股份有限公司，2011年，第582页。

以征得第三人同意为前提。在公用事业领域，政府与社会资本签订外部效力契约，就是针对利用人（第三人）发生效力。由于公用事业具有自然垄断属性，特定区域的公用事业提供者往往享有独家经营权。利用人对于服务没有选择权，必须服从政府的安排，并接受该区域独家供应者的服务。

比如，经重庆市政府特许，重庆市江北区自来水供应权被中法水务买断。从2002年起50年内，该区的自来水由其独家供应。市民即使不同意由该公司供水，但网络状的供水系统仅有一套，没有第二家可选。因此，当政府安排中法水务在重庆市江北区供水时，双方签订公私合作契约是以赋予中法水务水费收取权为核心。该合同签订后，意味着中法水务取得了向已有水网上利用人收取水费的权能。同原来的自来水公司供水相比，供水价格中增加了中法水务的收益。对此，政府和中法水务不会去征得利用人的同意，而水网中的利用人数目庞大，也不可能征得每一个利用人的同意。该契约给利用人（第三人）设定了负担，即使利用人不同意，也无从选择。可知，该契约产生外部效力，完全不同于传统的行政契约理论。此时的外部效力契约已经是一种制度安排，这使得行政权力产生全新的运作模式，进而挑战行政权力的平衡和司法审查的框架。

2. 订立外部效力契约的目的

在公用事业领域，政府与社会资本订立外部效力契约无非是为了配置规费征收权（公权力）和设定价金收取权（私权力），分别形成行政法律关系和民事法律关系。

（1）配置公权力

20世纪的一个法律信仰是公权力源自“上面”的授权而私权力源于合意。“认可理论”提出权力来自国家授权，被授权组织本身也被看作国家的组成部分。戴雪进一步明确了不是来自国家授权的权力就不是公权力，并认为契约不会产生公权力[1]。在依法行政理念下，公权力源自法律授权。契约各方无法创设公权力。虽然契约本身不能创设公权力，但契约可以配置公权力。“唯法律如未明示得以行政处分为行使公权力之委托，则须以协议方式为之。”此时，该契约本身就属于配置公权力的载体。

大陆法系国家（或地区）认为附公权力的契约受公法规则的约束。比如

〔1〕［新西兰］迈克尔·塔格特：《行政法的范围》，金自宁译，中国人民大学出版社，2006年，第191-195页。

受德国行政法影响，我国台湾地区《行政程序法》第16条规定："行政机构得依法将其权限之一部分，委托民间团体或个人办理。"这里的委托涉及公权力的转移，就是通过契约来完成的，该过程就是公权力的配置过程。这在我国的行政法学理论中被称为"行政授权"。

当社会资本取代公营组织的规费征收权时，此时社会资本必须通过行政授权取得规费征收权。即收费权从图3-10的复合权一转化为图3-15的复合权二，即从图3-10的Ⅰ象限转向图3-10的Ⅱ象限。

（2）设定私权力

在英国，政府合同应该遵守普通法[1]。按照戴雪的观点，外部效力契约不会产生公权力，即使包含公权力，也可以用私法途径实现救济。

政府赋予这些社会资本以公用事业的职能，政府以发放许可证的方式授予社会资本垄断经营的私权力，排斥其他组织的介入，这在法律上构成行政特许。特许经营是最典型的公私合作模式。在特许制下，政府授予某一私人组织一种权利（通常是一种排他性权利）[2]。因此，社会资本通过特许取得独占权，获取某种程度的垄断地位。对于利用人而言，这是一种典型的私权力。公私合作使社会资本"重新"取得公用事业领域的私权力。在公私"两分法"下，私权力被归入私法的范畴。

社会资本必须通过行政特许取得价金收取权，同时一般必须向政府缴纳使用规费，如通过招标进入出租车营运市场的出租车公司必须向政府缴纳特许规费。此时的规费征收权则是基于行政委托，代政府收取并转交，属于图3-10中Ⅲ象限。当政府取消规费征收时，就转入图3-10中Ⅳ象限。

3. 外部效力契约"面纱"后的行政行为

（1）收费权能取得的一致性

与公营组织取得权能方式一样，社会资本也是通过行政授权或行政特许取得公用事业的收费权。在公私合作下，政府对这两种行政行为的选择，取决于政府对公营组织完成公用事业时最初的选择：当政府决定公营组织以公法方式完成行政任务时，公私合作采用行政授权方式完成，社会资本依授权取得收费权；当政府决定公营组织以私法方式完成行政任务时，公私合作采用行

〔1〕［英］卡罗尔·哈洛，理查德·罗林斯：《法律与行政（上卷）》，杨伟东，李凌波，石红心译，商务印书馆，2004年，第403页。

〔2〕［英］卡罗尔·哈洛，理查德·罗林斯：《法律与行政（上卷）》，杨伟东，李凌波，石红心译，商务印书馆，2004年，第131页。

政特许方式完成,社会资本依特许取得收费权。政府只有在公营组织完成公共基础设施的形态下,才有在公法与私法完成方式之间的选择自由。但在公私合作中,政府并无选择自由,因为公共基础设施的建设模式在公私合作之前已经选定。

但公私合作下的行政授权或行政特许,并非秩序行政下单方行政行为这样一个简单的断面,而是一个动态的协商过程,主要涉及政府税费的调配和社会资本的出资之间如何偿付的动态平衡问题。

(2)利用人义务的转移

外部效力契约系政府、社会资本和利用人三方主体之间的联动。社会资本基于政府的行政授权或行政特许取得收费权,才可以直接向利用人行使收费权。这个过程产生单方法律效力,利用人对国家承担的义务被转给社会资本。这意味着社会资本基于复合权向利用人收费并非基于契约,而是源于利用人对国家的法定义务的转移。根据图3-10,该项法定义务因政府对利用方式的不同选择而产生差别:Ⅱ象限的公私合作源自行政公法,系利用人对国库承担公法义务,社会资本基于行政授权取得公权力;Ⅲ、Ⅳ象限的公私合作源自行政私法,系利用人对国库承担私法义务,社会资本基于行政特许取得私权力。

基于行政授权或行政特许,社会资本与利用人形成的法律关系完全不同:行政授权下的契约导致社会资本与利用人形成行政法律关系;行政特许下的契约导致社会资本与利用人形成民事法律关系。

(3)媒介化的外部效力契约

由于外部效力契约以配置公权力或设定私权力为目的,外部效力契约只是行政授权或行政特许的载体,其他民事性的因素是依附于这两种行政行为之上的。揭开外部效力契约的“面纱”,外部效力契约是行政授权行为与行政特许行为,社会资本的收费权能源自行政授权或行政特许,而非契约本身。依据外部效力契约内含的行政行为,社会资本取得向利用人收费的权能。因此,外部效力契约只是这两种行政行为的媒介。

外部效力契约并未改变行政授权和行政特许的单方法律行为的法律属性,社会资本据此取得收费权,并对利用人的行为产生制约。外部效力契约本身不构成独立的行为,无法对利用人产生法律效力。可知,外部效力契约并非独立之行为,仅是授权、特许行为做成过程中之一阶段,系未成熟的行政过程中的行为,不能作为独立的行为对待。

对于外部效力契约应进一步扩大视野，置于整个行政过程中，看其最终生成之法律效果：如果行政过程引发私法之法律效果，社会资本与利用人形成民事法律关系，则该契约为行政特许之一部分；如果行政过程引发公法之法律效果，社会资本与利用人形成行政法律关系，则该契约为行政授权之一部分。就外部效力契约而言，无法对利用人产生法律效力，相当于“内部行政行为”，其对外效力源自行政授权和行政特许。

上述结论可以总结出公私合作的最基本规则：在公法利用方式下，行政授权行为使社会资本取得公权力；在私法利用方式下，行政特许行为使社会资本取得私权力。

第五章

公用事业收费权管制功能：公私合作的司法救济

第一节　管制行政的内涵及功能

一、管制行政的内涵

（一）管制行政概念的导入

我国市场经济下的公用事业公有制改革与美国在20世纪30年代的公用事业“国有化”模式相类似，都是通过国有化的社会资本来实现公用事业的市场化经营，并通过政府监管实现有序化运作。美国管制经济学对国有化的社会资本承担公用事业产生的问题进行了总结，并提出了解决方案。因此，管制经济学关于公用事业发展的各个相关阶段理论，可以用来分析我国现阶段在公用事业领域面临的问题。

在公共行政领域，台湾学者张其禄以“管制行政”作为术语，概括政府管制与公共行政之间的关联[1]。本书意图将“管制行政”导入行政法领域，用以描述公用事业领域政府行使管制职能产生的法律问题。对于该类问题，德、法

---

〔1〕 张其禄：《管制行政：理论与经验分析》，台湾商鼎文化出版社，2006年，第1页。

等国将其纳入经济行政法领域。我国已有经济行政法概念,但对于具体内容并不明确,特别是经济领域的政府职能设定,尚未有明确的界限。美国的管制行政则提供了一个视角。

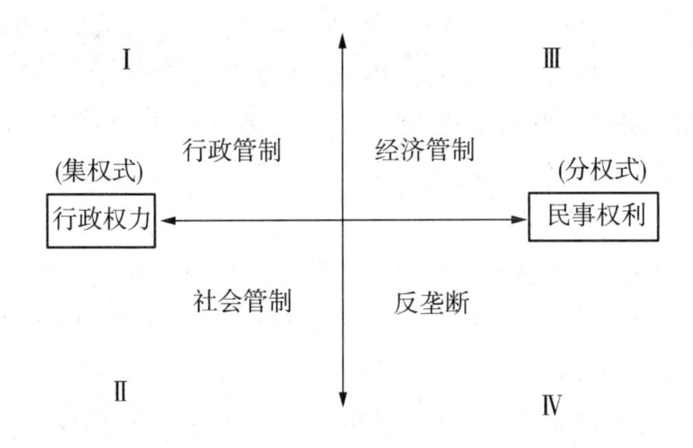

图 5-1　给付行政下政府管制职能的象限定位图

根据图5-1的归纳,政府在公私合作中的职能为经济管制。英美法系的经济管制是围绕公用事业具体问题进行的[1]。因此,管制行政是以问题为导向的行政活动,公私合作下多元主体基于具体的问题构成特定情境行政活动。这与传统行政以行政行为的合法性考量为核心完全不同。在公用事业民营化领域,法律不可能预设某项公用事业是否必须民营化以及如何民营化,而是否民营化取决于政府解决问题的需要。在该领域,政府不能单纯地使用"命令-控制"的传统行政模式,而是依赖于"契约治理"。

行政任务民营化产生了以"协商合作"为核心特征的管制模式。管制反映了政府公权力在经济领域行使的多种形态。"管制行政"系将经济领域的管制规则导入行政法领域而形成。社会资本一方面作为被管制者接受政府的管制,另一方面自身也具有对利用人实施管制的权能,这使"管制行政"从传统行政法下的"干预行政"中区别出来,进入行政法新领域。

经济行政以"政府与市场"之间的关系为中心。政府对公用事业的管制职能,属于给付行政领域。管制行政与秩序行政并非完全对立,管制行政的部分管理手段与秩序行政相交叉,秩序行政中也会使用部分管制手段以达到管理目的,比如以计重收费治理超载。同时,管制行政也以秩序行政的手段作为

---

〔1〕[德]罗尔夫·施托贝尔:《经济宪法与经济行政法》,谢立斌译,商务印书馆,2008年,第14页。

最终的保障。秩序行政研究行政行为的目的在于如何保证行政行为的合法性，而管制行政的研究目的是如何保障公用事业的效率和公益性之间的平衡。

管制属于政府的权力，用权力来解释政府和经济的关系比分析市场和企业更直接[1]。管制行政为政府将公用事业民营化提供了一套完整的理论，同时提供了社会资本承担公用事业公益性的衡量基准。只有置于管制行政视野下，才能厘清政府选择民营化的制度成因，进而才能确定救济的路径选择，避免实践中的混乱。因此，给付行政有必要导入管制行政。

（二）管制行政的理念

公私合作下的三方主体往往以协商的方式进行决策，这种决策可能是分散化的，但政府起着连接作用。这在管制行政中被称为“共同治理”，政府是公权力和私权力拥有者，有权决定承担公用事业社会资本的权能配置。双方通过协商形成治理共同体，并形成具体的、非正式的规则，形成“第三方政府”的治理[2]。这种治理以主体间的平等协商为主要特征，政府的管制机构提供了一个协商的平台，其行为的强制力往往来源于三方主体同意，被称为“协商行政立法”[3]。显然，此时不存在纯粹的私人领域与纯粹的行政领域，行政法的关注点转向公私之间的协商关系[4]。

这完全不同于传统行政法理论。传统行政法以“命令–控制”作为手段，认为一切规则源自法律，并以具有强制力的行政权为核心构建法律理论体系，形成不平等的行政法律关系。管制行政打破了传统行政法的等级制和以强制力为核心的行政行为理论，主要通过公私合作契约来达到行政目的。公私合作契约是多元主体在公用事业领域的互动，形成动态行政法律关系。动态法律关系展示了公私合作契约成为政府的管理工具的过程。

公私合作契约内含的协商性显然与信奉“命令–控制”的行政权力格格不入，进而社会资本（包括个人）也成为行政活动组成部分，挑战传统行政法的底线。“这将极大地拓宽行政法学的疆域，使行政法学的触角延伸到对公共政策的考量和关照，并且能从法律学上为制度的设计和优化提供导引和指南，更

---

〔1〕 张屹山：《一个权力经济学的研究框架（代序）》，金成晓，李政，袁宁：《权力的经济性质》，吉林人民出版社，2008年，第13页。

〔2〕 [美]朱迪·弗里曼：《合作治理与新行政法》，毕洪海，陈标冲译，商务印书馆，2010年，第324页。

〔3〕 [美]朱迪·弗里曼：《合作治理与新行政法》，毕洪海，陈标冲译，商务印书馆，2010年，第200页。

〔4〕 [美]朱迪·弗里曼：《合作治理与新行政法》，毕洪海，陈标冲译，商务印书馆，2010年，第319页。

好地维护公民的福祉。”[1]

（三）管制行政的公益性保障机制

在公私合作下，给付行政涉及政府、社会资本与利用人三方主体。政府与社会资本通过合作，向利用人提供公用事业服务。政府是一个安排者，决定什么应该做、为谁而做、做到什么程度和水平、怎样付费等问题[2]。就是说给付行政可以简化为“付费的制度安排”，涉及政府的“收”和“支”两个方面：“收”是政府的税费收取，“支”即政府的采购和行政成本。本书的讨论主要局限于“收”，即政府规费的征收以及公私合作下收费制度的安排，但在讨论私人行政问题时会涉及“支”方面的案例（以此为基础讨论私人行政在我国的状况）。对于公用事业的费用由谁收、以什么费率收、怎么支、向谁支等问题，则属于经济管制问题。

在管制行政中，政府是以给付行政的引导者出现的。但管制行政又是给付行政不能涵盖的。美国的公用事业一直由社会资本承担，民营化下政府的职能为经济管制。经济管制主要包括价格管制、市场准入、限制退出等，其核心是通过收费管制，以达到社会资本收益和公益性之间的平衡。在大陆法系国家，政府垄断公用事业时，公用事业由公营组织提供，其公益性的保障是通过组织公法化实现的。公营组织收费坚持“成本原则”，不以营利为目的。德国的“共和原则”要求政府为公共利益采取行动，为政府的营利行为设定了界限[3]。但在公私合作下，社会资本以营利为目的，其公益性该如何保障缺乏分析框架。导入美国管制经济学中的“物有所值”，可以对给付行政的公益性、效率等进行衡量，这也是“公私合作”的基本动因。

（四）管制行政的理论定位

德国行政法学把英美法系的管制行政纳入“经济行政法”领域[4]。“经济行政法”调整各级政府与企业、消费者之间的法律关系，并规定国家是否能够以及在多大程度内可以亲自经营公共企业[5]。经济行政法除遵循法治国、社会国等原则外，还应当遵循经济原则。经济原则要求政府为提高效率实现“物

---

〔1〕 朱新力，宋华琳：《现代行政法学的建构与政府规制研究的兴起》，《法律科学（西北政法学院学报）》2005年第5期，第39-42页。

〔2〕［美］E. S. 萨瓦斯：《民营化与公私部门的伙伴关系》，周志忍等译，中国人民大学出版社，2002年，第5页。

〔3〕［德］罗尔夫·施托贝尔：《经济宪法与经济行政法》，谢立斌译，商务印书馆，2008年，第297页。

〔4〕［德］罗尔夫·施托贝尔：《经济宪法与经济行政法》，谢立斌译，商务印书馆，2008年，第14页。

〔5〕［德］罗尔夫·施托贝尔：《经济宪法与经济行政法》，谢立斌译，商务印书馆，2008年，第13页。

有所值”[1]。这与管制行政对政府行为要求一致。

但有人持反对观点，认为政府对经济的管理属于“行政控制”，不可能将公共行政彻底经济化，像私经济一样只着眼于效率观，其理由为公共利益本位和等级体制[2]。同时指出，行政控制是“经济国家的官僚性、执行性、经营性和信用性的管理活动”，并概括为10项具体内容[3]。这仍是用传统的“高权行政”理念来审视政府对经济的管理。

两大法系对于经济领域的政府职能定位可以统一，英美法系的管制类型与大陆法系的责任类型相对应，详见表2-1。

在我国的法律文化语境下，经济法研究市场主体的行为，行政法研究政府行为。在公用事业领域，与管制相关的法律问题往往涉及政府自身的经济活动，跨经济法领域和行政法领域，经济法又被划入民商法领域，导致与管制相关的法律问题成为民商法与行政法交叉的法律问题。与一般的民商法问题不同的是，管制行政以公用事业领域中政府权能的配置为主导。因此，本书建议将管制行政作为行政法学领域的一个分支来对待，可以归入我国行政法学中的经济行政法领域，这样可以保留英美法系针对具体问题的研究方法。

二、现代政府的管制职能及管制机构

（一）管制职能

从管制行政角度看，政府职能在给付行政的各个象限中完全不同。管制行政包括经济管制、社会（健康、安全与环境）管制、反垄断管制[4]。OECD将管制区分为行政管制、经济管制、社会管制[5]。可知，综合两种划分，政府的管制类型主要有四种类型：行政管制、社会管制、经济管制、反垄断管制。在管制机构建构方式上，对于可能危及整个社会的问题，集权更适合，如行政管制领

〔1〕［德］罗尔夫·施托贝尔：《经济宪法与经济行政法》，谢立斌译，商务印书馆，2008年，第341页。

〔2〕［德］汉斯·J.沃尔夫等：《行政法》，第二卷，高家伟译，法律出版社，2002年，第28-29页。

〔3〕［德］汉斯·J.沃尔夫等：《行政法》，第二卷，高家伟译，法律出版社，2002年，第28-29页。1.目标控制，即从合作的角度为行政活动勾勒具体的流程；2.预算，从主体财政和效用的角度计划月开支，确保支出的合理性；3.产量核算制度，即将行政活动视为产品，计算和确定其成本，用“物有所值”核算代替单纯记录性的收入核算控制制度；4.划分责任范围，从结果责任的角度机制确定行政的权限和资源；5.以能力为本位的人事管理；6.以顾客为本位的质量管理；7.创造竞争条件；8.分离政治与行政；9.任务监督和任务评价；10.使用现代信息手段。

〔4〕 W.基普·维斯库斯等：《反垄断与管制经济学》，陈甬军，覃福晓译，中国人民大学出版社，2010年，第3-7页。

〔5〕 张其禄：《管制行政：理论与经验分析》，台湾商鼎文化出版社，2006年，第225-226页。

域和社会管制领域；对于有很大潜在价值或很小负面影响的，分权更适合，如经济管制领域和反垄断管制领域。

如果以公私合作为视角，根据给付行政的动态行政法律关系各象限形成的制度特性，以上管制类型将分别成为政府在各象限的主要管制职能，当然相互会有交叉使用，如图5-1所示。

对于政府完全责任象限（即图5-1的Ⅰ象限），此属于政府的内部事务，政府职能以行政管制为主。该象限以行政权力为绝对主导，因此该领域的政府职能将以减少“官样文章”为主，严格行政程序，降低服务成本为核心。

对于社会资本主责的共同责任象限（即图5-1的第Ⅲ象限），此属于公私合作下的特许经营领域，政府职能以经济管制为主。该象限民事权利占优势地位，政府以特许为手段，管制以干预私人决策，控制价格、竞争、市场准入或退出的规范为主。例如，控制城市车辆增容的“车牌拍卖”“摇号”等。这些管制手段带有明显的准入控制特征，成为重要的经济调控手段。

对于政府主责的共同责任象限（即图5-1的Ⅱ象限），此属于公私合作下的行政授权领域，政府职能以社会管制为主要职能，该象限中行政权力占优势地位，政府通常以授权方式进行管制。政府将超越产业的限度，管制以公益及社会正义为目标，其中经济诱因也逐渐成为该领域的重要手段。例如，在环境管制中的“排污权交易”[1]。此外，还有治理城市拥堵收取的“拥堵费”，公路超载治理中的“计重收费”，等等。

对于社会资本完全责任象限（即图5-1的Ⅳ象限），此属于私有化领域，政府职能以反垄断管制为主，这是市场领域政府的传统职能。

对于政府主责的共同责任领域和社会资本主责的共同责任领域的政府管制措施，因其手段具有复合性，无法用行政行为理论简单地从合法性或行政程序方面加以控制。比如，上海的“车牌拍卖”政策的施行中，上海市人民政府将车牌使用采用特许方式进行准入管制。因其不符合《行政许可法》，该市的车牌管制措施就受到合法性的质疑。对于这些领域，更需要从政策施行的实

〔1〕 20世纪90年代，我国引入排污权交易制度，最初是为了控制酸雨。2001年4月，国家环保总局与美国环保协会签订《推动中国二氧化硫排放总量控制及排放权交易政策实施的研究》合作项目，随后开展“4+3+1”项目。2001年9月，在多方努力下，江苏省南通市顺利实施中国首例排污权交易。交易双方为南通天生港发电有限公司与南京醋酸纤维有限公司，双方在2001—2007年期间交易SO_2排污权1800吨。2003年，江苏太仓港环保发电有限公司与南京下关发电厂达成SO_2排污权异地交易，开创中国跨区域交易的先例。2007年11月10日，国内第一个排污权交易中心在浙江嘉兴挂牌成立，标志着我国排污权交易逐步走向制度化、规范化、国际化。

际效果来判断其是否具有正当性和合理性。这恰恰是对行政法理论最大的挑战。

（二）我国的管制机构

在给付行政领域，公用事业的公有制从政府垄断下公权力主导转向市场化下的公私合作。这是推动政府职能转变的主要动因，而这需要政府职能的重新定位。在市场化下，政府的主要职能为对市场的干预，而政府干预经济的主要手段为管制。因此，市场经济下政府活动以管制行为为核心。

在国家公有制下，我国政府掌控国家资本，成为最强大的市场参与者和市场管制者。我国政府的架构以高权行政理论为基础，形成以行政主体为核心的行政法理论，管制职能被分解到人民政府及其职能部门。从中央层面看，由计划经济委员会发展而来的国家发展和改革委员会作为价格管制机关，商务部作为反垄断机关，可以视为我国综合性管制机关。公用事业领域专门的管制机关主要有国家铁路局、交通运输部、住建部、国家电力监管委员会、自然资源部、国家能源局等。依传统的层级体系，各行政级别的人民政府下都设立对应的机构和部门。相关研究指出，我国各个政府综合部门规制职权远大于专门规制机构职权[1]。

在计划经济时代，我国的计划经济委员会是世界上最强大的经济管制体系，在经济转型中，计划经济委员会的微观控制职能不断削弱，逐步走向宏观经济调控。2008年后，国家发展和改革委员会完全脱离微观调控，成为负责公用事业价格管制、市场准入和公用事业投资的管制机构，其他政府部门则成为执行机构，被称为“混合型规制机构”[2]。

随着我国城市化进程的加快，对公用事业的管制已经实质性地分权到地方政府和部门机构手中。中央只负责大型工程，地方负责小规模的工程。这样的等级式的规制模式有自身的缺陷：一方面，中央管制机构无法有效控制地方管制机构；另一方面，由于地方管制者偏袒本地市场导致其比中央管制机构更容易被俘获[3]，进而形成区域间的行政壁垒。

受经济全球化影响，欧盟实现经济一体化，成了消除国家间经济贸易行政壁垒的典范。我国也出现了区域经济一体化的趋势，相继建立了长三角经济

---

〔1〕 沈宏亮：《中国规制政府的崛起：一个供给主导型制度变迁过程》，《经济学家》2011年第4期，第32-39页。

〔2〕［法］让-雅克·拉丰：《规制与发展》，聂辉华译，中国人民大学出版社，2009年，第8页。

〔3〕［法］让-雅克·拉丰：《规制与发展》，聂辉华译，中国人民大学出版社，2009年，第16页。

区、珠三角经济区、环渤海经济区、中原经济区等。区域经济一体化是各区域内政府间的自发合作，通过签订政府间的行政协议，获得国务院确认后，生成区域间的合作组织，如联席会议制度等。从管制行政角度看，这些区域间的合作组织为科层体系内的非正式组织，属于市场化下的新型管制机构。这种管制机构不以行政区划为界限，不以行政级别为前提，实现跨区域、多层级政府部门之间的契约式合作。这些区域间的合作组织以"打破地方保护和行政壁垒，开放和统一市场"为任务，"走的就是一条以尊重宪法权威为基础的协商民主之路"[1]。行政协议正式成为政府管制工具，实现了区域间政府干预市场的统一性和开放性。对于区域间的合作组织及行政协议的定性及定位，不能从传统"高权行政"角度进行解析，必须导入管制行政的"协商治理"理念才能梳理清楚相关的法律关系。

除科层体系内的非正式组织外，我国政府还辅之以临时性的管制机构。这属于科层体系内的正式组织，如高速公路建设指挥部等。也有部分派出机构取得管制权力。例如，根据《公路安全保护条例》，公路管理机构取得许可审批权，正式成为享有管制权力的公营组织。但是我国的相关立法并没有从管制视角来确定公路管理机构的法律地位，仍以传统行政主体理论为核心，将之列为秩序行政下的授权组织。同时，在传统行政主体理论下，非公营组织被作为行政相对人来对待，其具有的管制功能尚未纳入行政法视野。

由于我国行政法学尚未从管制行政角度对管制机构进行研究，学者通常把政府对市场的管制作为政府的经济调控职能来对待。因此，我国的管制行政被混入一般的行政管理领域，而没有从秩序行政和给付行政角度进行界分。

随着全球化、市场化进程日益深入，经济发展方式转变中的政府职能转化已经成为我国行政法学研究的热点，这可以视为我国市场经济下的"管制革新"。在区域经济一体化下，政府间的合作通过行政协议实现区域间的"合作治理"。可知，管制革新下的"合作治理"理念已经成为我国政府间合作的推动力。

在科层体系外，公私合作已经成为我国公用事业公有制下市场化的主要手段，我国管制革新应以公私合作内含"协商治理"理念为指导。在公私合作领域，管制行政要求政府持续而积极地介入，并非意味着政府退出，国家仍然承担着公用事业的全部责任。随着政府职能的转化，政府把公用事业的实际

[1] 叶必丰:《区域经济一体化法制研究的参照系》,《法学论坛》2012年第4期，第25-32页。

生产活动授权或特许给社会资本承担，而政府成了管制者。但我国行政法学对社会资本的自我管制及其对利用人的管制权能的研究仍然有欠缺。

因此，我国政府职能转变应以"合作治理"理念作为主导原则。在管制治理（regulatory governance）理念下，我国政府更应当强调合作治理（collaborative governance）[1]。这要求政府树立契约治理理念。

三、管制行政的目标及使命

（一）管制行政对传统行政法的影响

与国家享有自然垄断行业的所有权相比，公私合作下的契约管制被认为是纠正政府管制失灵的选择。这直接导致公用事业民营化的产生，公用事业领域被导入市场规则，在经济学领域将之称为"解除政府管制"[2]。但从行政法领域看，这是政府从政府完全责任管理走向公私合作下契约管制，是治理方式的变化。

给付行政领域具有特殊性，"给付行政包括权力行政和非权力行政"，"并不是因为某行政活动是管制性活动，便可以直接导出某种效果的说法"[3]。就是说，在给付行政领域，管制活动的法律属性有可能是行政法律关系，也有可能是民事法律关系。动态行政法律关系恰好印证其观点。盐野宏以行政指导来说明非权力行政，以许可来说明权力行政[4]。在管制行政视角下，行政指导、行政契约、行政特许等都是管制行政的重要手段。但这些行为在传统行政法里被视为另类，因其不具有强制力被称为"非行政行为"，也有把立法行为、公法契约排除在行政行为之外的[5]，还有把行政指导归入"非正式行政行为"的[6]。管制机构运用的管制权并非单一的公权力，政府采取的措施往往是公权力或私权力的单用或并用，以达到行政目的。这就是管制行政活动的特征——复合性。

（二）管制行政对公益性的追求

管制行政是由政府、社会资本、相对人之间形成动态的、多元的、多重的法

---

〔1〕［美］朱迪·弗里曼：《合作治理与新行政法》，毕洪海，陈标冲译，商务印书馆，2010年，第34页。

〔2〕［新西兰］迈克尔·塔格特：《行政法的范围》，金自宁译，中国人民大学出版社，2006年，第53页。

〔3〕［日］盐野宏：《行政法》，杨建顺译，法律出版社，1999年，第11页。

〔4〕［日］盐野宏：《行政法》，杨建顺译，法律出版社，1999年，第11页。

〔5〕周佑勇，《行政法专论》，中国人民大学出版社，2010年，第253页。

〔6〕陈敏：《行政法总论》，台湾新学林出版股份有限公司，2011年，第619页。

律关系构成。“动态”是指行政权力和民事权利在特定的领域内相互作用,形成复合权。“多元”是指在特定的象限内,各个主体间的利益相互博弈,并非单一主体的利益关系,而是由法人组织、团体、个人利益之间形成的错综复杂的利益斗争与合作关系。“多重”是指各主体之间的权力存在作用力和反作用力,由此产生占据优势地位者,其享有的权力(利)决定法律关系的属性,最终形成行政法律关系或民事法律关系两种类型。

管制公益理论认为政府是公共利益的化身,但新制度经济学揭示了政府被俘虏后为产业资本组织牟利的现实。在公私合作中,成为“私方”的前提是拥有资本,一般只有产业资本组织才具备这样的能力,处于市场中的产业资本组织本身是以牟利为目的的。可知,政府合作的对象是市场中的产业资本组织,公私合作的本质是社会资本重新掌握话语权。那么,在公私合作中怎么衡量产业资本组织承担行政任务后的公益性?亦即产业资本组织承担公用事业领域的行政任务后,政府面临着“再管制”问题:如何通过限制社会资本的不当利润来保障公用事业的公益性?

管制的起点是“市场失灵”导致民众负担的不当增加,就是说公益性判断的落脚点在民众负担是否有不适当的增加上。“政府失灵”同样导致交易成本的增加,最后仍由民众负担增加的成本。因此,民众的负担是否不当增加成为判断公私合作行政任务是否有公益性的衡量标准,管制的目标在于通过政府的管制消除民众的“边际无谓损失”。

“科斯定理”为公私合作的公共利益判断奠定了衡量基准。从行政任务相对人所负的金钱义务而言,特定行政任务中的公益性是一个可以量化的客观存在,不会因为主体变动而变动。交易成本为行政任务的公共利益衡量提供分析工具,即在建设成本和管理成本形成的总成本最低的情况下,该项行政任务就有公益性。在建设成本可以固定的情况下,公共利益的变动趋势取决于管理成本这个可变量:管理成本越高,公益性就越低。即公共利益与管理成本呈反向趋势。公私合作的基础是降低官僚层级代理形成的交易成本,亦即从经济学角度看,公私合作中对私方获益的衡量,应以低于理性官僚治理成本为限。

降低管理成本是保障公用事业公益性的方式,其最好路径是公开管理成本。政府管理成本虽然有预算限制,但其支出具体项目是承担缴费义务的相对人所无法获知的。在公私合作的情况下,如果社会资本获取行政任务时,不公开其管理成本,其获益将无从知晓,这将会对相对人利益构成最大的侵害。

对此，在公用事业领域，法律上设置强制竞争性投标（Compulsory Competitive Tendering），这使行政任务的承担具有可课责性。但在政府主导的公用事业领域，私人承担行政任务并没有想象中的积极，如英国最早推行强制竞争性投标，但政府系统内的机构仍赢得绝大多数合同〔1〕。因此，社会资本履行行政任务并非一个简单的政府替代品问题，而是需要有完善复杂的制度来保障的系统工程。

（三）管制行政的使命

全球化和城市化进程下的管制行政肩负着特殊的使命，行政法正经历着新的变化过程。这个过程被描述为政府从守夜人，到提供给付行政任务的管制者，再到进行行政调控的调控者〔2〕。这种变化被归入行政法总论的改革方向，用行政调控来归纳管制行政。为了回应全球化的竞争秩序，公共行政必须经受"效率"要求的检验。同时国家结构性的财政危机推动着行政组织与行政法的改革，传统的工具与制度显然不足以适用并达成目标。为此，所有的法律都希望其实际有效，法学必须将自己成为理解调控之学。因此，我国行政法学界也应当重视"物有所值"为核心的管制行政。

四、管制行政的新特征

（一）以问题为导向

"政府管制研究本质上是一种以问题为导向的政策分析理论，它是法律学科内的整合，它不只是行政法，甚至也不只是公法，而是为了彻底解决问题而综合运用各种法律手段、法律机制和法律思想的理论。"〔3〕给付行政是政府、公营组织或社会资本、利用人三方基于收费行为产生的相互依赖关系。这种依赖关系一般只有在具体问题出现过程中形成，政府、公营组织或社会资本、利用人三方一起面对问题，形成特定情境行政活动。这种特定情境行政活动内形成的特殊"依赖关系"被界定为"管制机制"，此时"只存在要面对的问题和要做出的决策，没有什么是要被管理的"〔4〕。因此，管制行政是以问题为导向

〔1〕［英］卡罗尔·哈洛，理查德·罗林斯：《法律与行政（下卷）》，杨伟东，李凌波，石红心译，商务印书馆，2004年，第501页。

〔2〕陈爱娥：《行政行为形式——行政任务——行政调控》，《月旦法学杂志》2005年第120期。

〔3〕朱新力，宋华琳：《现代行政法学的建构与政府规制研究的兴起》，《法律科学（西北政法学院学报）》2005年第5期，第36-42页。

〔4〕［美］朱迪·弗里曼：《合作治理与新行政法》，毕洪海，陈标冲译，商务印书馆，2010年，第319-320页。

的，不存在谁领导谁的问题。这完全不同于“命令-控制”方式下的等级化特定情境行政活动。此时，政府行为的合法性不是首要考量的对象，而是针对具体的问题该怎么解决。这成为三方要衡量的重点。

在原告张浩等三人诉被告黟县碧阳镇人民政府教育费附加征收案（以下简称“碧阳镇人民政府违法征收案”）中，教育附加系国家规定向企业、个人等经营者征收的特别基金，非使用规费，不能向利用人（学生）征收[1]。但被告镇政府却向在校小学生、幼儿园学生征收教育附加，原告起诉被告乱收费，法院认定被告行为违法，判令被告将所收费用退回原告[2]。审理该案件的法院以为会出现大量要求退费的原告，形成集体诉讼。与法院预期相反的是，大多数其他家长却容忍镇政府乱收费政策的违法行为，这使该违法行为具有某种形式的“合法性”，法院也没有判决镇政府对其他家长收费的行为违法而退费给其他家长[3]。这显示出在给付行政领域，行政合法原则已经被利用人的“合意”取代。当利用人容忍政府“违法”的时候，镇政府的违法行为具有正当性，利用人与镇政府形成“合意”——收费是为了使学生受益，此时合法性审查显得非常苍白。面对国家财政对当地教育支持不够的问题，镇政府采取的违法行为却具有合理性。从解决问题角度看，收费系镇政府以违法行为“自救”且产生公共利益。张浩等三人要钱的行为却在某种程度上破坏了“公共利益”，原告仅仅保护其合法权益，却没有解决镇政府面临的财政资金短缺问题，继而使教育设施投入不足。传统行政法很难解释给付行政面临的真正问题。这表明在给付行政领域，追求合法是远远不够的。管制行政恰恰可以解释该现象，以问题为中心的协商治理抛弃了传统的行政法对政府行为合法性的追求。解决问题比追求行为的合法性更重要，此时政府某种程度的违法是可以容忍的。此时，该镇的家长们的缴费已经不是基于镇政府的命令，而是基于自愿。本案代收费的学校虽然包含部分公办学校，但此时其与幼儿园等私立学校面临的问题是一样的。本案可以视为镇政府、学校、家长三方“公私合作”的典范。

---

〔1〕 陈敏：《行政法总论》，台湾新学林出版股份有限公司，2011年，第266-270页。陈敏教授认为，公民对国家的金钱负担有租税、规费、收益费、特别基金（公课）、公共团体负担、社会保险费。特别基金系国家特别支出之金钱给付义务，这里是国家规定经营者承担的法定教育费用义务，用于学校基础建设的特别基金。

〔2〕 安徽省黟县人民法院（2000）黟行初字第2号行政判决书。

〔3〕 国家法官学院、中国人民大学法学院编：《中国审判案例要览（2003年行政审判案例卷）》，中国人民大学出版社、人民法院出版社，2004年，第173页。

（二）契约的“立法”功能

如果把高权下秩序行政“命令－控制”视为传统行政模式的话，那么给付行政契约管制属于现代行政模式。两者分属于不同的领域，双方并非取代关系。给付行政领域行政指导及以契约作为治理工具的运作，不是“强制性行政权从经济、社会领域有序退出，强制性行政方式的适用空间逐渐缩小”[1]，事实上，这是政府权能扩张的表现，系政府在新领域中职能的增强，而不是以新手段取代传统的行政模式。给付行政并非独立于秩序行政，最终仍需要秩序行政做保障，两者只是发挥作用的阶段不同。给付行政一般为事前、事中的控制，而秩序行政则为事后的控制。

管制行政以问题为核心，其行政任务具有单一性、特定性，仅面向单个行政任务而提出规则和解决问题的路径，局限于某一特定情境行政活动，如治理超载、电力供给、自来水供给等。给付行政领域的活动具有特定性，不具有普适性，大体上形成四个不同的特定情境行政活动。相关规则只在各自象限内适用，并非所有领域均可适用。实践中往往以某一项目为行政对象，进而创立独特的规则，并以契约方式记载并进行行政活动。例如，1995年上海市奉浦大桥采用BOT运作模式，上海市政府专门制定《上海市奉浦大桥经营管理办法》，其内容本属于特许经营契约内容的一部分，这使契约内容类似于法律规范，本身就构成独立的“立法性”规则。契约本身就是对该项目的具体“立法”。合作双方创设适用于具体问题的特定规则，政府自身也受其约束，由此产生约定职责。因此，Alfred C.Aman直接将这种政府协议定性为“法规命令”[2]。

（三）面向行政的行政法

公私合作的视角要求我们重新构思管制过程中公私主体之间的关系与责任。公私合作走向专业化领域，所确立规则并不具有普适性。各个特定情境行政活动的规则及建立的制度有严格区别，无法用单一的行政法律规范进行统一规定。但是契约式的治理具有很强的适应性，规范化的公私合作契约可以成为有效的治理工具。这些角色的重新构设，必然会将法院从行政法的中心转到边缘。公共政策和公共选择理论可以改变行政法研究方向，将重点从行政行为的司法审查转向行政决策制度与官僚政治的实现，集中建立以问题

〔1〕 石佑启：《论公共行政变革与行政行为理论的完善》，《中国法学》2005年第2期，第53-59页。

〔2〕［美］Alfred C. Aman：《由上而下的全球化——一个国内的观点》，林荣光译，台湾元照出版有限公司，2011年，第59页。

为导向的、创造性的、具有适应性和参与性的管制制度[1]。驱动政府进行这一改革进程的是以保障公益为目标的"物有所值"衡量，经济学领域的措施正改变着传统行政法的研究范式。

在国家公有制下，我国政府采用公私合作实现公用事业的市场化运作，遗憾的是，公用事业被适用"两权分离理论"，政府仍然居于主导地位，政府与国有企业的特殊关系，导致政府与社会资本之间并没有形成契约式的管制理念。公私合作作为保障公有制的有效手段，正引导我国政府的行政实践走向"合作治理"。在"合作治理"下，由于缺乏相应的法律规范，政府行为的合法性很难进行衡量。行政法学的研究应当把重点放在给付行政行为的正当性衡量上。但传统行政法理论还停留在迈耶的"高权行政"理念下踯躅不前，以法院为中心的合法性审查构成行政法学研究的主流，这也导致司法实践与政府治理需求严重脱节。

在公私合作领域，以秩序行政为视角的传统行政法，把给付行政的多重多层法律关系肢解为碎片，形成公私交叉领域的混乱法律关系，这导致法院判决无助于解决给付行政领域的纠纷，产生集体"失语"现象。虽然国务院在《关于印发全面推进依法行政实施纲要的通知》中提及把行政合同、行政指导等列为行政管理方式的改革[2]。但是传统行政法理论显然没有找到合适的路径把行政合同、行政指导融入行政管理的改革中，而"合作治理"显然契合国务院行政管理改革的理念。对此，在区域经济一体化下，政府间的行政协议体现出"合作治理"的实践是最好的证明。因此，导入管制行政可以为实现国务院改革政策找到合适路径。

管制行政已经进入"公共行政"的过程，不再是游离于公共行政过程之外的控权行政法。这在传统行政法下被视为政策作用过程，非法律作用的过程。管制行政属于公共行政学、经济学中不可或缺的部分。因此，管制行政是面向行政的行政法，而非局限于行政诉讼的传统行政法。管制行政是学科交叉下的行政法作用，而非单一学科的作用。管制行政注重的是过程，而不是结果的合法性。

---

〔1〕［美］朱迪·弗里曼：《合作治理与新行政法》，毕洪海，陈标冲译，商务印书馆，2010年，第130页。

〔2〕国务院《关于印发全面推进依法行政实施纲要的通知》（2004年3月22日发布，国发〔2004〕10号）第九条。

五、管制行政的行政法理论建构

(一)以行政成本控制为目的

传统行政法与行政成本是相分离的,行政成本被视为财政或经济领域的问题。但“权利需要钱,没有公共资助和公共支持,权利就不能获得保护和实施。福利权、私有财产权、契约自由权等,所有的权利都需要公库的支持”[1]。在给付行政中,行政成本成为政府行政活动首要考虑的因素。政府行为公益性的衡量,也取决于行政成本与收益之间的平衡。政府行为公益性的丧失,往往跟政府对行政成本失控直接相关联。

公共利益的衡量始终在行政法变革中占据主导地位。随着经济发展方式的转化,政府活动的公共利益价值判断标准正在被“物有所值”取代,这是传统公权力视角无法扫描到的领域。“行政法的利益代表理论”模式具有局限性,应当以“合作治理”模式作为替代[2]。行政过程为解决问题的活动过程,这样行政才能满足功效与正当性的政府追求。行政过程的首要问题是成本问题,没有行政经费,行政活动无从展开,更谈不上对公共利益的保障。因此,有学者提出,就我国国情而言,行政法应该研究“物有所值”原则在行政法中的运用[3]。管制行政就是从行政“物有所值”考量出发,研究在管制失灵情况下,政府行为如何通过公私合作保障公益性。

(二)以“物有所值”为基准

社会资本介入公用事业使传统行政法下“公私二元论”出现危机。在传统行政法学中,干预行政属于秩序行政的范畴,但管制行政的手段有别于秩序行政领域“命令–控制”的强制性管理手段,不能适用传统意义上的高权管理。这导致传统行政法理论下的“行政主体”“行政行为”“行政权”等概念已无法直接描述政府及社会资本采用的各种管制手段。

传统行政法以行政行为的合法性审查为中心,忽视了行政行为所花费成本是否“物有所值”。这导致合法性审查不但无助于解决给付行政领域政府所面临的问题,反而增加了政府的行政成本。以“物有所值”为核心的管制经济学领域对行政权力运作的研究,揭示了传统行政法理论的缺陷。法院对行

---

〔1〕[美]史蒂芬·霍尔姆斯、凯斯·R.桑斯坦:《权利的成本——为什么自由依赖于税》,毕竟悦译,北京大学出版社,2004年,第3页。

〔2〕[美]朱迪·弗里曼:《合作治理与新行政法》,毕洪海,陈标冲译,商务印书馆,2010年,第13页。

〔3〕于立深:《概念法学和政府管制背景下的新行政法》,《法学家》2009年第3期。

政行为审查以合法性为核心，严格遵循规范主义下的法律解释学，限制了政府在管制领域的创新。这导致“相当多的行政法律人对司法审查不再抱有幻想”[1]。

公私合作就是以降低行政成本和提高行政效率为目的，管制行政意在追求良好的行政治理效果。行政法的功能从此开始转向，逐渐从规范主义走向功能主义。这表明如果把秩序行政领域的合法性审查直接导入给付行政领域，进而要求政府严格地遵循合法性进行活动是不现实的。这是因为在给付行政领域，政府面临的是不断出现的新问题，法律不可能预设行为规范，此时发挥规范作用的应是政府的政策。

管制经济学的管制俘虏理论，揭示了政府在管制失灵的情况下，也会对公共利益造成侵害。法律只能预设“公共利益”这一抽象的概念，对政府行为进行限制。但以宽泛的“公共利益”概念无法遏制政府被管制俘虏。从公共利益的价值判断出发的传统行政法，已经无法从法律机制上保障政府行为的公益性。对此，管制行政给出的解决路径是以“物有所值”为公益性的衡量基础，这是公权力主导国家解决管制失灵的最好选择。因此，法院对给付行政领域政府行为的审查，应当以“物有所值”来判断其公益性，而不是从公共利益的解释角度来判断其合法性。

（三）以合作治理为手段

管制行政强调的是从功能主义视角来研究行政法。管制行政强调以下内容，“行政过程是解决问题的活动，提出以解决问题为导向的合作治理理论，并以之解析‘契约式’的管制方法，同时提出‘合作’出现的背景是建立管制底线的默认规则，多元政治文化背景下的共同治理是让高度组织化的社会资本能在立法和管制过程中发挥有力的作用。合作与契约治理模式的产生仰赖于强调责任性制度的构建”[2]。

“合作治理”模式阐明了存在于经济产业界与政府之间的合作伙伴关系。源自产业界的管理机构（政府科层体系外的社会资本）行使了政府的公权力。同时社会资本自身又具有源自产业界内部的产业权力，即“管理机构所实施的是政府权力和产业权力的混合”[3]。“合作治理”的目标是降低行政成本和提

[1] [新西兰]迈克尔·塔格特：《行政法的范围》，金自宁译，中国人民大学出版社，2006年，第55页。
[2] [美]朱迪·弗里曼：《合作治理与新行政法》，毕洪海，陈标冲译，商务印书馆，2010年，第3-4页。
[3] [新西兰]迈克尔·塔格特：《行政法的范围》，金自宁译，中国人民大学出版社，2006年，第58页。

高行政效率,因此管制行政强调行政行为所花成本的"物有所值"。

管制行政体现出市场方法与结构,一是用市场和私人部门来取代管制方案,二是用公共机构运用市场的方法、结构和激励以达到其管制目标[1]。"(传统)行政法正在偏离其使公共权力新扩张合法化的作用,转而使公权力与私权利的新混合或者为公共利益目的而运用的私权力合法化。"[2]管制行政引入市场规则、方法作为政府干预经济的新手段,包括"其一,将公共职能授权给私人部门。其二,以市场的管制方法取代'命令–控制'规制。其三,适用市场组织模式,即公务法人。其四,适用市场模式的程序过程,如协商性的规则制定过程"[3]。所有管制革新措施的目标都围绕着保障政府行为的公益性展开。

六、管制行政下公用事业的经济制度建构

(一)公用事业市场化排除"两权分离"理论的适用

在我国公用事业以外的竞争性领域,现代企业制度的成功建构,扩展了"所有权与经营权分离"理论的内涵。"旧两权分离"单以企业自身资产为视角,"新两权分离"以国家所有权与企业法人财产权分离为核心,通过股份制来转化。"新两权分离"使企业获得财产权,成为真正的市场主体,其经营以获利为目的。

在公用事业领域,自然垄断属性决定了公有制依然是最优的选择。这意味着公用事业的资产不能适用竞争性领域的两权分离。对于公共用物,任何社会资本都不能将其纳为企业法人财产,不存在国家所有权与企业法人财产权的分离。国家必须设立事业单位对公共用物进行管理,比如公路、公园等。对此,政府自身亦无经营权存在。公共用物的公私合作只能赋予社会资本收费权,在政府无经营权的情况下,不存在经营权的转让。因此,公共用物不适用"两权分离"制度。

对于公用服务,除了国家专门设立的社会资本外(如国家邮政公司等),一般社会资本基于投资不能取得永久的公用事业资产所有权,但可以拥有阶段性所有权,最终都将移交给国家所有。此时所有权与经营权为统一体,不存

〔1〕[新西兰]迈克尔·塔格特:《行政法的范围》,金自宁译,中国人民大学出版社,2006年,第110页

〔2〕[新西兰]迈克尔·塔格特:《行政法的范围》,金自宁译,中国人民大学出版社,2006年,第116页。

〔3〕[新西兰]迈克尔·塔格特:《行政法的范围》,金自宁译,中国人民大学出版社,2006年,第112页。

在需要分离的情形。因此,公用服务也不适用“两权分离”制度。

坚持公用事业适用“所有权与经营权分离”理论的观点,恰恰忽视了公用事业公有制的特殊性,并把PPP与BOT、BT等建设制度混为一谈[1]。因此,我国公用事业市场化下的经济制度建构,不能以“所有权与经营权相分离”为理论基础。

(二)公用事业市场化的基础理论:公私合作

社会资本介入公用事业,并不以获取公用事业的资产所有权为目的,而是以营利为目的。公用事业民营化在制度上可以选择私有化或公私合作,公用事业公有制决定了公用事业不能私有化,公私合作成为必然选择。因此,公用事业市场化的基础理论应当适用契约治理下的公私合作,并以“物有所值”为原则来保障公用事业的公益性。

1. 公共用物的市场化

当社会资本参与公共用物建设时,政府不能将公用事业的资产所有权转移给社会资本。公共用物一旦建成,其自身的属性就可以直接供公众使用,不需要社会资本提供其他的经营活动。对于收费的公共用物,社会资本只需要进行单纯的收费活动,不需要以公共用物的资产为基础进行经营。保障公共用物的使用、维护、保养,并非社会资本的经营活动。社会资本的收益并非源自公用事业资产经营的收入,而是以投资换取公用事业收费权才取得的回报。从制度上看,可以选择BT、BTO等建设模式。

为保障公用事业的公益性,社会资本的收益应当采用固定回报模式。由于社会资本不存在以资产为基础的经营,社会资本除了向社会资本收费,并无其他的收益来源。为保障其收回投资并获益,政府授予其规费征收权,并通过公私合作契约约定其投资回报率。固定回报率应当由法律或法规设定,不能由政府自行确定,政府应当免税并保证其收益。

2. 公用服务的市场化

当社会资本参与公用服务时,政府可以把公用事业的资产所有权转移给社会资本。公用服务的基础设施建成后,其自身不能供民众直接使用,必须配备相关人员进行管理和营运,产生可供消费的物品,才能满足民众的需求。民众必须为此支付费用,因此公用服务一般都为有偿服务。社会资本投资公用

〔1〕 杨娟:《公交地铁:所有权与经营权可分离——我国市政公共交通促进竞争提高效率降低成本相关建议》,《中国经济导报》2011年8月11日。

服务,可以取得公用服务设施的阶段性资产所有权,营运期满必须交还国家。社会资本依赖公用服务设施的运营,取得收益。因此,社会资本的收益是基于经营公用事业资产而获取,在其经营期间,所有权与经营权是一体化的。从制度选择上看,多数为BOT下的特许经营模式。

为保障公用事业的公益性,社会资本经营公用服务的收益不能采用法定的固定回报制。社会资本的收益源自经营成本的降低和技术水平的提高,这样才能符合"物有所值"原则。社会资本经营公共服务应当承担经营风险,并向政府纳税。

七、实证解析:收费权管制的功能

公路属于公共用物,超载对公路造成严重损坏。对于公用财产的保护,属于秩序行政领域的行政事务,也是给付行政的根本任务。我国创造性地采取了管制经济学中的"经济诱因"作为保护手段,解决给付行政领域公用事业的公用财产的保护问题。本书以公路运输超载治理为例进行解析。

(一)载重超限之危害

根据公路工程技术标准要求,车辆在公路上行驶时的轴载质量应当符合限定的标准,该标准是按照公路路面承载力跟车辆轴载质量的对应关系来确定的,超过该标准就会对公路路面造成潜在损坏,缩短公路使用寿命,加大养护成本,俗称"超限"。对于超限运输,经交通部门许可是可以上路的,但需要缴纳补偿费。

但运输经营者为了经济利益,私自改装车辆以加大载重量,出现载重货车"大吨小标"的状况,即货车实际载重大大超出了车辆出厂时的"核定载质量"(一般在行驶证上记载),使车辆安全性能下降,对车辆和行人构成危险,俗称"超载",属于"载重超限"运输的一种,本书以"超限运输"涵摄。

由于"核定载质量"具有直观性,在实行计重收费之前,通行费计算没有跟车辆实际载重挂钩,超过行驶证上"核定载质量"的运输量不用缴纳通行费。这跟偷税一样,成了运输经营者的重要获利源,但载重超限给公路造成了巨大的潜在损害。

据专家论证,"标准轴载10吨的车辆,当轴载30吨时行驶路面一次,使公路因疲劳引起的破坏相当于标准轴载质量的车辆行驶公路4 304万次”[1]。该数据是否有夸大无法验证，但汽车轴载质量的大小直接影响路面使用期的长短，轴载质量越大，对公路造成的隐性损坏越大，这是可以直观感知的。另据报道，长期超限超载将对公路使用造成的损坏使全国每年要损失300多亿元[2]。此外有数据显示，实施计重收费前，全国每年因交通事故死亡10万人左右，受伤50多万人，50%的群死群伤重特大道路交通事故与超限载有直接关系。可以说，车辆超限超载运输已经成为道路交通的“第一杀手”，严重威胁着人民群众的生命安全。可知，载重超限运输具有严重的社会危害性。

超限运输在交通运输中包括“载重超限”和“体积超限”。计重收费针对的是“载重超限”。在实行计重收费前，车辆通行费按车型核准装载量——核定的载质量（车辆行驶证上载明）为依据收取，就是说通行费计费与车辆实际载重无关，而与出厂时的“核定载质量”有关。

由于载重超限运输对公路造成很大的潜在破坏，为对载重超限进行长效治理，江苏省率先对公路通行费征收方法进行改革，采用经济杠杆，实施计重收费。计重收费是指“把通行费征收和标记吨位脱钩，改为与车货总重挂钩，并按车轴载荷的超限程度加重收费；从以核定的载质量为依据转为以车货实际总重和轴载限额为依据”收取通行费[3]。计重收费的核心内容是加重收费。加重收费是以车轴载荷为基础标准，对超出车轴荷载部分按倍率（1倍到6倍或16倍）计收通行费，从而实现对超载车辆的管制。

江苏省是最早展开收费制度设计创新的省份，形成以实际总重计费模式（以下简称“江苏模式”），被作为蓝本在全国推广施行。河南省是率先施行计重收费制度的省份，最早采用“车型+最大轴超限”的计重收费模式[4]，但因其该模式没有科学性，从2007年开始也使用“江苏模式”。

（二）传统“命令－控制”治超模式之缺陷

计重收费制度是在原有治理措施失效的背景下采取的行政执法制度创

---

〔1〕 广东省交通厅、广东省财政厅、广东省物价局关于印发《广东省超限运输车辆行驶公路赔（补）偿费标准》的通知，2000年12月6日发布，粤交路〔2000〕133号。

〔2〕《山东省超限超载每年导致损失三百多亿元》，http://info.secu.hc360.com/HTML/001/009/ 47179.htm. 最后访问时间：2012年3月27日。

〔3〕 陈荫三：《运用经济杠杆长效治理超载超限运输》，《中国公路学报》2004年第17卷第2期，第94-99页。

〔4〕 河南省发展计划委员会、河南省财政厅、河南省交通厅《关于对载货汽车超载运输实施计重收费的通知》豫计收费〔2003〕1216号。

新。该制度建立在一系列标准统一的基础之上，标准构成制度的核心内容，相关治超措施的制定，都围绕着标准的统一而展开。

1. *原有治理规范之梳理*

最初的载重超限是以“核定载质量”（规范中称“核定吨位”）为限，认定违法的基准为行驶证上载明的“核定载质量”，凡是实际载重跟核定载重不一致，就认定构成超限运输。对此，交通部门和公安部门两类单位在各自领域可以查处。

江苏省交通部门早在1991年就对载重超限采取制裁措施。根据江苏省最初的制裁规范，对载重超限车辆处以核定吨位征费标准的两倍收费，并补票后才能放行[1]。《公路法》第七十七条规定：“在公路上擅自超限行驶的，可以处三万元以下的罚款。”

由于“核定载质量”系公安部门的认定标准，交通部门无权适用。于是交通部门对超限运输采取许可证制度，即颁发通行证，以通行证上载明的核定吨位为基准（该核定吨位与行驶证载明的“核定载质量”一致）。对于货运车辆超过核定吨位的，处3万元以下罚款。对公路造成损害的，还应按公路赔（补）偿标准给予赔（补）偿[2]。之后，江苏省设定公路损坏赔（补）偿费最高限额，每车最高赔（补）偿费不超过4 000元，同时令其卸载后方可继续行驶[3]。

公安机关交通管理部门对超过“核定载质量”的车辆，处50元以下罚款、吊扣1个月以下驾驶证，并给予交通违章记分；装载超过车辆核定数30%以上的，由公安部门给予警告或者处以50元以上100元以下的罚款，并可以处吊扣3个月以上5个月以下驾驶证。可知，对于载重超限，当时有两个部门双管齐下，制裁措施包括行政制裁和民事赔偿，法律关系非常清楚，处罚的力度也非常大，按理应当足以制裁超限违法行为。但为何不能制止载重超限行为呢?

2. *原有治理规范之缺陷*

（1）违法行为认定基准之难题

我国对于货运车辆核定载重没有统一认定的技术标准，一般以各生产厂

---

〔1〕 江苏省交通厅、财政厅、物价局《关于同意常州外环路青龙收费站开征车辆通行费的通知》，2001年11月6日发布，苏交公〔2001〕97号。

〔2〕《关于超限运输车辆行驶公路管理规定》，2000年1月14日发布，交通部〔2000〕2号部令。

〔3〕 江苏省交通厅《江苏省超限运输车辆行驶公路管理实施办法》，2000年8月19日发布，苏交公〔2000〕107号。

家的出厂标准作为认定“核定载质量”的依据[1]。但是由于各个厂家的出厂标准不一，导致各地对同一车型的车辆“核定载质量”认定不一致，带来执法困难。一直到2004年，我国才统一制定车辆“核定载质量”的统一国家标准[2]。

由于没有统一标准，各省、自治区、直辖市因车型分类不统一使车辆通行费标准差异大，车主反应强烈，另外也导致车辆改装严重，甚至有厂商直接出厂“大吨小标”货运车辆。

（2）多头管理下执法权限之冲突

“大吨小标”的社会危害性有两个方面：一是超出车辆安全设计标准，危害交通安全；二是超出公路工程技术标准，破坏公路路面。

“大吨小标”构成对交通安全管理秩序的违反，只有公安部门才有权处理，公安机关有权禁止载重超限车辆通行，并实施处罚。由于载重超限违法性的认定是以行驶证上载明的吨位为依据的，“大吨小标”使载重车辆披上“合法”的外衣。破除这层“合法”外衣的行政管理权属于公安机关，交通部门却无权管理。

但“大吨小标”又构成对公路路产的破坏，从当时的权限配置角度看，交通部门对于载重超限车辆实施许可管理，无权禁止载重车辆通行。交通部门的行政管理手段非常有限，但又必须对超限运输进行管理。

公路法规定在公路上擅自超限行驶的，交通部门可以处3万元以下的罚款。从该条的“擅自超限行驶”的文义解释角度分析，这里的“擅自”可以分为两种情形：一是在道路利用人已有许可证的情况下，超出许可证记载的吨位，构成“擅自超限运输”，交通部门有权处罚，但公安部门也有权处罚，构成竞合；二是在道路利用人没有申领许可证的情况下，其违法行为的认定必须依据行驶证上记载的“核定载质量”，这导致交通部门无权对载重超限行为实施制裁，必须依赖公安机关的处理，在公安部门不配合的情况下，交通部门执法没有有效措施。

于是针对载重超限行为形成两类单位都有管理权的现状，两者执法权限形成冲突。

---

〔1〕《国家发展改革委关于统一车型分类后合理调整车辆通行费工作的通知》，2003年6月11日发布，发改价格〔2003〕518号。

〔2〕 交通部《道路车辆外廓尺寸、轴荷及质量限值（GB 1589—2004）》。

（3）效率低下之强权管制

从制度设计上看，政府对载重超限最初采用强力管制措施：许可、罚款、卸载、赔偿。许可管制不可谓不严，3万元以下的罚款不可谓不重，卸载之手段不可谓不强，赔偿的标准不可谓不高。但是在实施计重收费之前，强权管制下的载重车辆超限引发的社会危害非常严重，以交通事故死亡人数为例：据报道，70%的道路安全事故是由于车辆超限超载引发的，在实施计重收费之前，全国道路安全事故的死亡人数每年呈飙升的态势，从1984年2.5万人增加到2002年的10.6万人，翻了接近5倍。当时严厉的管制措施并没有发挥应有的作用。

综上可知，依赖行政强权管制的制度设计后果是：交通、公安两个部门对于载重超限管理权有部分交叉，导致冲突，互不配合。交通部门执法手段有限，易遭当事人严重抵制。公安部门有拘留等执法手段，更有威严，但缺少计重设备。两类机关经常发生重复处罚的情况，行政处罚法的“一事不得两罚款原则”对两类机关形成制约。两家管理部门的执法基本处于分离状态，都有权但最后都“不管”，导致载重超限车辆大量上路。

以行驶证载明的“核定载质量”作为载重超限违法的认定基础，成了破坏公路和影响交通安全的动因，构成我国公路路产保护中的制度性缺陷。

（三）管制手段的创新利用——“经济诱因”

1. 契约治理模式的导入

对于超载治理，管制机关放弃了传统的“命令–控制”模式，而采用协商治理手段：载重超限行为人对制度设计中已有规则是明了的，也明知自己违法行为的存在，但行为人仍主动选择上路，其对自己违法上路行为是有预期的。制度设计者没有采用“刚性行政”的罚款、赔偿等执法手段，对此当事人多会抵制。但计重收费制度让当事人有选择权，只要多缴费仍可以上路。

这使得管制机关与利用人在处罚金额这个层面上产生“妥协”：管制机关公布违法的“代价”，让利用人自行选择；双方就“违法代价”形成合意，管制机关可以当场执行；超载利用人“自愿”支付违法成本，从而降低行政成本。这属于典型的管制行政领域的协商治理，双方的合意形成公私合作契约。通过该种经济手段，达到对公用财产进行保护的目的。

管制行政以协商治理为核心特征，其采用的措施只有“弱强制性”，在被管制者遵守约定的情况下，不会发生强制性制裁。但在不遵守约定的情形下，当事人将受到严厉的制裁。其中，“经济诱因”为管制行政的治理手段之一。

2. “经济诱因”模式之设计

为从制度上弥补上述缺陷，2003年12月江苏省开始试行计重收费制度，旨在修正强权管理模式下的缺陷。计重收费的核心内容有两项：一是通行费按照车和货实际总重为计算依据；二是对超载部分按倍率加重收费，其手段是“利用价格杠杆遏制超限运输的产生和发展”，并“辅以对严重超限车辆给予加重收费和行政处罚”，以达到“无超限运输的目的”[1]。该制度设计实质上是以允许道路利用人在一定范围内违法为前提，意图把原来的罚款、赔偿通过技术手段，按一定标准一并计入通行费中，转化为加重收费。在这个过程中，行政执法权的强权特性被剥离，转化为经济手段，用收费代替强权，却达到同样的管制效果。

这样的制度设计是让当事人自行衡量其经济收益后采取行动：如果加重收费抵消其预期利益的获得，当事人就会放弃超载；如果加重收费不影响其预期利益的获得，当事人会选择超载。这在管制经济学中称为“经济诱因”，通过预设的标准让当事人自己利益衡量，选择行为模式。

计重收费制度的“经济诱因”是通过制定一系列统一的标准来实现的。

从2004年开始，我国通过一系列政策性文件建立计重收费制度，在行政法学中，这些文件均属于一般规范性文件。计重收费制度的施行，依靠的是一系列标准的建立：（1）按照交通部JT/T 489-2003标准的规定，依车型分类标准重新核定收费公路车辆通行费收费标准[2]。之后又颁布施行《道路车辆外廓尺寸、轴荷及质量限值（GB 1589－2004）》国家强制性标准，统一车型确定标准；（2）统一治理超限超载车辆认定标准；（3）建立异地抄告制度，统一处罚标准；（4）修改公路法，统一超限运输的审批主体为交通部门，取消公安部门的批准权。2005年9月，交通部颁布《关于收费公路试行计重收费的指导意见》最终标志着计重收费制度在国家层面的确立。计重收费以交通部门为指导，公安部门处于配合的地位，原来公安部门的部分管理权被让渡给交通部门。

3. “经济诱因”的治理成效

计重收费是以当事人自行选择为基础。载重超限行为人对制度设计中已有规则是明了的，也明知自己违法行为的存在，但仍主动选择上路，说明行为

---

〔1〕《江苏省物价局、交通厅、财政厅关于试行对载货汽车实施计重征收通行费并对超限运输加重收费的通知》，2003年12月3日发布，苏交公〔2003〕2号。

〔2〕 交通部《关于贯彻〈收费公路车辆通行费车型分类〉行业标准（JT/T 489-2003）有关问题的通知》，2003年4月28日发布，交公路发〔2003〕151号。

人对自己违法上路行为是有预期的。制度设计者没有采用“刚性行政”的罚款、赔偿等执法手段,对此当事人多会抵制。但计重收费制度让当事人有选择权,只要多缴费仍可以上路。如果加重收费方式公平、合理,当事人愿意接受。此时,管理者与被管理者在执法层面上达成一种“协议”,因此,超载治理充分运用了管制治理下的协商理念。这是狭义的只在政府和社会资本之间发生效力的“公私合作契约”〔1〕。

双方合意的基础是“经济诱因”——当事人违法行为对价的“妥协”:管理者的让步是在一定范围内(计重收费是30%)允许超限,超过30%才对超载部分加收费用;同时计重收费制度还减轻行政处罚的金额,最高额从3万元降到1 000元,而且对初犯不予处罚,让处罚更有人性化〔2〕。被管理者对制度的违反需缴纳费用比被处罚的金额要低,行为人乐意接受低成本的“制裁”。制度设计者的创新机制,使管理者达到管理目的,减少冲突,降低行政成本。

计重收费施行后,在安全保障和公路保护方面取得了显著效果。以我国交通事故死亡人数为例,施行计重收费治超后,统计数据显示死亡人数呈下降趋势,从2003年的10.4万人下降到2010年的6.5万人〔3〕。虽然,目前没有研究表明死亡数据与计重收费有直接关联,但应该说,计重收费制度使超载车辆不断减少,也起到一定的作用。另外,通过计重收费获取大量的资金可以用于公路保护。

如果上述数据关联成立,那在载重超限治理问题上,计重收费制度以一种手段达到双重的目的:既达到保护公路路产的目的,又达到维护交通安全的目的。“一石二鸟”的良好治理效果也从根源上消除了公安和交通部门之间的隔阂,形成良好的互动合作机制。公安部门是计重收费制度的最大政治受益者,其部分权力的出让换来死亡人数的下降。交通部门得到的则是实惠,计重收费增加财政收入,另外在交通管理领域取得主导地位。两家单位在计重收费制度上的协作实现共赢。

计重收费是基于统一标准而设立的新型价格管制制度,核心是通过收费标准与车辆载重的关联形成“经济诱因”,给当事人选择权。计重收费制度设

---

〔1〕[美]朱迪·弗里曼:《合作治理与新行政法》,毕洪海,陈标冲译,商务印书馆,2010年,第494页。

〔2〕中国法制出版社:《关于在全国开展车辆超限超载治理工作的实施方案》,中国法制出版社,2004年,第43页。

〔3〕中国法律年鉴编辑部:《2010年各省、自治区、直辖市交通事故统计表》,《中国法律年鉴》,中国法律出版社,2011年,第1061页。

计中，采取的技术性措施是把原来的通行费的收费标准和加重收费的通行费的收费标准合二为一，生成新的通行费收费标准，并以一般规范性文件为载体。但这样的措施导致计重收费标准效力低下，司法可以轻易排除计重收费标准的适用，"河南省天价过路费案"就是最典型的例子。

（四）加重收费之法律属性

1. 加重收费非民事赔偿

"江苏模式"被上升到国家层面，形成了以交通部为主导的一系列治超规范性文件[1]，这些文件最终统一为政策，由原交通部以指导性意见的方式公布，其中包括"三个标准""两项措施"。"三个标准"为：车辆通行费的基本费率标准、在同一车货总重基础上确定加重收费的倍率标准和公路路面承载力的认定标准。"两项措施"为：规定称重设备安装在收费站的出口车道上、增加的车辆通行费收入主要投入公路养护与保护工作。但在这些文件中并不能解读出计重收费中加重收费的法律属性。

那么，加重收费能否被认为是民事赔偿呢？计重收费制度推行的一个重要理由是超载对公路的损坏。载重超限车辆对公路基础设施造成严重的超常规损害，使得路面使用寿命大大缩短，从而导致大修提前和日常养护费用的持续攀升。为了保证设计使用期内路面的正常服务功能，公路管理部门不得不增加养护和大修费用的投资。而恶意超限超载运输车辆对公路的损害远甚于正常装载车辆，也大大高于一般超限超载车辆。针对超限运输的危害性，计重收费制度在制定收费标准时，是根据实际载重对路面的影响程度来确定的。即根据民事侵权理论设计，并非基于民事合同来收取费用，这里排除了"债权"法理的适用。

---

〔1〕 交通部等七部委《印发〈关于在全国开展车辆超限超载治理工作的实施方案〉的通知》（2004年4月30日发布，交公路发〔2004〕219号），正式将超限超载标准统一以车货总重作为计算依据。交通部等八部委发布《关于印发2005年全国治超工作要点的通知》（2005年3月2日发布，交公路发〔2005〕89号），明确了对超过公路承载能力的货运车辆，可以采用加重收费。《国务院办公厅关于加强车辆超限超载治理工作的通知》（2005年6月1日发布，国办发〔2005〕30号）要求"按照全国统一的超限超载认定标准和处罚标准，在治理超限超载检测站共同对超限超载车辆进行集中整治"。交通部《关于收费公路试行计重收费的指导意见》（2005年10月26日发布，交公路发〔2005〕492号），明确计重收费制度的实施范围、主要措施以及相关标准，并规定由省级交通主管部门会同同级物价、财政部门在原按车型分类费率标准的基础上，按计重收费重新确定收费标准。交通部等九部委《关于印发2006年全国治超工作要点的通知》（2006年4月18日发布，交公路发〔2006〕76号），要求条件具备的地区采用计重收费制度。至此，在原交通部的推动下，计重收费制度正式成为我国收费公路收费的主要模式，作为超载治理的主要手段得以在全国推行。

对于道路利用人给路面造成的损失，道路利用人要承担赔偿责任。计重收费制度针对的是载重超限给公路造成的潜在破坏。计重收费制度设计者认为，制定计重收费标准是依照公平合理原则，综合考虑车辆对公路的使用和破坏因素，使载货类机动车的车辆通行费支出与其对公路的磨损程度成正比关系[1]；"提高违法车辆通行费收费标准所增加的车辆通行费收入主要投入公路养护与保护工作"[2]。笔者曾就加重收费所收资金用途规定咨询江苏省交通厅，该厅的回复中把加重收费定性为"对超限的部分加重收费也是基于超限车辆对道路、桥梁损坏较大的合理经济补偿"。相关文件及有关部门回复中的表述足以说明：加重收费的设定是以"民事赔偿责任"为计重收费的法理基础的。

民事责任一般构成要件包括行为的违法性、损害事实、损害事实与行为之间的因果关系、过错。载重超限行为具有违法性，在有损害事实的情况下，才能谈因果关系和过错。因此，判断载重超限的潜在损害是否属于民事责任构成要件中的"损害事实"，才能厘清加重收费是否为民事责任。损害事实的构成条件有三个：其一，损害的可补救性；其二，损害的确定性；其三，损害是侵害合法利益的结果。对于载重超限行为造成的收费公路路面损害而言，第一项和第三个项是构成的，关键是损害的确定性。从损害确定性的构成要素看[3]：

第一，损害是已经发生的事实，尚未发生的损害不具有确定性。加重收费针对的是潜在的损害，收取费用时从表象上无法判定公路路面是否有受损以及受损的程度。第二，损害是真实存在的，而不是主观上的感觉。加重收费的单车碾压路面的损失无法计算，而"按照理论的数据作为赔（补）偿费的标准，则赔（补）偿费数额很大，承运人无法承担"[4]。就是说从现有科学的角度，根本无法计算损失金额，所谓的损失只是理论上的推导。第三，损害是对权利和利益侵害的事实，能够被社会的公平意识予以认定。加重收费计重费率的倍数每个省的规定并不一致。对于超载超过100%时，江苏省最初规定按基本

---

〔1〕《黑龙江省公路载货类机动车超限部分加收车辆通行费实施办法（试行）》，2008年11月28日发布，黑交发〔2008〕412号。

〔2〕 交通部《关于收费公路试行计重收费的指导意见》，2005年10月26日发布，交公路发〔2005〕492号。

〔3〕 王利明：《民法·侵权行为法》，中国人民大学出版社，1993年，第138页。

〔4〕 广东省交通厅、广东省财政厅、广东省物价局《广东省超限运输车辆行驶公路赔（补）偿费标准（2000）》，2000年12月6日发布，粤交路〔2000〕133号。

费率的3倍计收。原交通部按6倍计，河北省、山西省则按16倍计收，这些倍数的不一致本身就表明计重收费的倍率具有确定的不科学性，系行政部门的人为设定，而非基于民事的等价有偿等规则确立的科学标准，倍数设置没有公平性。

载重超限行为人造成的潜在损害，显然不符合损害事实的确定性要求，不能要求行为人承担民事责任。就单车超载而言，这种损害并未马上出现危害后果，赔（补）偿无从谈起。以未来的不确定损害要求行为人承担责任从民事赔偿法理上无法成立，违背等价有偿原则。依据民事规则，收费标准显然无法确定。

此外，民事责任显然无法解释加重收费的管制性："对超限车辆加重收费，且随着超限程度的增加，计重费率成倍提升，应缴纳的加重费也越高。"〔1〕虽然加重收费的主要理由是超载车辆对公路造成的潜在损害，但加重收费有明显的管制性的行政功能，有明显的行政规则特征。

2. 加重收费为"管制规费"

加重收费有很强的行政行为属性，理由如下：

（1）加重收费的强制性

交通部门是法定的公路管理机关，对于超限运输有行政管理权。加重收费的目的是加强对超限运输车辆的管理，规范道路运输市场经济秩序，切实保护国家公路财产，而不是为了收取公路的补偿费用。

公路属于给付行政领域的公共设施。对于超载行为的治理，交通部门有权选择秩序行政下的"命令–控制"——行政处罚，也有权选择给付行政下的管制手段——"经济诱因"。实践中，对超载治理采取两种手段并用的做法。"异地抄报"下，第二次违法才予以处罚，之前用加重收费管制。

加重收费并非服务的对价，没有等价有偿的民事属性，不是民事行为。加重收费也显然不是使用规费，而是政府利用"经济诱因"而特别征收，构成权利的让渡——把违法行为转换为金钱负担。葛克昌教授把这类行为称为"管制规费"。作为管制规费，加重收费的收取手段属于行政征收的范畴，而非民法意义上的收取，一旦当事人构成超限，就按通行费倍数加收，带有非常强的强制性。

---

〔1〕陈荫三：《运用经济杠杆长效治理超载超限运输》，《中国公路学报》2004年第17卷第2期，第94-99页。

（2）加重收费的管制性

加重收费按基本通行费的倍率，对超限部分征收费用，相当于设立预警机制：一方面对道路利用人事先进行警告，载重超限将会增加费用；另一方面如果道路利用人不顾警告，仍然超限运输，那将产生正常规费以外的翻倍计收的管制规费。

（3）加重收费的无对价性

加重收费并非基于服务而收取，而是因为违法被行政机关制裁，因此其所缴纳费用没有任何对价，系行政机关依管制权而收取。由于道路的承载力是有限的，一旦超过承载就构成违法。对此，利用人要受到法律制裁。因此，加重收费并非允许"多用路者多缴费"的方式，而是一种制裁的手段。

（4）加重收费的正当性

虽然中央层面的法律、法规、规章均未设定加重收费，没有直接的依据来进行合法性论证，且加重收费在制定主体和程序方面与法律规定不一致，但是这些并没有影响到加重收费具有的正当性。从管制的效果上看，计重收费制度不但解决了部门之间合作的问题，还达到了交通安全和路产保护的双重治理要求。从制度设计的价值上看，符合公法所追求的价值。公法的价值在于透明、参与、公平。

首先，计重收费制度是公开的，是否超限完全取决于道路利用人的选择，可以视为道路利用人主动愿意承担该费用，对于某些承运人来说，这是其愿意支出的费用，体现出计重收费制度的透明性和保障当事人的参与权；其次，计重收费针对的是特定的道路利用人的超限行为，以实际车重计费，这从表面上看体现了"多用路者多交钱、少用路者少交钱"，确保车辆在交纳通行费上的公平合理，但在实质上是通过制裁超载来达到公平利用的目的。

计重收费是我国公路行政执法体制尝试管制行政的重大改革，某些方面突破了法律原有的规范。但其突破只是技术层面的突破，而非法律理念上的突破。计重收费在理念上仍然符合公路法所体现出来的公法规范。正是基于此，才取得了良好的社会效果。加重收费的科学性在于把违法成本量化，考虑了道路利用人的选择权，避免了行政处罚的强制性。加重收费在本质上是把行政处罚权转化为行政征收权，改罚款为管制规费，变强行制裁为行为人主动缴纳，这是计重收费制度执法机制的创新点。行政权这样的变动是否应当遵循法律保留原则尚需考量。

加重收费为行政性收费，而非经营性收费，属于规费，而非价金。车辆通行费属于规费，公路经营公司收取通行费系经授权之规费征收行为，属于使用规费之征收。管制规费本质上为让渡权利之“经济诱因”，以规费作为行政引道工具，主要目的是管制诱导人的行为。因此，加重收费属于管制规费。基于规费征收形成的管制利益，只有政府才有权征收，所征收资金纳入国库。

（五）制度设计之双重缺陷

1. 加重收费的属性之争

在“河南省天价过路费案”中，加重收费319万元属于管制规费，应当由政府征收，具有行政属性，属于财政资金。有学者将加重收费定性为行政处罚[1]。原审法院将加重收费纳入犯罪金额，与刑罚构成重复处罚，这是再审法院将319万元从诈骗金额中剔除的法律理由。从法理上看，这显然是错误的。如果是罚款，公路经营公司为何会有处罚权？这样的认定显然是从秩序行政的角度来判断给付行政领域行为产生的谬误。之所以采取计重收费，就是为了弥补秩序行政的行政处罚在给付行政领域的“失灵”。

计重收费制度的设计理念是以经济杠杆为手段来进行超载治理，其采取的技术性措施是把原来的通行费的收费标准和加重收费的通行费的收费标准合二为一。虽然加重收费和政府还贷公路的通行费功能完全不同，但是两者的法律属性和收取方式却完全一致，都是行政性收费和行政征收。因此，在政府还贷公路上把两者合并收取没有任何障碍。

虽然制度设计者对法理基础认识错误，没有认识到两者的法律功能完全不同，但把加重收费并入车辆通行费中收取，这样的设计思路和方法抓住了治理违法行为的要害，正是这一点让该制度在现实中取得了良好的社会效果。

由于制度设计者把计重收费制度建立在民事赔（补）偿的理论基础上，于是在制度设计中专注于收费公路，并以收费公路为样本进行设计，而忽略了免费公路。只有把免费公路放入制度设计者的视野，才会发现计重收费制度存在的真正价值。就是说，该制度设计的保护对象发生错误，导致法律关系紊乱。同时，计重收费制度的内核——民事赔（补）偿的理论基础也发生原则性错误，导致收费主体和利益分配偏离制度设计的初衷。

加重收费作为“经济诱因”，与行政处罚有本质的区别。当然法院犯这样的错误，其根源在于计重收费制度设计本身的双重缺陷：一是未区分使用规

〔1〕 刘德法：《小河流水花开时——法官释疑河南天价过路费案重审判决》http://www.famouscase.net/show.php? contentid=7315。最后访问时间：2012年4月3日。

费(正常通行费)和管制规费(加重收费);二是未区分政府还贷公路和经营性公路。双重缺陷造成两方面的不利后果:一是产生偏重利益导向的措施;二是让经营性公路的收费者获取不当得利。

2. 对象错误——收费公路载重超限损失的伪命题

计重收费制度虽然社会效果良好,但是现有的制度设计中保护对象存在原则性的错误。就收费公路而言,收费公路系封闭的路网体系,完全可以在入口处拦截超限车辆,此手段足以保护公路路产,根本不需要计重收费制度来保护,适用计重收费实际上是故意让人破坏收费公路,并以此收费,这显然不是计重收费制度的目的。

但是原交通部的指导意见却规定称重设备应当放在出口处[1]。这明摆着要以收费为目的。制度设计者允许载重超限车辆驶入,然后收费执法。这跟"钓鱼"执法没有本质区别,严重违反比例原则,构成权力滥用。该措施表明,制度设计者"忽略"收费单位完全有手段在入口处制止违法行为的真实情况,该措施明显以利益为导向。实践中,在大部分政府还贷公路被转为经营性公路的背景下,不难看出该措施在维护谁的利益。完美的制度设计在实际执行中却成为公路经营公司的营利工具。可知,收费公路的载重超限损失是个伪命题。

真正需要计重收费保护的则是免费公路。收费公路只占整个公路网的4%,我国的公路除了收费公路,还有无偿使用的公路、城市道路、乡间道路等。这些道路却没有得到计重收费制度的保护,制度设计者无视免费公路,产生路产保护的"歧视"——只对有效益公路的保护。对于无偿使用的道路,政府只在部分地方设立检查站计重查超,而这些检查站已经变相成为"收费站"。对于免费通行的公路起不到保护作用,反而因绕行加速免费公路的损坏。

上述缺陷改进很简单,如果真要保护收费公路,就把称重设备移到入口即可。要计重收费制度真正发挥作用,就应当以免费公路为保护对象,收费距离的计算应当以货源地到称重地为基准,这样就不会出现路产保护歧视。可知,在收费公路入口处设立称重设备可以起到双重保护作用:既保护收费公路,又保护免费公路。

现有的计重收费制度列错保护对象,收费公路完全有手段从入口处防止

---

[1] 交通部《关于收费公路试行计重收费的指导意见》,2005年10月26日发布,交公路发[2005]492号。

载重超限车辆从收费站进入,收费公路的损害是收费单位放纵的结果,其收费目的具有不正当性。计重收费保护的对象应当是免费公路,所收费用应当用于免费公路的建设和管养。

3. 法理错误——制度外的不劳而获者

如果计重收费在制度设计时,明确为管制规费,不是民事赔(补)偿,是规费,而不是价金,计重收费保护对象为免费公路,那么其收费标准的制定将适用管制规费的制定程序,适用的规范为管制规费类的政策性文件,这样就不会与《公路法》《收费公路管理条例》发生冲突。管制规费的归属非常明确——归入国库。如果制度设计者厘清计重收费制度的法理基础,那么制度外的收费主体——公路经营公司不可能获取管制收益,只能由交通部门征收。

依据现有的制度设计,在政府还贷公路中将加重收费并入通行费中一并征收,没有任何法律上及操作上的障碍。

但是计重收费没有界定加重收费的法律属性,是在政府还贷公路和经营性公路中同时适用。可知,计重收费制度设计的问题在于:制度设计者在没有区分政府还贷公路和经营性公路收费主体不同,也没有认识到加重收费为行政性收费——管制规费的情况下,把两种收费主体居于同等地位,都赋予加重收费权,这导致对公路经营公司额外授权。

在经营性公路中,收费主体为公路经营公司,系公私合作下的私法主体,对于超限运输不具备行政管理权能,只能以自己名义收取正常情况下的通行费。加重收费为"管制规费",只能由管制主体——政府收取。公路经营公司没有管制的权能,无权征收该费用形成的管制收益。

此外,载重超限对公路是潜在的危害,不会马上显现,须经一定的期限才会显现。经营性公路期满后最终要转变成免费公路,加重收费的资金已被公路经营公司提前收入囊中,成为公路经营公司的额外收益被分配,后续的保养资金将没有着落。在后收费时代将形成公路养护资金的"真空",背离计重收费的价值取向。

加重收费应当由交通部门征收。公路经营公司在有保护手段而没有采取的情况下,对于已经收取的加重收费收入,系没有法律上的原因而获取,构成不当得利,应予追缴。经营性公路的加重收费必须从通行费中剥离出来,由公路经营公司代为征收后,缴入国库。

第二节　公用事业收费权的定位及救济路径

一、“法外裁量”

（一）“法外裁量”的生成

法律没有设定公用事业民营化，这使公用事业民营化成为政府裁量范围内的事项。公用事业在何时民营化，通过什么途径民营化，均由政府依据情形进行选择。民营化后，政府实施管制。这就产生了管制行政领域的特殊现象，即在法律没有规定的情况下，政府通过制定政策来解决具体问题，这属于政府通过裁量决定的事项。本书称之为政策的“法外裁量”。民营化的各项制度都不是法律所规定的制度，政府通过政策予以推行，有的甚至上升为正式的制度。比如，温州首创的私人投资机场而收取机场建设费的模式，被民航局、财政部借鉴，从此机场建设费成为民航服务业的重要资金来源，产生于银行间不正当竞争的收费权质押被国务院认可成为政府部门的主要融资工具等等[1]。

在秩序行政领域，传统行政法学发展出一套依法行政下限制行政权的理论——行政合法原则与行政合理原则，法律优先原则与法律保留原则，自由裁量权被限制在法律保留原则以内，且要遵循比例原则。但当这些原则置于给付行政领域的时候，就会发现很难适用。

裁量为做成决定之自由，被区分为“狭义行政裁量”和“广义行政裁量”。狭义行政裁量系法律保留之内的，依法律规定容许行政自行决定是否依规定而行为或有多数选择时，可以选择其一而行为。我国把行政主体的选择权称为“自由裁量权”。“广义行政裁量”为法律保留之外，行政得依本身之创意而行动，或在拟订管制计划时，具有判断及评价之自由，但无构成要件及涵摄法律效果之决定[2]。

给付行政存在“广义行政裁量”，此时是否适用法律保留原则，政府是否可以提供法律没有规定的国家给付，则成为问题。学说上，在政府拒绝提供国家给付时应当适用法律保留原则，这在正常案件中是必须的，但在紧急情况

---

〔1〕 农行湖北省分行营业部质押信贷调研组:《关于我行收费权质押信贷业务的调查报告》,《湖北农村金融研究》2003年第2期,第53-55页。

〔2〕 陈敏:《行政法总论》,台湾新学林出版股份有限公司,2011年,第178页。

下,不适用法律保留原则[1]。这种假设在法治国中是可以遵守的,但在法治尚未达到法治国情形下,该观点只能是设想。即使在正常案件中,现实的公共行政根本无法遵从上述规则,而落入政策之治。对此,松下圭一以城市政府的给付行政为例,提出"所谓行政,不是目前为止错误理解的'法的执行',而是各层级政府决定的'政策立案、执行'。政府执行的是政策而不是法,各层次政府的法是针对各层次政府政策立案和执行的标准或准则"[2]。

因此,给付行政领域最大的问题是自由裁量权的行使问题,法院的司法审查应当以正当性为中心。在行政与当事人的接触中,行政也会发展出自己的判断标准,来决定成就或是不成就。只有当其合作网络产生紧张或破裂时,行政才会动用法律,以指出何者是法律所要求与何者不是,所以很明显的是,在行政沟通中,只有当基本关系失败了,法律拦截网才出现。这里的"自己的判断标准"就是政策。当今政府通过服务外包或补助方式实施行政活动,主要是通过公私合作契约来实现治理。传统行政法领域,仅仅从政府有权根据情势变更原则,单方面撤销角度判断是否为行政契约,这本身就把行政契约领域的相关问题推入裁量的领域。给付行政的行政活动遵循以下基本规则,考虑到需要有适当的程序,在缺乏其他法律限制下,政府有权采取任何合理的,认为有助于公众福利的经济政策,并以适当用途的法律来执行[3]。

在我国大陆,政府的选择往往是通过政策表达出来的,行政任务民营化是政府的政策性手段。因此,有必要梳理政策与法律的关系,才能真正认识给付行政"法外裁量权"的本质。

(二)政策与法律的关系

我国政府赖以高效运作的是政策机制。政府行为是以政策为导向的,政策决定政府的行为模式。政策的制定主体是党和政府,两者的步调保持高度一致。政策制定生效机制是根据党中央和国务院的决议,政策的法源是宪法和党章。政策分为中央政策和地方政策,地方政府行为受制于中央政策。政策与法律的关系在秩序行政领域和给付行政领域完全不同。

在秩序行政领域,政策不能超越法律,严格地受法律保留原则制约。但在给付行政领域,政策是法律与政府的媒介,政府的行动准则是政策而非法律。

---

〔1〕[德]哈特穆特·毛雷尔:《行政法学总论》,高家伟译,法律出版社,2000年,第112-114页。

〔2〕[日]松下圭一:《政策型思考与政治》,蒋杨译,社会科学文献出版社,2011年,第81页。

〔3〕[美]W.基普·维斯库斯等:《反垄断与管制经济学》,陈甬军,覃福晓译,中国人民大学出版社,2010年,第363页。

秩序行政的高权行为以合法性为导向。给付行政领域的管制行为以问题为导向。张浩等三人诉黔县碧阳镇人民政府教育费附加征收案证明,政府对给付行政领域合法性的追求本身并不能解决实际问题,给付行政追求良好的社会效果,而非执行法律本身,当地居民据此容忍镇政府违法的"土政策"。

在给付行政领域,法律是政策的工具,政策对法律的适用是有选择的。政策是法律制定和修改的内在动因,是法律解释的最高载体。法律效力取决于政策的认可度。政策文件自身包含相对独立的政府语言,政府语言是政府间交流的基本工具。政策的表现形式是各种政府文件,下级政府的行动根据政策文件进行。政策文件是公务员行为规范,公务员行为以政策为准则。可知,法律必须通过政策文件转化为政府语言才能得以实施和贯彻。

从表象上看,政策占据着主动地位:已有法律与现行政策出现不一致时,国务院可以制定行政法规予以修正;在法律禁止政府行为的情况下,经济利益会驱动政府制定相关政策绕开法律;在与法律相冲突的情况下,法律适用完全取决于政府的政策。

但在政策占主导权背后的情形是:在法律缺位时,政策起主导作用并会生成法律;而突破法律的禁止和与法律间冲突是导致政府政策失灵的两个主因,有效的政策完全依赖于对法律的执行;法律可以用来衡量政策,政策可以改变法律,但永远无法成为衡量法律的工具。政策离不开法律,政策建立在法律的框架基础之上才能存在。因此,法律与政策是互动的整体,并非可以割裂的对立面。

从动态行政法律关系来看,法律是斗争各方一种防御性策略的工具,各方都会指出自己认为的法律边界,以此明确可以接受的限度。契约的达成往往都是在合法与非法的边界。政策是斗争各方进攻性策略的工具,在各方协商难以达成一致或协商无法开展、继续的情况下,权力关系占优势一方制定规则,并运用强制力制定政策让其他各方遵守,以打破具体事务的僵持局面。因此,政策要么化解矛盾,要么激化矛盾。公私合作契约则是缓和矛盾并重新修正政策的工具,从而发挥契约的治理功能。

当置于管制行政领域,法律的滞后性和刚性往往无法使问题得以解决。公私合作契约成为政府的治理工具,公私合作契约的订立过程就是政策的形成过程。在公私合作过程中,当私方为民间企业时,其与政府订立的协议信赖的不是法律,而是政策。比如在招商引资中,地方政府为吸引投资者,甚至不惜牺牲法律,最典型的就是税收优惠政策。学说上认为,不能为达成奖励目的而减免租税，这是违反比例原则和平等原则的[1]。可知，政策是有合法性界限的。

那么，政策的合法性界限究竟在哪里呢？在给付行政领域，政策的合法性取决于管制行政的基本原则。

（三）管制行政的基本原则

在公有制下，计划经济时代国家把大量的公用事业职能交给公营组织承担。在市场化进程下，国家把大量公用事业职能交给以国有企业为主的社会资本承担。这些社会资本以营利为目的进行经营。

在我国，政府对公用事业的治理目标往往通过国有企业来实施，亦即"中国式"公私合作。如为抵抗2008年经济危机，政府投入4万亿的基础设施建设资金，这些对市场的管制措施往往都以政策为正当性基础，以国有企业为实施工具。最终的载体为地方政府获取国家发改委批文后，与国有企业签订的基础设施建设契约。这些政策是不受立法机关控制的，属于"法外裁量权"领域。公私合作契约的存在并非政府的撤退，反而是政府控制市场的手段。因此，公私合作契约是政府控制市场的工具。

在公有制市场经济这个语境下，公用事业领域的管制行政是围绕着国有资产展开的。国有资产保值增值成为政府进行市场管制的正当性基础，并进而成为管制行政的基本原则。在给付行政领域，政府的管制性措施均以此原则为指导，公私合作契约使该原则从政治经济性原则转化为行政原则。因此，我国管制行政的构筑应当以此为基本原则。在给付行政领域，一旦违反该原则，不但转化为违法问题，而且还将产生政治后果。

国有资产保值增值原则极大地推动了政府的行政活动。比如地方政府积极招商引资，引入民间资本的目的在于扩大税收收入，其目标就是使国有资产保值增值。最终该原则演化为地方政府对GDP的追求，GDP是地方国有资产是否被保值增值的一个衡量指标。如果置于全球化视野下，该原则引导地方政府重视发展经济，提高竞争力，从而提高国家的整体经济水平，是一个激励性的政策原则。最重要的是，我国政府找到该原则运行有效的载体——公私合作。

但传统行政法的理念对公私合作持怀疑态度。按照公共利益理论，政府是公共利益的代表，其任务是监督产业，而不应当与产业联合。比如，政府为

[1] 陈敏：《行政法总论》，台湾新学林出版股份有限公司，2011年，第88页。

产业的发展而实施的房屋拆迁政策被民众质疑为发展工业而不顾民众生活的环境,进而形成社会冲突,比如广东的乌坎事件、四川省德阳市的什邡事件、江苏的启东事件等都已经成为社会性的符号。但这并不能证明国有资产保值增值原则下的公私合作是错误的,我国的经济强大已经证明该原则的有效性,公私合作有其高效的一面,但政府为保障国有企业的垄断地位采取的措施,形成类似于"管制俘虏"的情形。

为解决这些问题,导入管制革新理念不失为一个有效途径。管制革新理念下的管制治理以民众满意度为目标,强调目的的正当性和合理性,通过管制革新工具实现更佳的品质和绩效——"好的管制",如管制管理系统的建立、强化新管制措施之品质、对教育管制措施品质的改良等[1]。

在坚持国有资产保值增值原则的前提下,对于政府规费的征收及公用事业价金之收取必须遵循"物有所值"原则,这才能保证行为的正当性。在公私合作的情形下,社会资本的收益应当明确化,并遵循"物有所值"原则。

由此,为限制政策的"法外裁量",给付行政领域应当以"国有资产保值增值原则"和"物有所值"为基本原则。这些原则也是法院在审理因公用事业引发的争议时应当遵循的基本原则。

二、司法救济的路径选择

(一)公私合作契约的司法难题

公私合作契约在司法领域一般被纳入"民事合同纠纷"的范围之内。比如当事人与政府签订特许经营合同,在《行政许可法》中被认为是行政特许,但在《最高人民法院关于审理行政许可案件若干问题的规定》中并未规定行政特许纠纷应当纳入行政诉讼受案范围。实践中其往往根据最高人民法院《民事案件案由规定》被纳入特许经营民事诉讼受案范围。

公私合作契约从当事人的认识到法院的认定,一般都以民事纠纷来对待。但民事诉讼只能处理涉及民事权利的案件,显然无法处理附有行政权力的公私合作契约,如在大庆市振富房地产开发有限公司与大庆市人民政府债务合同纠纷案中,最高人民法院以双方法律地位不平等排除了民事合同的适用。

但行政诉讼又只能处理基于行政权力的纠纷,涉及管制部分被认为是民事纠纷而被排除在行政诉讼之外。比如合肥今世缘经济发展有限责任公司、

[1] 张其禄:《管制行政:理论与经验分析》,台湾商鼎文化出版社,2006年,第206-207页。

池州市贵池区公共交通有限公司诉池州市建设委员会撤销特许经营合同一案中，法院认为："因出让费的收取与计算属民商事范畴，池州市建设委员会可通过诉讼（民事诉讼）另行解决。"[1]从管制行政的角度，收取该费用其实就是政府的管制手段，用"经济诱因"引导市场化竞争。只是在该案中，池州市建设委员会没有依法招投标，而是采用指定的方式，从而滥用市场管制权。该法院恰恰没有关注到政府管制行为的存在。

上述情形的存在，使公私合作契约陷入民事诉讼与行政诉讼都排斥的状态。

（二）被错位的公私合作契约

在公用事业公有制下，公用事业原本应由政府设立的公营组织承担，公营组织有权对公用事业利用人实施管制。公私合作使社会资本取代公营组织，社会资本也具备对利用人的管制职能，此时社会资本成为"准公营组织"。即使在行政特许下，社会资本与利用人形成民事法律关系，但也不是纯粹的民事法律关系，社会资本仍然对利用人享有一定程度的强制权。比如，社会资本有权对拖欠水费、电费的利用人实施断水、断电，对延迟缴费的还可收取滞纳金。同时，政府通过公私合作契约实施对社会资本的管制。因此，公私合作契约建立在"双重管制"基础上，形成三方主体之间的多重法律关系。

公私合作契约内含"双重管制"功能，这使契约成为政府的治理工具，也给行政机关权力的运作带来极大的挑战。卡罗尔·哈洛称之为"当代行政机关的合法性危机"，因为传统的"二元主体契约观"将契约限定为双极关系，"这一限制为新的行政机关权力下放模式带来了问题，因为这种新的模式，是以作为买方的公共组织、公民或消费者和服务供应方的私人公司之间的三角关系为特征"[2]。因此，公私合作下的公私合作契约正在改变行政权力运作的方式。对此，在"二元主体契约观"下，传统的民事合同、行政合同以政府与社会资本的法律关系为解析对象，均忽略了两级法律关系的"同步性"以及社会资本对利用人的管制，这使传统理论对合同的研究走入"死胡同"。

经济行政领域的两级法律关系也造成司法实践的困境，现行的司法制度中，并未将两级法律关系纳入司法的视野中。行政诉讼本身对行政合同的态

---

〔1〕 中华人民共和国最高人民法院行政审判庭：《行政执法与行政审判（总第15集）》，法律出版社，2005年，第117页。

〔2〕［英］卡罗尔·哈洛，理查德·罗林斯：《法律与行政（上卷）》，杨伟东，李凌波，石红心译，商务印书馆，2004年，第280页。

度是消极的。实践中,仅有一部分教育、公房租赁等领域的合同纠纷,法院将之认定为行政合同,适用行政诉讼程序;还有一部分公私合作契约纠纷,法院则将之作为行政允诺引起的行政争议,适用行政诉讼程序[1]。除此之外的绝大多数公私合作契约被认作民事合同进行审理并做出裁判。但公私合作契约形成的纠纷,往往与两级法律关系相关,契约中内含的行政行为以及"双重管制"功能,对此,民事诉讼显然无法解决。

例如,在"振富案"中,一审法院以民事合同纠纷审理,但最高人民法院在二审中认为,被告在介入方式、优惠政策制定及如何履行优惠政策等方面居于主导地位,并以没有形成平等民事法律关系为由,驳回原告起诉,并让行政机关继续处理。最高人民法院认可了本案存在契约因素,但该契约建立在一系列行政决定的基础之上,契约仅是行政机关达成意向的工具,在契约内含行政行为的情况下,不构成作为民事案件审理的理由。

可知,目前我国对公私合作契约的法律属性尚未有明确的定位。地方法院对公私合作契约的司法认定,游走在行政诉讼与民事诉讼之间。对此,需要从全新的视角来审视公私合作下的公私合作契约。

(三)确立公私合作契约救济路径的思路

给付行政是围绕着收费权来展开的。根据动态行政法律关系,给付行政形成四个完全不同属性的特定情境行政活动,分别存在不同法律属性四种收费权。对于这四种形态收费权的司法救济形成复杂的状态。但本书认为,应当根据不同的特定情境行政活动适用不同的救济规则,而不是"一刀切式"的简单处理。

对于公用事业领域中基于公私合作形成的纠纷,应当以两级法律关系为基础来进行解析。在第一阶段,政府与公营组织或社会资本在不同特定情境行政活动中的行政权力与民事权利相互作用形成不同的复合权(收费权),基于复合权(收费权)设定形成的纠纷应当适用行政诉讼法救济。在第二阶段,该项复合权(收费权)再与相对人发生法律关系,最终形成行政法律关系和民事法律关系,分别适用行政诉讼和民事诉讼救济。

(四)救济规则

在法律适用上,当纠纷涉及行政权力或公权力纠纷时,适用行政法;涉及

---

〔1〕 中华人民共和国最高人民法院行政审判庭:《中国行政审判指导案例(第1卷)》,中国法制出版社,2010年,第216-221页。

私权力纠纷时，适用民事法律规范。因公私合作涉及政府的行政权力、社会资本的公权力与私权力（相对于政府为民事权利）、利用人民事权利三方相互作用形成的动态法律关系，公私合作契约下的纠纷包括三个部分：一为政府行政权力及社会资本的民事权利之间的纠纷；二为社会资本的公权力或私权力与利用人之间的民事权利纠纷；三为政府的行政权力与利用人民事权利之间的纠纷。这些纠纷可以归入两个阶段。

在第一阶段，为政府与社会资本之间的纠纷，应当适用行政诉讼法救济。此阶段应当揭开契约的“面纱”，公私合作契约仅仅是行政授权行为或行政特许行为的载体，授权或特许构成行政机关的行政允诺，而非合同本身的纠纷。因此，公私合作契约纠纷应将之视为行政允诺行为纠纷，适用行政诉讼程序。即使没有做出书面契约，也可以从政府与社会资本之间形成的各种文件中体现出的合意来判定。

在第二阶段，为社会资本与利用人之间的纠纷。当利用人与社会资本产生纠纷时，则有两种形态：当社会资本基于授权行使公权力时，为行政纠纷；当社会资本基于特许行使私权力时，为民事纠纷。

同时，当利用人对政府的行政授权行为或行政特许行为不服发生纠纷时，为典型的行政诉讼（如乔占祥诉铁道部案）。

在公私合作契约中，被认为是私法要素的合同金额等，事实上均与公权力有关。在行政授权下社会资本取得公权力，该项公权力一般为规费征收权和财政资金支配权。此时社会资本或个人经授权取得原本属于财政资金的利用权力。财政资金受严格监管，这显然不能适应民事规则。在行政特许下，虽然社会资本没有被授予公权力，但社会资本的特许权必要仰赖于行政权力才能实现。公私合作领域形成的公私合作契约有其独特的法律关系属性，应当采用符合其自身规律的诉讼规则。

如前文所述，我国的公私合作的社会资本主要为国有企业。政府与国有企业之间一旦产生矛盾，政府往往通过协调，以行政手段内部处理解决，一般不会诉至法院。但当公私合作的私方为私人资本时，往往会诉诸法院，寻求司法救济。

下文从授权与特许两个角度，选取部分政府与私人资本之间的公私合作契约纠纷的案例进行实证解析。

第三节　行政允诺类型之一：授权契约的司法救济

一、行政授权、行政委托和行政助手

（一）行政授权的概说

在给付行政领域，公用事业从私人提供到“国有化”再到“私有化”，行政法学理论不断被挑战。行政授权、行政委托和行政助手的源起都与给付行政相关。在我国台湾地区行政法学说中，行政授权、行政委托、行政助手在三个层面使用，均与公权力相关。公营组织行使的公权力源自“行政授权”。当政府决定将行政任务民营化，采取公私合作后，产生两种状态：一是社会资本取得公权力，以自己名义完成行政任务，对第三人发生效力，被称为“行政委托”，米丸恒治将之称为“私人行政”；二是社会资本无公权力之取得，仅系配合义务下行使公权力，但其行为不对第三人发生效力，相关法律后果归属于政府，被称为“行政助手”。

我国大陆的行政法学理论只认可公营组织（公益性组织）才具有被授权的资格，并成为行政主体，不承认社会资本或个人可以取得授权，并成为行政主体。大陆把以委托机关的名义完成行政任务，并由委托机关承担法律后果称为“行政委托”，此即我国台湾地区学说中的“行政助手”。

（二）给付行政领域中行政授权的源起

在秩序行政领域，公权力的运作一般都由法定行政机关行使，但在给付行政领域截然不同。在20世纪20年代，当提供公用事业的社会资本被国有化后，政府面临怎么运作被国有化的“社会资本”的问题。

美国把国有化的公用事业组织认定为社会资本，并以严格的管制手段进行监管，由此产生管制经济学。

但在强调“高权行政”的大陆法系国家，国有化的“社会资本”被设定为公营组织。于是政府产生选择权：当公营组织以私法利用方式提供公用事业时，被称为“行政私法”；当公营组织利用公法利用方式提供公用事业时，产生本书所称“行政公法”。这里的“利用方式”实际上就是公营组织向利用人实施的“收费权”及所收资金的“支配权”，公法利用方式为税收（包括规费）征收权及财政资金的被动（受预算控制）支配权，私法利用方式为价金收取权及营运资金的自主（不受预算控制）支配权。

在早期公用事业由私人提供的时候，其收费权为民事权利，并与利用人形成民事法律关系。但在公用事业“国有化”的进程中，公用事业从由社会资本提供转向由政府成立的公营组织提供，并被政府垄断。此时公营组织的收费权属性属于行政法领域的新问题，公用事业天然的私法属性向“高权行政”理念影响下行政法学理论提出挑战。当时公法学者为解释公营组织的收费权，把收费权分为规费征收权和价金收取权。

政府对公用事业的提供方式有选择权：行政公法下为规费征收权，属于行政权力，公营组织与利用人形成行政法律关系。行政私法下为价金收取权，属于私权力，公营组织与利用人形成民事法律关系。部分收费权“被公法化”，这些收费权属于公营组织，但公营组织并非行政机关，设立时是为提供公用事业，自身没有公权力。为了理顺公营组织获取公权力的行为，于是把这种公营组织被授予公权力的行为称为“行政授权”。对于价金的收取，政府以特许的方式授予公营组织，并对公营组织实施价格控制。

（三）行政委托及行政助手的源起

20世纪70年代，美国出现公用事业契约外包（Contracting-out），后被各国政府灵活运用，产生各种形态。这导致公用事业民营化。

公用事业的民营化进程，使公用事业从公营组织垄断回归到由私人组织提供。社会资本收取价金在法理上不存在障碍，但社会资本通过公私合作取得“被公法化”的规费征收权。德国的行政法学创制“私人行政”以应对，并把私人获取公权力的行为称为“行政委托”，该词为我国台湾地区对德语“beleihung”的翻译[1]。我国大陆有把德语“beleihung”译为“特许”，导致相关翻译的内容很难理解[2]，但如果将相关内容译为“授权”或依我国台湾地区译为“委托”其文义就通顺，而译为“授权”符合大陆行政法学的语境。这里的“私人”包括社会资本与个人。依德国的行政法学说，“行政委托”与公营组织被授予公权力的“行政授权”相对应，这样在概念上把公营组织获取的公权力和社会资本获取的公权力区别出来。

德国行政法做此区分，而我国台湾地区行政法学者予以承袭。政府业务委托民间办理产生广义“行政委托”之概念。广义“行政委托”包括两种形态：

---

〔1〕 陈敏：《行政法总论》，台湾新学林出版股份有限公司，2011年，第985页。

〔2〕［日］米丸恒治：《私人行政——法的统制的比较研究》，洪英，王丹红，凌维慈译，中国人民大学出版社，2010年，第27页。

一为以受托人自己名义完成事务，被称为“行政委托”；二为受托人以委托人名义办理，被称为“行政助手”[1]。其中“行政委托”包含公权力行使部分，采德国制也称为“私人行政”，为狭义“行政委托”[2]。台湾行政法学理论中的“行政助手”，系广义“行政委托”中不含公权力部分。“行政助手”是指行政机关执行特定任务时，私人受行政机关委托予以协助，并按期完成指示工作[3]。此时私人行使公权力但并不享有公权力，不能以自己名义进行行政活动，并非独立的行政活动。

社会资本行使公权力，这对于信奉公权力必须由国家机关和公营组织行使的我国大陆行政法学界来说成了难题。

私人禁止行使公权力的理论源自法国的公务理论。我国信奉法国的公务理论，认为私人不能行使公权力，只能通过“行政委托”方式，以委托者名义行使公权力，私人不承担行政后果，因此不能成为行政主体。这里的“行政委托”与台湾地区的“行政委托”含义完全不同，本书在后文中使用“行政委托”适用大陆行政法语境下的含义。在大陆行政法理论中，私人主体被禁止行使公权力。大陆行政法对于秩序行政领域的授权有明确的界定，通常把法律向公营组织授权称为“行政授权”，把政府在没有法律依据的情况下向公营组织授权称为“行政委托”。如《最高人民法院〈关于谭正龙等四人不服来宾县公安局维都林场派出所林业行政处罚一案管辖权问题的请示报告〉的复函》中明确行政机关的自行授权属于行政委托。但也有学者认为行政委托包括个人和社会资本。如王克稳借用行政收费的三种模式，把政府业务外包分为政府行政性业务委外、政府事业性服务委外、政府经营性业务委外，认为政府行政性业务委外属于行政委托[4]。

由于大陆的“行政授权”是针对行政机关或行政机关以外的公营组织，不存在对社会资本授权。因此台湾地区对私人主体被授予行政权力的狭义“行政委托”，在大陆并无对应的概念。大陆的“行政委托”的含义为公营组织或社会资本可以以委托机关名义行使公权力，这与台湾的“行政助手”内涵一致。上述差异导致大陆行政法学者看台湾资料时产生困惑。

---

〔1〕 陈敏:《行政法总论》，台湾新学林出版股份有限公司，2011年，第989页。

〔2〕 陈敏:《行政法总论》，台湾新学林出版股份有限公司，2011年，第987页。

〔3〕 陈敏:《行政法总论》，台湾新学林出版股份有限公司，2011年，第989页。

〔4〕 王克稳:《政府业务委托外包的行政法认识》，《中国法学》2011年第4期，第78-88页。

（四）授权契约中行政授权的两项权能

公私合作契约内的行政授权内容的两项权能包括规费征收权和财政资金支配权（包括税收收入），这实际上就是公共行政的“收”“支”两个方面。这两项权能有时是一体化的，有时是分开单列的，这要看公私合作契约具体约定形成的契约类型。

对于内部效力契约，只涉及财政资金支配权，比如政府的行政奖励往往只涉及财政资金支配权，而不涉及征收权。此时，社会资本居于行政助手地位。

对于外部效力契约，社会资本被授予两项权能，比如在公共用物的BTO投资契约中，两项权能往往是一体化的。此时，社会资本居于利用人的管制地位。

内部效力契约属于图3-10所示Ⅰ象限，以行政授权为内核的外部效力契约属于图3-10所示Ⅱ象限。两种类型契约均为授权契约，主要表现为政府向社会资本授予规费征收权和财政资金支配权。规费征收权使社会资本成为规费征收的行政主体，而财政资金支配权使社会资本（或个人）成为政府财政负担下的“准公营组织”或“准公务员”。此时，社会资本或个人“被公法化”。

二、授权契约司法救济的实证解析

（一）给付行政中行政授权的特殊性

在公共行政中，秩序行政与给付行政的行政授权有一定的差别，应当进行区分。在我国，由于行政法理论并非原生的体系，相关理论呈现出“碎片化”状态，尚未有一完整的体系。在给付行政的行政公法象限中，行政法理论对公营组织的相关权能认识并不清晰，特别是公用事业机构。公营组织依法律、法规授权行使行政权力时，被作为“被授权组织”对待。行政机关不能向公营组织授权，公营组织也不能以自己名义展开与公权力相关的活动，甚至被作为民事组织来对待。如公营组织的收费活动一概被认为是民事行为，这是一种误解。

在秩序行政领域，行政处罚法对行政处罚权的行使做出严格限定。最高人民法院确立秩序行政中行政处罚的授权规则——公营组织没有法律规定不能被授予处罚权，该授权应当视为委托。该授权规则也被适用到给付行政领域。因此，学理上，秩序行政领域的行政授权与给付行政领域的行政授权并未做明确的区分，给付行政领域的行政授权被严格适用秩序行政的授权规则。这导致实践中给付行政领域的法律关系无法定位。

比如,在交通公用事业领域中,公路管理机构系最典型的提供公用事业的公营组织。《公路管理条例实施细则》第十条规定,经授权的公路管理机构可以以自己名义征收规费。但由于公路法、公路管理条例均未明确行政处罚权以外的行政事务是否可以被授权,实践中交通部门把其他行政事务对公路管理机构的授权也视为委托。有些交通部门对行政处罚直接制定行政委托办法,对行政处罚权公路管理机构必须依委托行使[1],进而把其他行政事务也视为委托,对通行费的征收也被视为委托。从2008年开始,国务院《公路安全保护条例》对一般性事务已经向公路管理机构进行授权,但不包括通行费的征收。那么,公路管理机构是享有规费征收权的行政主体吗?对此,《收费公路管理条例》通篇未出现公路管理机构,就是说行政法规并未对其进行授权,而交通部门规章规定公路主管部门可以对公路管理机构授权。但受行政诉讼法关于行政处罚授权规则的影响,没有法律、法规的授权将被视为"行政委托",于是公路管理机构的通行费征收权被视为行政委托,排除在行政授权之外。

按照行政处罚确立的授权理论,公路管理机构被认为只能是受委托收费,而不能被授权,这带来管理上的混乱。此时,公路管理机构被作为"社会资本"来对待。这体现在"南京机场高速赔偿案"法院的认定中,机场高速公路管理处为公路管理机构,将其作为社会资本对待,认为其通过收费行为与利用人形成民事合同关系。事实上,公路管理机构属于公营组织,其收费行为为规费征收活动,属于行使公权力。

在采用公私合作模式后,则引发了更大的混乱。如《公路管理条例实施细则》第十条规定车辆通行费为法定的规费。规费属于财政收入,按照一般程序,在公私合作模式下,公路经营公司如果没有取得授权,其只能代为收取规费,公路经营公司收取后应当缴入财政,再由财政通过财政部门返还。但公路经营公司经省级人民政府授权后,有权以自己名义征收规费,对本应缴入财政的资金直接享有支配权。这属于行使公权力,规费征收权和财政资金支配权只能通过授权取得。对此,社会资本获取公权力必须有对私人行政授权的行政法理论支撑,这在我国现阶段的行政法理论中是不能成立的,行政主体理论排斥私人成为行政主体。这导致实践中公路经营公司征收规费行为被解释为收取价金。

---

〔1〕 江苏省交通厅《关于委托公路管理机构等有关组织实施交通行政执法和行政处罚的通知》,1996年9月24日发布,苏交办〔1996〕67号。

在秩序行政领域，只有法律、法规才能进行授权，被授权组织只能是行政机构或公益性的公营组织。在给付行政领域，行政法理论必须重新建构行政授权理论，承担公用事业的公营组织和社会资本都应当成为被授权对象。除法律、法规授权外，还应当承认政府也有权向公营组织和社会资本授权，政府通过公私合作契约向社会资本授权属于行政允诺。这样才能理顺给付行政的法律关系。因此，在公私合作下，行政授权包括对第三方不发生法律效力和对第三方发生法律效力两种，分别生成内部效力契约和外部效力契约。下文分别论证其内涵及司法救济的路径。

（二）授权契约中的行政允诺

虽然我国不承认私人可以被授予行政权力，但在实践中的公私合作事实上已经存在此种情形。当公私合作以不对第三人发生效力的契约完成时，该契约是只具有内部效力的公私合作契约的一种，社会资本（或个人）承担行政任务不产生外部效力，跟对公营组织的"行政委托"产生同样的法律效果，本书称之为"私人行政委托"。在"私人行政委托"中，社会资本（或个人）取得委托机关授权，但必须以委托机关名义实施行政权力，社会资本仅是行动者，不承担行政责任。传统行政法并不认可私人实施行政权力，依其观点，受托组织一般必须以公营组织（一般表述为公益性组织）为限。"私人行政委托"系政府行政业务委托外包的一种，属于公私合作契约，为政府治理的工具。

在公私合作中，为使社会资本（或个人）能完成行政任务，政府须配合以一定的行政行为。这些行政行为往往不是政府的法定义务，而是为公私合作自设的义务，这些义务构成行政允诺。查尔斯·弗里德认为："允诺即契约。"[1]本书认为，行政允诺系政府的约定职责，与政府法定职责的履行产生同等法律后果。

（三）授权契约之一：内部效力契约纠纷的实证解析

1. 招商引资中引荐奖励的产生背景

（1）招商引资为行政任务

招商引资在我国地方政府中普遍存在，系政府为提高区域性经济竞争能力，增加税收而采取的行政行动。可知，招商引资属于给付行政领域的行政活动。

由于招商引资属于行政活动，当政府用财政经费由公营组织（如招商局、

---

〔1〕 本书第五章第四节"二、特许契约的救济路径"。

学校、医院及工作人员）完成时，构成行政公法活动，部分地方还将其作为公务员的个人工作任务分配。

从动态行政法律关系角度看，由于招商引资活动的经费来源为税收，不可能采用其他费用。政府的招商引资活动是以公法利用方式完成的，只可能是政府完全责任活动，属于图3-5中Ⅰ象限的行政行为。这里不存在通过私法利用方式进行，不可能为图3-5中Ⅱ象限的行政私法行为。因此当其进行公私合作时，仍为公私合作契约下政府完全责任的行政法律关系。

当政府将财政经费交由社会资本或个人（引荐人）完成时，社会资本或个人取得构成政府主责的共同责任公权力——财政资金支配权，政府以规范性文件的承诺方式做成，当社会资本或个人经确认程序后就成为引荐人。此时政府、引荐人、被引荐人（投资者）三方构成招商引资行政法律关系。引荐人为政府代理人，以政府名义向被引荐人做说服工作，其行为的法律后果归属于政府。因此，引荐人与被引荐人之间无法律关系存在。

资本投资在哪里由“商家”自行决定，系其私权力（民事权利）。招商引资本质上就是政府的公权力吸引资本的私权力，以提高本地经济的竞争力。招商引资附含一系列的优惠政策，这是地方政府为培育、扩大本地市场规模的一种管制性措施，完全符合“管制治理”理念，通过协商方式优化市场环境。

这些优惠政策往往须由政府以公权力方式才能完成，承担招商引资的政府工作人员经政府授权，负有解释优惠政策，代表政府作出兑现承诺，并采取相应的具体实施措施，以使投资者能安定落户的职责。招商引资已成为地方政府的行政职能，系政府的“本职工作”，成为政府公共服务职能的一部分。

完成该项任务需要投入大量的行政成本。既然是政府的职能活动，那么政府为完成该项行政活动须以税收形成的财政资金做保障。这项任务一般被分派到各个国家机关，有些地方则专门成立招商局——公营组织，投入专项资金。有些地方政府甚至把通过招商引资提高经济创收列为政府的首要工作。为提高工作人员的积极性，政府内部采取激励措施，给有功的工作人员以奖励。这是以未来可能产生的税收收入为奖金来源，并以现在的财政资金提前支付。这是以公法方式完成招商引资的行政任务，奖金源自税收，是典型的“行政公法”行为。

（2）招商引资中的公私合作

但完成招商引资光靠优惠政策是不足以吸引“投资者”的。工作人员的能力也有限。我国是个熟人社会，还必须有“关系”。这从侧面反映政府信用的缺乏。桑斯坦认为："中国迅速发展起来的经济体制揭示，一旦合乎时机地并入到世界经济之中，一个没有强大的法院体制的社会，甚至于缺乏对财产权可靠的私法执行时，只能利用血缘关系以及其他非正式的人际网培育可靠的承诺。"〔1〕于是招商引资开始采用公私合作方式。此时，民间"关系"起到政府公权力和资本私权力的联姻功能。政府对行政行为的完成方式有自由裁量权。在招商引资的行政活动中，政府采用公私合作模式，引入市场化机制，以奖金作为激励手段，引导私人完成行政任务。

在招商引资的引荐奖励纠纷中，政府与引荐人发生的争议往往围绕以下几个法律问题：一为引荐行为是否存在，如原告黄银友、张希明诉被告湖北省大冶市人民政府、大冶市保安镇人民政府行政允诺案〔2〕。二为奖金该如何计算，如原告陈增月诉被告东台市富安镇人民政府履行行政允诺义务案〔3〕；原告张炽脉、裘爱玲诉被告浙江省绍兴市人民政府不履行招商引资奖励行政职责案（以下简称"绍兴市人民政府不履行招商引资奖励职责案"）〔4〕。三为引荐人的资格如何确认，如原告温兴利诉被告垦利县招商局招商行政允诺案（以下简称"温兴利诉招商局兑奖案"）〔5〕。

2. *招商引资中引荐奖励的行政允诺*

在招商引资中，政府往往会承诺引荐人在引荐成功后给予奖励，双方之间形成一份虚拟契约。该项契约以政府与引荐人为双方当事人，其订立大概经历如下过程：政府以规范性文件做成要约邀请，私人根据自身的人脉资源做成要约；私人经政府确认成为引荐人，政府的确认程序构成承诺。此时，虽然政府没有与引荐人订立书面契约，但是政府的确认程序使契约得以成立。

对于引荐活动本身，引荐人系受政府委托，以政府的名义说服投资人投资，其行为产生的法律后果由政府承担，这在我国大陆行政法上被称为"行政委托"。但该项行政委托与奖励分属于两种不同的法律关系。从奖励行为来看，其实质是政府授权引荐人使用财政资金完成行政任务，该项授权行为以政府

---

〔1〕［美］史蒂芬·霍尔姆斯等：《权利的成本——为什么自由依赖于税》，毕竟悦译，北京大学出版社，2004年，第52页。

〔2〕中华人民共和国最高人民法院行政审判庭：《行政允诺相对人的合法利益应当受到保护》，《中国行政审判指导案例（第1卷）》，中国法制出版社，2010年，第108页。

〔3〕江苏省东台市人民法院（2006）东行初字第00047号行政判决书。

〔4〕中华人民共和国最高人民法院行政审判庭：《行政机关的奖励承诺可构成合法性审查之依据》，《中国行政审判指导案例（第1卷）》，中国法制出版社，2010年，第216-221页。

〔5〕山东省东营市中级人民法院（2005）东行终字第43号行政判决书。

与引荐人之间的公私合作契约为载体。政府对引荐人实施奖励的行政允诺内含事后给予财政资金支配权的行政授权行为，该项授权构成政府的行政允诺。

在招商引资成功后，政府支付奖金，该奖金以政府的财政资金支付，契约赋予私人有权使用税收收入形成的财政资金的权能，该赋权行为为行政授权。如果不授予私人使用财政资金的权能，私人取得财政资金系违法行为。政府基于完成行政任务的需要，对财政资金的利用方式享有自由裁量权，可以授予私人使用财政资金的权能。该契约属于不对外产生法律效力的公私合作契约——“内部效力契约”，即引荐人无权向被引荐的投资者收取任何费用。因奖金源自政府向投资人收取的税收收入，税收属于政府专属权能，政府无权向引荐人授予此项行政权力，政府必须从税收收入中向引荐人支付奖金。因此，该内部契约属于授权契约，政府、引荐人、投资人三方形成动态法律关系，可以归入图3-10中的Ⅰ象限，富于政府完全责任范畴。

法院一般把这类纠纷列入行政允诺，但本书认为这样的描述没有反映出案件的特殊性。这类案件是由奖励资金的来源展开的，由于奖励资金源自税收收入形成的财政资金，这类案件的本质是政府授权引荐人财政资金支配权时引发的争议。引荐人依据政府该项授权进行行政活动，成为政府与投资人之间的媒介，双方形成具有内部效力的授权契约关系。引荐人引荐成功后，由政府与投资人签订投资协议。当投资人依据投资协议约定的投资金额到位后，政府产生向引荐人支付奖金的义务。

地方政府制定奖励规则的规范性文件并公开，将内部奖励行为外部化，鼓励私人通过公私合作参与招商引资。政府的规范性文件是公开的委托书，具有法律效力。如绍兴市人民政府规定：“引进外（内）资项目申报材料需分别经市外经贸局和市经贸委会同市财政局共同审核确认。经费由市财政列支兑现。”〔1〕这里的确认书就是授权委托书，经政府确认的社会资本或个人成为“引荐人”，使引荐人具备“准公务员”的身份。这种身份具有特定性，具有获取财政资金支配权的权能，一旦政府未依承诺兑现奖励，引荐人有权提出起诉。只有经登记的“引荐人”才具备这样的资格权能，如果未经登记确认，即使参与奖金分配，也不具备引荐人的资格。如在“温兴利诉招商局兑奖案”中，被告处登记的引荐人为刘国庆、王春爱，经刘国庆、王春爱和原告温兴利三方努力，

〔1〕《绍兴市人民政府关于对市区外（内）商投资项目引荐者实行奖励的规定通知》，2002年1月1日发布，绍政发〔2002〕6号。

引资项目成功，被告兑现奖金，原告也分得相应部分。但原告认为被告只兑现一部分，就剩余的部分继续要求被告兑现，而刘国庆、王春爱未提出相应的主张。法院认为原告非引荐人，不具备要求被告继续兑现的资格，无权向被告主张权利。

虽然双方并没有专门的书面契约，但政府的确认程序已构成承诺，形成虚拟契约。支付奖金并非法定职责，法律并未设定，而是虚拟契约的约定职责。但根据公开的规范性文件，通过确认程序确立双方的契约关系，起到公开招标的法律效果。该项行政程序使政府以奖励形式作为激励手段获取正当性。政府通过公私合作为招商引资找到更有效的途径，引入投资者壮大本地资本市场的经济力量，从而提高GDP。高GDP又成为地方官员的政治资本。这是地方官员积极采用公私合作模式的推动力。推动力被归结为"地方官员对政绩的强烈追求和对落后于竞争地区的巨大恐惧"[1]。

3. 行政允诺关系双方的权责

在该类契约中，引荐人的权利义务为：经政府行政授权取得财政资金支配权（奖金）；该项任务由引荐人完成，其所需经费由引荐人自行垫付；对于引荐人未能成功引荐而产生的费用，引荐人自行承担风险。政府的权利义务为：政府不担引资失败的风险；在引荐人引荐成功后，政府以奖励的形式支付承诺的费用，支付该费用为契约义务，从税收形成的财政资金中列支，成为行政成本。在行政公法象限下，政府工作人员即使不成功，政府仍然得支出相关费用。通过公私合作，政府减少了招商引资投入的风险，降低了行政成本，这里有"物有所值"的考量，完全符合管制行政的理念。双方形成的虚拟契约为公私合作契约。

引荐人的行为是经政府授权展开的招商引资活动，引荐人必须以政府名义进行活动，属于典型的"行政助手"，仍属于图3-10中Ⅰ象限的内部关系，不对第三人产生法律效力，即引荐人的奖金不是由引荐人直接向被引荐人收取，而是政府通过未来的税收征收支付——投资人投产后才产生的税收，所以在一般情况下政府是"预支"。也有政府反悔的，认为应当在被引荐人投产达到一定税额后才产生支付。如陈增月与东台市富安镇人民政府履行行政允诺义

〔1〕 周黎安：《晋升博弈中政府官员的激励与合作——兼论我国地方保护主义和重复建设问题长期存在的原因》，《经济研究》2004年第6期，第33-40页。

务案中,政府就是将奖金兑付条件单方面变更为投产后[1]。

这里的“行政助手”构成公共行政职能外包,公私合作契约成为政府有效治理的工具。如果我国存在行政合同的话,这里的公私合作契约就是典型的行政合同。虽然为虚拟契约,但双方的权利义务非常明确。通过该契约,私人取得行政授权,完成行政任务后,取得公法意义上的请求权——要求政府支付“行政成本”,即财政资金支配权。在行政公法象限下公务员的活动经费必须由政府承担,公务员的经费使用往往是不透明的,可能带来不必要的浪费,这部分行政成本变成不可控。但在公私合作下,行政成本以奖励的形式被固定,私人在参与的时候会自我进行“物有所值”的衡量,其有选择的自由。这就是符合管制治理中的透明原则。

(四)授权契约之二:外部效力契约纠纷的实证解析

1. 外部效力契约的生成

在公私合作领域,社会资本的公权力源自政府的授权,德国建立了私人行政理论。从动态行政法律关系角度看,私人行政是从行政公法转化而来的,亦即从图3-8的Ⅰ象限向图3-10的Ⅱ象限转化而来。此时,社会资本通过契约被政府授予行政权力,可以以自己名义与利用人形成行政法律关系,表现为社会资本取得公权力。此时的公私合作契约具有外部效力。

给付行政的行政授权本质上就是规费征收权和财政资金支配权的移转。大陆行政法学中,对于财政资金支配权的转移并没有专门的研究。囿于私人行政系我国行政法学中的禁区,学理上及司法实践中只承认法律、法规可以对公营组织的授权,而不承认政府对社会资本及个人的授权。财政资金支配权的转移不可能被认为是通过行政授权实现。但在行政实践中,为完成公用事业任务,政府已经通过公私合作,授予社会资本以财政资金支配权,以此方式完成行政任务。

2. 对“振富案”的实证分析

下文以原告大庆市振富房地产开发有限公司(以下简称“原告”)与被告大庆市人民政府(以下简称“被告”)债务纠纷案为例进行解析[2]。

(1)案件事实及争议

本案被告在财政资金匮乏,难以完成供暖设施项目建设的情况下,决定采

〔1〕 江苏省东台市人民法院(2006)东行初字第00047号行政判决书。

〔2〕 最高人民法院(2006)民一终字第47号民事裁定书,《最高人民法院公报》2007年第4期。

用公私合作模式建设供暖用锅炉房。原告需要开发用地，看中被告准备建供暖设施附近的地块。为取得该地的开发权，1998年原告以请示方式向被告提出愿意出资1亿元参与供暖锅炉房（占地9公顷）建设，要求开发锅炉房边上的7公顷土地，并以免除房产开发规费为政策优惠条件[1]。当时市长和分管副市长在请示上批示予以支持，双方没有签署协议。

1999年被告市政府办公会议形成办公会议纪要，包括《关于五项重点招商开发建设项目政策调整的会议纪要》《大庆市人民政府关于开发建设东风新村锅炉房的优惠政策》等文件，正式出台对原告的优惠政策。这些文件中规定：原告提供设备建设资金，负责锅炉房的建设；被告承诺放弃用于开发的7公顷土地的规费征收，不足部分再以政府征收的入网费补足。这些规费包括土地出让金、土地管理费、土地评估费、地籍调查费、城市基础设施配套费、墙改费、教师住宅提留金、劳动定额测定费、劳保统筹费、造价管理费、招投标管理费、质量监督费等12项规费。原告投入的建设资金，被告分为两部分偿还：一是开发7公顷土地免除规费部分，因免缴导致原告取得直接支配使用，共计6 717.07万元；二是入网费征收，《会议纪要》明确该区域内的入网费以政府名义征收，并直接划拨原告使用，共计4 650万元。

由于建设成本超出预算，导致被告承诺的优惠政策不足以支付原告的建设成本。后因被告领导换届后不再支付优惠政策下的款项，于是形成本案争议。原告诉至法院，要求被告支付未兑现的优惠政策欠款3 563万元。同时，因国家取消城市基础设施配套费，被告不应当扣减该笔费用，据此请求被告增加支付2 420.65万元。

本案原告、被告、一审法院均认为，双方存在民事契约，进而一审法院以优惠政策不能转为民事债权驳回原告起诉。但二审法院撤销一审民事判决，认定市政府办公会议关于优惠政策相关内容的纪要及其文件不是双方平等协商共同签订的民事合同，故本案不属于人民法院民事案件受理范围，做出民事裁定驳回起诉。

---

〔1〕 大庆市振富企业集团于1984年成立，为大庆市五十强民营企业之首，黑龙江省百强民营企业。现以大庆振富供热有限公司为母公司，下辖大庆振富科技信息有限公司、大庆市振富建筑安装有限公司、大庆市振富房地产开发有限公司、大庆振富新兴建材有限公司、大庆高新区凯旋宾馆有限公司、大庆高新区振富运输有限公司、青冈振富王子洋矿泉水有限公司、黑龙江振富保险经纪有限公司、黑龙江振富典当有限公司、振富集团松原吉庆石油开发有限责任公司等十个子公司。

（2）法律关系的梳理

城市供暖用锅炉房属于公用事业中的基础设施，筹资建设该设施为被告的行政任务。在被告财政资金不足的情况下，被告采用公私合作方式，交由原告投资承建，所需资金由被告承担，双方形成公私合作契约。虽然双方并未签署协议，但政府的相关文件及付款事实证明双方存在虚拟契约。此例原本为典型的BT建设模式。但在本案中有特殊性，被告为偿还原告投资采取两种方式，包括被告免征原告规费和被告向利用人征收入网费（规费），这两种方式分别形成两类性质的契约。

就被告向利用人征收入网费部分而言，原、被告双方成立内部效力契约，为典型的BT建设模式。在该模式下，由被告征收入网费向原告支付工程款，原告不与利用人发生关系。依本书公私合作契约理论，被告征收的入网费形成的资金系财政资金，原告之所以能支配并使用该项财政资金源自政府的行政授权。因此，该契约为授权契约，属于图3-7中Ⅰ象限。

就被告免征原告规费部分而言，原、被告双方形成外部效力契约。依据被告文件规定的优惠政策，原告在开发7公顷土地时，免缴12项相关规费，共计6 717.07万元。这些规费原本由被告向原告征收，为财政收入，应当上缴财政。但基于被告免征，相当于形成原告自行征收该项规费之后果。此时，被告实际上授予了原告规费征收权。只不过征收主体和被征收主体为同一主体，此为本案的特殊性。同时，原告有权支配该项规费，该规费原本为财政资金，原告由此又取得财政资金支配权。原告基于规费征收权和财政资金支配权取得6 717.07万元，产生类似于自收自支的后果，这源自被告的行政授权。因此，该契约也为授权契约，属于图3-10中Ⅱ象限。

（3）行政允诺的构成

基于土地出让收取规费是政府的法定职责，属于政府的专有行政权力，这些规费都有特定的用途。缴纳这些规费是原告的法定义务，被告免除原告缴纳规费的义务，这并非意味着被告放弃行政权力，而是财政资金支配权发生转移。该项财政资金支配权被移转给原告，并授权由原告使用该笔资金。这使规费缴纳人与规费使用人发生重合。同时使这笔规费的用途发生改变，原本有12个专门用途通过免征改为建设资金。规费是专款专用的，在12项规费中，只有城市基础设施配套费2 420.65万元可以用于向原告支付工程款。被告免除原告规费缴纳义务，系侵占了11项其他用途的规费，被告无权改变这些规费的用途。因此，被告就此部分提出的优惠政策是违法的。

原告对自己应缴纳的规费“自收自支”，以及原告基于入网费形成的财政资金支配权，均源自被告的授权。被告的《会议纪要》为授权的载体，该项授权构成被告的行政允诺。

（4）本案处理应有的思路

本案中，双方的合意构成虚拟契约。对原告而言，市长、副市长在原告请示中签字，以及被告制定优惠政策性文件并予以实施，双方的公私合作契约已经成立。基于被告的授权行为，产生被告对原告的行政承诺。因此，当被告拒付款项时，可以视为被告对行政承诺之违反，进而应当选择行政诉讼解决此纠纷。

本案被告不兑现承诺的本质是剥夺被告原先对原告的授权。在被告没有撤销《关于五项重点招商开发建设项目政策调整的会议纪要》《大庆市人民政府关于开发建设东风新村锅炉房的优惠政策》等授权文件的前提下，被告显然没有法定理由不兑现优惠承诺。

对于原告诉求的解决，应当分为三块。一为对于内部效力契约部分，在被告未能证明已经向原告足额支付的情况下，被告仍然负有支付欠款3 563万元的义务。二为对于外部效力契约部分，由于被告减免城市基础设施配套费以外的规费属于违法行为，因此原告应当补缴城市基础设施配套费2 420.65万元以外的规费4 296.42万元，而被告应当用可支付的规费或税收向原告补足4 296.42万元。三为对原告认为国家已经取消城市基础设施配套费，这不构成优惠政策内容，被告应当增付2 420.65万元。对此，因城市基础设施配套费作为不合理收费于1997年被被告行政决定取消征收，但1999年被告的《会议纪要》中仍将其列入优惠政策中，此时，被告已经无权收取城市基础设施配套费。因此，以城市基础设施配套费作为优惠政策不具有正当性，依据信赖保护原则，被告应当向原告支付款项。

第四节　行政允诺类型之二：特许契约的司法救济

一、行政许可、行政特许、商业特许

（一）行政许可与行政特许

1. 行政特许的概说

在我国，行政许可法把行政特许纳为行政许可的类型之一。民事诉讼把

行政特许等同于商业特许[1]。那么,行政特许究竟居于何种法律地位?其与行政许可、商业许可能否被包含或等同?

本书认为许可与特许完全不同,行政许可法把特许纳入许可带来制度性矛盾:法定许可显然与特许的自由裁量相冲突。秩序行政下的许可与给付行政下的特许在行政许可法中被混同了。

行政特许源自行政私法,是公用事业被国有化由公营组织承担后,政府赋予公营组织的垄断经营权。近代政府被要求承担提供民众的基本生活需求义务,这使人民享有"公权利"[2]。公营组织事实上被政府的特许方式授予"民事权利",允许其以私法方式提供公用事业,这才能与相对人形成民事法律关系,形成"行政私法"模式。

行政特许行为是私权力的授予,对第三方产生制约,并与第三方形成民事法律关系。特许权为私权力,并非财产权,而是独家"供应权"和收费权。经特许之后,社会资本取得价金收取权。这是一项动态权力,既有物权属性,又有债权属性。比如,收费权可以质押,为典型的物权。社会资本有权向利用人收取价金,这是典型的债权。

从秩序行政角度看,行政特许为行政许可的一种类型,就颁发证照行为而言,"特许"为单方行为。

在日本,许可是指对法律规定的一般禁止的行为,在特定场合、对特定的人解除其禁止的行政行为,特许是对国民设定其原本不拥有的权利或权利能力的行政行为[3]。陈敏认为,特许为许可内的一种行为。许可系回应人民宪法所保障之自由权,禁止未经许可而为该行为,经许可之行为为事实行为。特许是在许可中,如相对人不仅回应其原有未经法律禁止之法律地位,且因之获得一项公法上权利者。特许通常应予以补偿,有时须向主管机关缴纳"特许规费"。对于具有独占性与重大公共利益有关之公用事业,其除按公司法办理外,尚须经过目的事业主管机关之核准,应可认为特许事业,如银行业、保险业、电信业发放"特许执照"[4]。秩序行政视野下的特许使相对人取得民法意义上的权利,被认为是一种单方赋权行为。

在给付行政领域,"特许"使被特许人取得某项公法上之权利,这一点上

---

〔1〕 最高人民法院(2009)民二终字第37号民事判决书。

〔2〕 陈敏:《行政法总论》,台湾新学林出版股份有限公司,2011年,第254页。

〔3〕 杨建顺:《日本行政法通论》,中国法制出版社,1998年,第367页。

〔4〕 陈敏:《行政法总论》,台湾新学林出版股份有限公司,2011年,第342-343页。

与秩序行政是相类似的，但在给付行政领域用“私权力”表达更合适，经特许的社会资本取得垄断地位。同时在未征得其同意的前提下，社会资本有权力向利用人收费，利用人不得拒绝，带有一定程度的强制性。个人或者企业为了从事一定的活动，必须向管制机关申请执照或许可。许可是一种事前批准，属于管制手段的一种；特许“不仅被用于维持最低程度的质量标准，而且被运用于限制竞争”。安东尼·奥格斯将许可分为两种情形：一是控制器表面的目标，是决定申请人是否满足最低程度的质量标准；二是从众多符合资格要求的人中选择少数成功的申请者，适用于自然垄断或政府人为控制竞争[1]。但在公用事业领域，政策制定者往往对某些特殊市场的供应商进行限制，通常会成立具有独家“供应权”的社会资本。“供应权”在法律上经常被称为“许可”，但这里“许可’不同于事前批准许可。事前批准性质的许可目的不在于限制竞争，而在于确保满足特定的最低标准。这里的“许可”是对其他竞争者的排斥，被许可人享有独家“供应权”。这个独家“供应权”就是通过行政特许取得的，亦即前文的“私权力”。安东尼·奥格斯称之为“公用特许”[2]。

2. 行政许可与行政特许的区别

（1）许可仅为单纯的行政行为，不具有其他内涵；特许除为行政行为之外，更重要的是政府对公用事业的制度安排。（2）许可一般涉及双方主体，不涉及第三方；特许是政府赋予社会资本私权力，对第三方发生效力。（3）许可是解禁（法定义务）或赋予权利（权能确认），特许是允许社会资本取代公营组织参与原本被禁止的公用事业领域。（4）许可是羁束性行政行为，特许是自由裁量行为。（5）许可为单方决定、单方行为；特许是双方行为，为需经协商一致的协商治理行为。（6）许可以法律规定为合法性判断标准，而特许以行政程序保障其合法性，如强制招标，非经特定行政程序签订的公私合作契约被视为无效。（7）被许可人一般获取社会资本完全责任权利，被特许人获取社会资本主责的共同责任权利——私权力，其中附有弱公权力作用的内容。（8）许可赋予权能一般不附期限，而特许赋予权力附有约定期限。

许可与特许之所以有这么多的区别，原因在于两者分属于不同的行政活动：许可为秩序行政领域的行政活动，特许为给付行政领域的行政活动；许可

〔1〕［英］安东尼·奥格斯：《规制：法律形式与经济学理论》，骆梅英译，中国人民大学出版社，2008年，第215页。

〔2〕［英］安东尼·奥格斯：《规制：法律形式与经济学理论》，骆梅英译，中国人民大学出版社，2008年，第321页。

以命令形式做成，特许以契约形式做成。

（二）行政特许与商业特许

我国在市政公用事业领域建立特许经营制度。市政公用事业特许经营，是指政府按照有关法律、法规规定，通过市场竞争机制选择市政公用事业投资者或者经营者，明确其在一定期限和范围内经营某项市政公用事业产品或提供某项服务的制度[1]。

在商业领域存在商业特许经营，有学者称之为“民事许可”[2]。商业特许经营是指拥有注册商标、企业标志、专利、专有技术等经营资源的企业（以下称特许人），以合同形式将其拥有的经营资源许可其他经营者（以下称被特许人）使用，被特许人按照合同约定在统一的经营模式下开展经营，并向特许人支付特许经营费用的经营活动[3]。

两种特许都是基于有垄断特征的经营权而产生的赋权行为。但是两者最大的区别在于行政特许为政府的治理手段，商业特许为权利人保护权益的手段。商业特许一般与财产所有权有关，而行政特许并非基于财产所有权，不存在企业经营连锁（加盟）等企业间的经营特许。行政特许必须由行政机关做成，非行政机关不存在行政特许。

行政特许的被特许人（社会资本）往往由于被赋予私权力，取得公用事业的垄断经营（供应）权，是被管制对象，政府与社会资本签订公私合作契约。同时政府还专门制作授予特许经营权的批文，正式赋予社会资本垄断性的私权力，社会资本据此形成对利用人的管制。可知，通过特许制度形成双重管制。

政府与社会资本是否订立书面的、完整的特许经营合同，并不重要。只要政府在事实上授予社会资本以特许经营权，社会资本都可以据此行使特许经营权。这些文件当中有一项是最重要的，那就是特许经营权的授予文件。如重庆市人民政府《关于同意授予重庆中法供水有限公司供水特许经营权的批复》中，授予重庆中法供水有限公司（社会资本）私权力，该文件生效后，重庆中法供水有限公司才正式取得特许经营权，该项私权力包括10项内容[4]。这

---

〔1〕《市政公用事业特许经营管理办法》，建设部2004年2月24日第126号令。

〔2〕 王智斌：《行政特许的私法分析》，北京大学出版社，2008年，第11页。

〔3〕《商业特许经营管理条例》，国务院2007年1月31日第485号令发布。

〔4〕 1.独家供水和设施的建设、经营、维护和更新权；2.特许经营期限50年；3.无偿或有偿合理使用土地权；4.紧急进入（企事业单位、私人用地）权；5.免费使用自然水资源权；6.水费收取权；7.中断供水权；8.拖欠水费的追索权；9.规费代征权（市政府授权并由合作公司代收的费用应视为合作公司向用户收取的费用整体中不可分割的一部分）；10.第三方建设、经营、维护和更新监管权。

些权力并非纯粹的私权力，而是具有公法属性，如中断供水权、拖欠水费的追索权、规费代征权、对第三方监管权等，都是典型的公权力。

但在这里政府赋予社会资本特许经营权后，这些公权力被私权化，成为私权力。这在萨瓦斯看来，都属于授权（delegation），他没有区别行政授权与行政特许〔1〕。此时，社会资本取代了原来的公营组织行使这些私权力，而这只有行政特许才能产生这样的法律效果。商业许可不可能产生这样的法律效果，其与被特许人签订的特许协议不对第三方发生法律效力。

（三）特许契约

公私合作下的特许契约属于图3-10中Ⅲ象限的契约。该契约在签订时，并非基于平等主体法律地位签订，而是协商治理的表达方式。虽然社会资本取得私权力，其与利用人形成民事法律关系，但社会资本与政府仍为行政法律关系。

学者通常认为，特许契约是平等主体之间的协议。从特许契约出发，学说中通常都认为政府通过特许契约已经赋予被特许人——社会资本以特许经营权，合同签订以后社会资本就可以独立运作。事实上，在公共行政领域，实践中的运作根本没有这么简单。社会资本的特许经营权并非源自合同，而是仰赖于行政机关的一系列行政活动，就是说特许经营权是以政府的行政权力做支撑的。只有在行政机关完成涉及该项目的相关行政事务后，从项目正式交由社会资本控制下营运开始，社会资本才真正取得特许经营权。在此之前，社会资本从来无法脱离行政权力的作用，没有政府行政权力的保障，社会资本根本不可能取得特许经营权。

打一个形象的比喻：公用事业的特许经营权是政府用行政权力这根“杆子”顶起的“小荷包”，没有行政权力的支撑，特许经营权是无法在“悬浮”下运作的。在政府与国有企业公私合作下，特许经营权与行政权力是连通的，除非政策变化，一般政府不会取消特许经营权。但在民间资本与政府之间的公私合作中，特许经营权是非常脆弱的。特许契约往往无法拴住“变心”的行政权力，更无法依照契约规则约束政府行为。只有揭开特许契约的面纱，民间资本才能透过行政程序，实现对政府行政权力的制约。

从动态行政法律关系看，特许经营权是一项社会资本主责的共同责任象

---

〔1〕［美］E. S. 萨瓦斯：《民营化与公私部门的伙伴关系》，周志忍等译，中国人民大学出版社，2002年，第128页。

限中的复合权，社会资本得以与利用人形成民事法律关系，属于图3-10中的Ⅲ象限。特许契约是政府授予社会资本私权力的载体，这些私权力的赋予取决于政府的行政承诺，并非取决于社会资本的民事权利。赋予私权力的过程只是融入契约的协商过程。被特许人没有基于特许协议获得私权力，其私权力的行使仰赖于政府完成其特许契约约定的行政职责。可知，双方法律地位并不平等。政府的行政权力与社会资本的民事权利相互作用永远不会有平等性，政府的行政权力永远居于主导地位。社会资本虽然经行政特许取得私权力，但仍受制于政府的行政权力。政府与社会资本之间的特许契约形成行政法律关系。

二、特许契约的救济路径

（一）特许契约中的行政允诺

依据查尔斯·弗里德的允诺原则，政府在之前没有任何义务存在的前提下也可以为自己设定义务[1]。最高人民法院将行政允诺作为案由之一，可以视为司法已经确认政府约定职责的存在[2]。

特许契约由政府与社会资本签订，系政府的行政权力与社会资本的民事权利的相互作用，以生成特许经营权为目的，内含行政特许行为，最终赋予社会资本私权力。特许契约本身就内含对社会资本的管制，如必须接受政府定价。一旦社会资本不履行义务，政府可以直接采取行政强制手段实现，而不必向法院起诉维权。可知，双方系不平等主体之间形成的行政法律关系。

行政权力具有单方性，行政权力的本身特性决定政府不能约定行政权力该怎么运作。在给付行政领域，政府在做出行政特许行为的同时，必须创造社会资本取得特许经营权的条件，由此产生政府的职责。该项职责并非由法律设定，而系政府基于自由裁量权的“自我设定”。针对具体的问题，政府“自我设定”职责的内容可能完全不同，没有统一的规范可以遵循，这在实践中构成政府的具体的政策。这些政策在政府与社会资本协商的过程中形成，是政府的单方面承诺。对于政府而言，这些职责并非双方约定，而是政府的“自我设定”。但是因“自我设定”形成于约定的过程中，带有“约定”的特征，为与“法定职责”相对应，政府“自我设定的职责”即“约定职责”。此时，特许经营契

---

〔1〕［美］查尔斯·弗里德：《契约即允诺》，郭锐译，北京大学出版社，2006年，第1页。

〔2〕《最高人民法院关于规范行政案件案由的通知》，2004年1月14日发布，法发〔2004〕2号。

约仅为政府自我设定行政职责的载体，此外相关的“自我设定的职责”可能还散见于其他规范性文件中。

特许由于增加了协商过程，更能让社会资本明确政府的意图，以契约为载体更能让社会资本明确其权能范围而接受管制。对于社会资本而言，将政府承诺履行的职责以书面方式记载，可以直接判断风险，进而决定投资。此时，社会资本获取“公权利”，有从公法上请求政府兑现承诺的权利。这意味着社会资本可以在政府不履行职责的情况下，提起行政诉讼，而不能提起民事诉讼，因为社会资本是基于公法上的请求。

一旦特许经营权形成纠纷时，特许经营契约本身并不重要，重要的是要去还原政府向社会资本授予哪些私权力。为使这些私权力能够运作，政府是否已经履行其约定的职责。法院对这类案件的处理，没有必要拘泥在契约形式而从违约角度去判断对方责任，只需以行政特许为视角进行受案审理。最高人民法院在行政诉讼的案由中设立“行政允诺”，而没有从契约的角度立案由，实际上就是“去契约化”倾向的表述。

如果这些职责在特许契约、相关文件中载明，就构成政府的“约定的行政职责”，一旦其未履行，可以揭开特许契约“面纱”，直接以不履行行政特许的约定职责为由起诉。特许契约仅仅是政府职责具体化的载体。社会资本的行为之所以能对利用人产生法律效力，完全是因为社会资本民事权利附着于政府的行政权力之上，形成的私权力对利用人实施控制。因此，社会资本不必与利用人面对面协商谈判订立合同。

如在“三星堆投资纠纷案”中，被告将客运站以BOT方式交由原告建设、营运，双方签订的特许契约为典型的公私合作契约。被告在特许契约中约定，将“其他三站合并一站”交由原告经营，原告取得特许经营权。“三站合一”系被告“自我设定”的义务，实为约定的职责，必须由被告运用行政权力才能完成。如果被告不履行“三站合一”的约定的行政职责，系公权力行为。被告的职责是原告获取特许经营权的基础，但这与原告出资兴建车站并不构成对价，非民事对等义务。

本案中，在原告建成车站后，被告没有采取“三站合一”的行政措施，原告的特许经营权就无从取得。被告未履行特许合同约定的行政职责，表面看似违约，但实际上被告并非不履行民事义务，而系不履行行政职责，构成行政不作为。原告对政府的约定职责享有公法上的请求权。显然，此非政府不履行民事义务的民事合同违约行为，原告应当基于被告自我设定的职责向被告提请行政诉讼,依信赖保护原则提请行政不作为之诉。

但本案原告提起民事诉讼,并主张赔偿建设成本和可得利益损失。一审法院认为“独家特许经营权是三星堆客运公司在合同中所享有的主要权利,是其实现合同目的的前提和保障,广汉市人民政府没有按约履行相关义务,已构成违约”;而二审法院以原告已经提出解除合同,不存在可得利益为由驳回上诉。

这样,在民事诉讼下的违约之诉,使被告不履行约定的行政职责行为被掩盖在契约之下。假如原告依契约要求被告兑现承诺,民事诉讼就无法受理。显然,契约成了政府的“护身符”,产生“行政遁入私法”现象。政府的行政活动被掩盖到民事契约之中,使政府逃脱行政责任。

(二)司法审判对公法规则的规避

1. 规避公法规则的成因

特许契约内含的不平等性,远非以平等为前提的民事规则能容纳的,属于公私交叉的领域。双方虽然签订契约,但该契约仅是行政特许行为的载体,不构成独立的法律行为,尚须与其他行为配合才能完成行政特许行为。由此产生法院在公私“两分法”下特有的法律适用“纠结”。

在我国,民事诉讼只能适用民事规则审理案件,行政诉讼只能适用行政规则审理案件。在审理两种案件的法律适用上,泾渭分明。现阶段特许契约一般都被归入民事诉讼。因此,当特许契约适用民事诉讼程序时,法院对涉及公法部分只能规避。

2. 对公法规则的规避路径

(1)义务替换“规避法”

在“三星堆投资纠纷案”中,因被告未履行约定的行政职责,给原告造成损失,本应提请国家赔偿诉讼。但原告仅就赔偿部分提起民事诉讼,法院没有审查被告违约行为的法律属性,认为:“三星堆客运公司与广汉市人民政府签订的本案所涉协议,是双方的真实意思表示,不违反法律和行政法规的禁止性规定,合法有效。”将特许契约纳入民事诉讼程序。

但法院没有阐明的是,被告没有履行约定职责显然不是民事义务,系公法义务,不履行公法义务为何承担民事赔偿责任,这里的法因是什么?事实上,原告自始至终没有取得独家特许经营权,该项私权力尚未成立,只是原告的期待利益,并非原告已经拥有的实体权利。特许契约约定只是一种可能性,必须等到被告履行职责,原告开始营运之时,原告才取得特许经营权。就是说,特许经营权并非基于特许契约而取得,原告必须经被告的特定的程序宣告,经由被告做成正式授予文书,原告正式接管经营之后,才能取得特许经营权。在客运站正式运营前,原告取得特许经营权的条件尚未成就。原告不能就尚未成就的特许经营权主张其权利,何况原告之赔偿主张与特许经营权本身并无关联。原告没有取得经营权并非被告必须赔偿的原因,两者无因果关系。因此,原告违约之诉不能成立。可知,一审法院认定有误,把原告尚不存在的权利作为被告的义务。原告尚未取得特许经营权,其可得利益损失也无从谈起。

根据动态行政法律关系象限分布图3-10中Ⅲ象限的法律特性,特许契约为行政特许行为的载体,契约双方仍为行政法律关系。本案原、被告双方的契约属于典型的图3-10中Ⅲ象限的特许契约类型,故原、被告双方为行政法律关系。法院认定因被告违反公法义务而适用合同法,并让被告承担民事赔偿责任应有存疑。本案应当适用国家赔偿法追究被告违反公法义务才能理顺法律关系。在本案中,法院采用义务替换法规避公法规则的适用。

(2)权利替换"规避法"

在我国,对于城市公交市场管制主体一直存在争议,有的地方把交通部门作为管制机关,有的地方把城市建设部门作为管制机关,后国务院明确把建设部门作为管制机关。

在2001年之前,虽然没有正式文件,但彭泽县对于公交管理是由交通部门负责。这导致了交通部门与建设部门之间的矛盾,进而双方就管理权实施争夺。在原告彭泽县物资平安汽车运输有限公司与被告江西省彭泽县公路运输管理所、江西省彭泽县交通局联营合同纠纷案中,就反映这个历史过程。

2001年,原告与被告签订合作协议,约定该县的公交车、出租车、农用班车由原告垄断经营,并向被告缴纳合法的管理费,被告采取措施确保原告的垄断经营地位。后因县政府决定新增车辆须缴纳交通设施赞助费,遭到原告拒绝。县建设局下属的县城管理综合执法大队就禁止原告车辆上路,导致原告无法经营。由于交通局无法说服县政府取消车辆赞助费,最终建设局仰赖国务院规定取得县城的公交管理权。于是,原告向法院起诉要求被告赔偿投资损失。法院认为,行政机关或法律法规授权的组织订立行政合同的直接目的是履行行政职能,在行政合同中,双方当事人的法律地位并不平等,这是行政合同区别于民事合同、经济合同的主要特点。本案中,被告的行政职能是从事交通运输的行业管理,规范交通运输市场,被告与原告签订合作协议的目的并不是履行其行政管理职能,而是以平等的民事主体身份参与"合作",享受收取管理费的权利，并以其自身的行政管理职权保障平安公司的正常营运为义务，该合作协议的成立并不是基于管理与被管理的关系，双方在合同中的法律地位完全平等，所以该份合作协议不属于行政合同，而是属于民事合同。被告作为政府职能部门，其职能是规范交通运输市场，进行交通运输行业管理，无权作为平等的民事主体与他人合作参与市场经营并从中牟利。且其订立协议时并没有得到彭泽县政府的明确授权其为公交主管部门，故其无权签订此协议，其行为违反国家法律、法规的强制性规定。原告与被告签订的合作协议属无效协议。被告承担缔约过失责任[1]。

法院的判决理由为：一是双方为平等民事主体；二是被告越权，无权管理城市公交市场，签订协议无效，被告承担缔约过失责任。按照民法原理，民事主体无行政权力。本案法院认定合同无效的理由，是因为被告无签订合同的"权利"。导致被告无"权利"的原因，是被告对城市公交无管辖权，该项管辖权属于公权力。在合同履行中，只有一方不履行约定的民事权利才会构成缔约过失。本案中，被告的管辖权显然系行政权力，那么这里的行政权力为何被替换为民事权利？法院也没有阐明。

本案系公交民营化形成的争议。从协议的内容上看，本案被告授予原告垄断经营权，为典型的特许契约，原告向被告缴纳的为特许规费。为使县公交市场有序化，被告采用公私合作的模式进行管制，在当时应属于创新之举。虽然县政府没有明确授权被告管理城市公交，但是从被告收取的规费流向来看，是进入县财政统一使用的。被告从该款项中取得一定额度的行政经费，这是导致建设局争夺管理权的动因。被告的行为从现在看应该是违法行为，因为未经招投标，不具有合法性。但在当时社会背景下，公交民营化被列入政策范围，被告是经县政府允许才这么做的。法院却认定被告无管辖权，对此认定超越民事诉讼的受案范围，其理由不能成立。

从动态行政法律关系角度看，被告基于行政权力向原告收取的管理费，属于特许规费。原告缴纳的特许规费，源自各车主缴纳的价金。该价金非纯粹民事权利下市场化之价金，而是附有管理费之价金，所以被告授予原告价金收取权为社会资本主责的共同责任象限的收费权，属于图3-10中的Ⅲ象限。原告缴纳管理费后，被告有义务保障其垄断经营权。

但因政策改变，县政府要求原告缴纳交通设施赞助费。这超出被告权限

〔1〕 江西省高级人民法院(2003)赣民一终字第72号民事判决书。

"保护"范围。此时,首先应当考量的是县政府的政策变化增加原告负担行为的合法性,才能进一步解决原、被告之间的纠纷。后原告起诉县政府、县城管理综合执法大队,交通设施赞助费被法院判决撤销。但县城管理综合执法大队仍然阻挠其经营,原告被逼无奈才起诉被告,原告无任何过错,而县城管理综合执法大队侵害原告的特许经营权。被告没有兑现行政允诺也构成违法。

原告应该以县政府、被告、建设局三方为被告提起国家赔偿诉讼,请求法院认定交通局没有履行约定的行政允诺而构成违法,而县城管理综合执法大队侵害原告的特许经营权也构成违法。县政府在将原交通局的职责重新确定给建设局时,应当明确把原告与被告的合同关系继受给建设局。建设局承接交通局职责时,依法应当继受已经既成的事实,行政机关内部行政权力的移转,不应当影响到原告与被告已经成立的特许经营契约,建设局有义务保障原告的经营。

本案中,法院将行政权力替换为民事权利做成判决。法院采用权利替换法,规避本案合同中的公权力部分,进而在原告没有过错的情况下,承担50%的赔偿责任,这样的判决认定值得商榷。可知,只有揭开契约的"面纱",将本案纳入行政特许纠纷,才能真正解决相关的问题。

结　论

基于公私合作，社会资本取得了公用事业的收费权。这源自政府的两种付费策略：统一征收类型和使用者付费类型。这分别对应收费权的两种法律属性：公权力与私权力。公权力源自政府授权，私权力源自政府特许。从政府与社会资本的责任承担分配上看，存在四种情形（参照图3-9所示）：政府完全责任、政府主责的共同责任和社会资本主责的共同责任和社会资本完全责任。本书将其纳入象限分析框架，分别构成制度属性完全不同的四个象限，由此形成政府对公用事业收费权能配置的选择机制。

公用事业收费机制的成因取决于公用事业的属性和政府的选择。根据象限分析框架，公用事业的各项制度在特定的象限内运作，某一象限的特定制度不能跨越进入其他象限，否则会形成制度性错位。在公私合作下，公用事业中的公共用物不同于公用服务，政府只能通过授权让社会资本以公权力方式完成，只存在于Ⅰ、Ⅱ象限（见图3-9）中。基于公共用物的公私合作，政府必须建立行政授权制度。特许经营权属于私权力，只存在于Ⅲ、Ⅳ象限（见图3-9）中，不能跨越进入Ⅰ、Ⅱ象限。可知，特许经营制度不适用于公共用物。但目前我国把公共用物用于特许经营，这是公私合作中存在的制度性错位，即把本属于Ⅲ、Ⅳ象限的制度错位使用到了Ⅰ、Ⅱ象限（见图3-9）中。

这种公私合作制度建构的错位，以收费公路中的经营性公路最为典型。公路作为公共用物，其产权具有无法明晰的特性，其资产所有权一般只能归属于国家而不能转移。在社会资本承担融资任务的前提下，公路的建设制度应当为BTO模式，属于Ⅱ象限（见图3-10）。公路在利用方式上的公权力属性，使社会资本只能依授权行使规费征收权。这意味着特许经营不适用于公路的民营化。但由于我国把特许经营作为公路建设市场化的基本制度，公路也被纳入特许经营的范围，适用BOT制度，被转入了Ⅲ象限（见图3-10），而公路使用BOT制度的前提是公路资产所有权属于社会资本。依照我国特许经营制度，政府把不属于社会资本的公路适用特许经营。此时，政府赋予社会资本私权力，将规费征收权转化为价金收取权，从而使公路成为社会资本的营利工具，使公路丧失了公益性。

本书意在解决社会资本参与公用事业时，政府对其收费权能配置策略选择的难题。本书的研究表明，象限分析框架不仅可以为政府策略选择提供依据，也可以为政府对公用事业管制职能的界分提供决策依据。同时，象限分析框架也为社会资本参与公用事业与政府、利用人三方形成的法律关系和形成纠纷的法律属性判定提供分析路径。本书构建的象限分析框架，虽然在表述上仍存在很多瑕疵，但该框架初步具备理论上的可验证性和实践中的可操作性。因此，本书构建的象限分析框架理论在公用事业收费权能的配置上具有应用及推广的价值。

在实践中运用象限分析框架时，关于公用事业收费权能的分配机制与相关行政法理论的融合需要进一步的研究。比如，本书依据该框架推出对社会资本取得的“财政资金支配权”属于“行政授权”的观点，这与学界关于“行政授权”通行观点并不一致。再如，本书依据该框架推出公私合作契约为政府授予社会资本收费权能的载体，为此该类契约适用行政诉讼救济，这与实践中把该类纠纷统统纳入民事诉讼的做法也不一致。本书对上述问题的解决只是提出了初步的设想，尚未形成完整的解决方案。因此，对象限分析框架在运用中产生的新问题，只能留待以后的研究中逐步完善。

参考文献

一、著作类

[1] 陈敏. 行政法总论. 台湾: 新学林出版股份有限公司, 2011.

[2] 陈新民. 中国行政法学原理. 北京: 中国政法大学出版社, 2002.

[3] 程明修. 行政法之行为与法律关系理论. 台湾: 新学林出版股份有限公司, 2006.

[4] 程啸. 物权法·担保物权. 北京: 中国法制出版社, 2005.

[5] 方世荣. 行政法与行政诉讼法学. 北京: 人民法院出版社, 2003.

[6] 顾大松, 孙村中. 行政诉讼典型案例精析. 南京: 东南大学出版社, 2004.

[7] 关保英. 行政法与行政诉讼法. 北京: 中国政法大学出版社, 2004.

[8] 国家法官学院, 中国人民大学法学院. 中国审判案例要览(2003年行政审判案例卷). 北京: 中国人民大学出版社, 人民法院出版社, 2004.

[9] 姜明安. 行政法与行政诉讼法. 北京: 北京大学出版社, 1999.

[10] 金成晓, 李政, 袁宁. 权力的经济性质. 长春: 吉林人民出版社, 2008.

[11] 梁慧星. 民商法论丛: 第19卷. 香港: 金桥文化出版有限公司, 2001.

[12] 彭万林. 民法学. 北京: 中国政法大学出版社, 1994.

[13] 彭鑫. 谁拯救了美国: 大萧条中的罗斯福. 北京: 中国华侨出版社, 2009.

[14] 唐德华, 孙秀君. 合同法及司法解释新编教程: 上. 北京: 人民法院出版社, 2004.

[15] 王名扬. 法国行政法. 北京: 中国政法大学出版社, 1988.

[16] 杨解君. 行政法学. 北京: 中国方正出版社, 2002.

[17] 叶必丰. 行政法的人文精神. 北京: 北京大学出版社, 2005.

[18] 叶必丰. 行政法与行政诉讼法. 北京: 高等教育出版社, 2007.

[19] 应松年. 行政法学新论. 北京: 中国方正出版社, 1999.

[20] 赵振东, 张念瑜. 收费理论与收费管理. 北京: 中国物价出版社, 1995.

[21] 中华人民共和国最高人民法院行政审判庭.中国行政审判指导案例:第1卷.北京:中国法制出版社,2010.

[22] 周佑勇.行政法专论.北京:中国人民大学出版社,2010.

二、译作类

[1] 埃哈尔·费埃德伯格.权力与规则:组织行动的动力.张月,等译.上海:格致出版社,上海人民出版社,2008.

[2] 安东尼·奥格斯.规制:法律形式与经济学理论.骆梅英,译.北京:中国人民大学出版社,2008.

[3] 彼得·莱兰,戈登·安东尼.英国行政法教科书.第五版.杨伟东,译.北京:北京大学出版社,2007.

[4] 查尔斯·弗里德.契约即允诺.郭锐,译.北京:北京大学出版社,2006.

[5] 丹尼尔·F.史普博.管制与市场.余晖,何帆,钱家骏,等译.上海:上海三联书店、上海人民出版社,1999.

[6] E.S.萨瓦斯.民营化与公社会资本的伙伴关系.周志忍,等译.北京:中国人民大学出版社,2002.

[7] 哈罗德·D.拉斯韦尔,亚盾拉罕·卡普兰.权力与社会:一项政治研究的框架.王菲易,译.上海:上海世纪出版集团,2012.

[8] 哈特穆特·毛雷尔.行政法学总论.高家伟,译.北京:法律出版社,2000.

[9] 汉斯·J.沃尔夫,奥托·巴霍夫,罗尔夫·施托贝尔.行政法:第二卷.高家伟,译.北京:商务印书馆,2002.

[10] 卡罗尔·哈洛,理查德·罗林斯.法律与行政:上、下卷.杨伟东,李凌波,石红心,等译.北京:商务印书馆,2004.

[11] 莱昂·狄骥.公法的变迁·法律与国家.郑戈,冷静,译.沈阳:辽海出版社,春风文艺出版社,1999.

[12] 刘易斯·波利,威廉·科尔曼.全球秩序:剧变世界中的机构、制度与自主性.曹荣湘,等译.北京:社会科学文献出版社,2008.

[13] 卢梭.社会契约论.第3版.何兆武,译.北京:商务印书馆,2003.

[14] 洛克.政府论:下篇.叶启芳,等译.北京:商务印书馆,1964.

[15] 迈克尔·塔格特.行政法的范围.金自宁,译.北京:中国人民大学出版社,2006.

[16] 麦克尼尔.新社会契约论:关于现代契约关系的探讨.雷喜宁,潘勤,译.北京:中国政法大学出版社,1994.

[17] 美浓部达吉.公法与私法.黄冯明,译.北京:中国政法大学出版社,2003.

[18] 米丸恒治.私人行政:法的统制的比较研究.洪英,王丹红,凌维慈,译.北京:中国人民大学出版社,2010.

[19] 皮埃尔·布迪厄,华康德.实践与反思.李猛,李康,译.北京:中央编译出版社,

1998.

[20] 让-雅克·拉丰. 规制与发展. 聂辉华,译. 北京:中国人民大学出版社,2009.

[21] 史蒂芬·布雷耶. 规制及其改革. 李洪雷,宋华琳,苏苗罕,等译. 北京:北京大学出版社,2008.

[22] 史蒂芬·霍尔姆斯,凯斯·R.桑斯坦. 权利的成本:为什么自由依赖于税. 毕竞悦,译. 北京:北京大学出版社,2004.

[23] 松下圭一. 政策型思考与政治. 蒋杨,译. 北京:社会科学文献出版社,2011.

[24] 苏珊·K.塞尔. 私权、公法:知识产权的全球化. 董刚,周超,译. 北京:中国人民大学出版社,2005.

[25] W.基普·维斯库斯,等. 反垄断与管制经济学. 陈甬军,覃福晓,等译. 北京:中国人民大学出版社,2010.

[26] 盐野宏. 行政法. 杨建顺,译. 北京:法律出版社,1999.

[27] 约翰·L.坎贝尔. 制度变迁与全球化. 姚伟,译. 上海:上海人民出版社,2010.

[28] 詹姆斯·布坎南. 财产与自由. 韩旭,译. 北京:中国社会科学出版社,2002.

[29] 朱迪·弗里曼. 合作治理与新行政法. 毕洪海,陈标冲,译. 北京:商务印书馆,2010.

三、论文类

[1] 安替. 初装费取消:中国电信早已准备好的入世牌. 商务周刊,2001(14):6-7.

[2] 畅斌,马文明,裴洪涛. 行政收费探源及其他. 中国物价,1991(6):41-44.

[3] 陈成建. 以权利为标的债之担保形式:权利抵押与权利质押. 法律适用,2004(4):36-38.

[4] 陈荫三. 运用经济杠杆长效治理超载超限运输. 中国公路学报,2004(2):94-99.

[5] 陈振明. 评西方"新公共管理"范式. 中国社会科学,2000(6):73-78.

[6] 戴少一,简龙湘. 行政收费法治化初探. 湘潭工学院学报(社会科学版),2003(3):47-50.

[7] 邓小鹏,李启明,申立银. 城市公共项目中PPP模式内涵解析及相关概念辨析. 现代城市研究,2007(1):29-33.

[8] 高鸿钧. 美国法全球化:典型例证与法理反思. 中国法学,2011(1):5-45.

[9] 高秦伟. 私人主体的行政法义务? 中国法学,2011(1):164-178.

[10] 江利红. 论行政收费范围的界定. 法学,2012(7):60-73.

[11] 姜明安. 软法的兴起与软法之治. 中国法学,2006(2):25-36.

[12] 姜占平. 关于公路建设项目申请银行贷款的体会. 吉林交通科技,2001(3):45-47.

[13] 蒋云根. 推进我国行政收费的法治化建设. 四川行政学院学报. 2009(2):5-8.

[14] 李冬妍. "制度外"政府收支:内外之辨与预算管理. 财贸经济,2011(6):17-23.

[15] 李富成.公共基础设施收费权的法律定性.法学,2006(2):82-89.

[16] 李铠铿,肖子策.论费税关系及行政收费法治化.浙江社会科学,2002(3):182-186.

[17] 李子江.关于公有制市场经济的机制设计问题.学术研究,1998(6):21-24.

[18] 林伊亘.对公路收费权质押贷款担保的探讨.交通财会,1999(7):35-36.

[19] 刘道勤.收费公路政策陷入严重的公信力危机.中国物流与交通.2011(3):118-119.

[20] 罗海平.从政府垄断到政府规制:论我国电信业发展中的政府行为变迁".宁波职业技术学院学报,2011(3):56-60.

[21] 农行湖北省分行营业部质押信贷调研组.关于我行收费权质押信贷业务的调查报告.湖北农村金融研究,2003(2):53-55.

[22] 沈宏亮.中国规制政府的崛起:一个供给主导型制度变迁过程.经济学家,2011(4):32-39.

[23] 石佑启.论公共行政变革与行政行为理论的完善.中国法学,2005(2):53-59.

[24] 史莉莉.德国公共收费的概况、立法及启示.政治与法律.2012(8):128-135.

[25] 孙洁.PPP管理模式对城市公共财政的影响.财政研究,2004(10):22-24.

[26] 童之伟.对权利与义务关系的不同看法.法商研究(中南财经大学学报),1998(6):24-34.

[27] 童之伟.法权中心说补论:对刘旺洪、范忠信两教授商榷意见的进一步回应.法商研究(中南财经大学学报),2002(1):3-12.

[28] 童之伟.法权中心主义要点及其法学应用.东方法学,2011(1):3-15.

[29] 托尼·麦克格鲁.走向真正的全球治理,陈家刚,译.马克思主义与现实.2002(1):33-42.

[30] 王成栋,葛波蔚,满学惠.行政收费的法治进路:对中国现行法律涉及收费规范的整理及分析.行政法学研究,2002(3):34-43.

[31] 王利明.收费权质押的若干问题探讨.法学杂志,2007(2):39-46.

[32] 肖明.行政收费制度的法理研究.政府法制研究,2010(12).

[33] 杨寅.公私法的汇合与行政法演进.中国法学,2004(2):37-45.

[34] 叶必丰.区域经济一体化法制研究的参照系.法学论坛,2012(4):25-32.

[35] 叶必丰.我国区域经济一体化背景下的行政协议.法学研究,2006(2):57-59.

[36] 于立深.概念法学和政府管制背景下的新行政法.法学家,2009(3):55-56.

[37] 于立深.概念法学和政府管制背景下的新行政法.法学家,2009(3):55-66.

[38] 余金成.从宏观上认识公有制市场经济的建立.天津师大学报(社会科学版),1996(4):16-21.

[39] 袁竞峰,邓小鹏,李启明.PPP模式立法规制及其在我国的应用研究.建筑经济,2007(3):95-99.

[40] 詹国彬.我国公用事业民营化的现状及其发展趋势透析.经济前沿,2003(11):

25-27.

[41] 张成福.当代西方政府再造的核心理念:企业型政府.中国改革,1998(9):52-53.

[42] 张效琴.完善行政收费活动的几点思考.新疆警官高等专科学校学报,2004(2):32-34.

[43] 章志远.行政法学视野中的民营化.江苏社会科学,2005(4):147-154.

[44] 章志远.我国国家政策变迁与行政法学的新课题.当代法学,2008(3):3-11.

[45] 周黎安.晋升博弈中政府官员的激励与合作:兼论我国地方保护主义和重复建设问题长期存在的原因.经济研究,2004(6):33-40.

[46] 朱海齐:论行政规费.中国行政管理,2001(2):21-22.

[47] 朱新力,宋华琳.新行政法学的建构与政府规制研究的兴起.法律科学(西北政法学院学报),2005(5):39-42.

四、外文资料

[1] Freeman J. Private Parties, Public Functions and the New Administrative Law. Administrative Law Review, 2000, 5(3): 813-858.

[2] Stigler G. The Theory of Economic Regulation. The Bell Journal of Economics and Management Science, 1971, 2(4): 3-21.

[3] Jody Freedman. Collaborative Governance Administrative State. UCLA Law Review, 1998, 45(1): 1-97.

[4] Jody Freedman. The Private Role in Public Governance. New York University Law Review, 2000, 75(3): 543-675.

[5] Jordan W A. Producer Protection, Prior Market Structure and Effects of Government Regulation. The Journal of Law and Economics, 1972, 15(1): 151-176.

[6] Kahn A. Deregulation: Looking Backward and Looking Forward. Yale Journal on Regulation.1990(7): 325-354.

[7] Laffont, Tirole. The Politics of Government Decision Making: Regulatory Institutions. The Journal of Law, Economics and Organization, 1990, 12(4): 94-110.

[8] Lebine M E, Forrence J L. Regulatory Capture, Public Interest and The Public Agenda: Toward A Synthesis. Journal of Law. Economics & Organization, 1990, 6(3): 167-198.

[9] Moe T M. The New Economics of Organization. American Journal of Political Science, 1984, 6(4): 213-253.

[10] Richard B. The Reformation of American Administrative Law. Harvard Law Review, 1975, 88(8): 1669-1813.

[11] Richard R A. The Behavior of Administrative Agencies. The Journal of Legal Studies, 1972, 1(2): 305-347.

[12] Coase R. The Problem of Social Cost Revisited. The Journal of Law and Economics,1972,15(2):427-437.

五、学位论文

[1] 甘一宏.行政收费法律规制研究,重庆:西南政法大学,2010.
[2] 欧灵军.行政收费管理若干法律问题研究.南昌:江西师范大学,2009.